大学应用型课程专业（精品）系列教材

ZHUCE KUAIJISHI SHIWU

注册会计师实务

张 媛 衣 春 ◎主编

中山大学出版社
SUN YAT-SEN UNIVERSITY PRESS
·广州·

图书在版编目（CIP）数据

注册会计师实务/张媛，衣春主编 . —广州：中山大学出版社，2023.5
大学应用型课程专业（精品）系列教材
ISBN 978 - 7 - 306 - 07781 - 3

Ⅰ. ①注…　Ⅱ. ①张…　②衣…　Ⅲ. ①会计学—高等学校—教材　Ⅳ. ①F23

中国国家版本馆 CIP 数据核字（2023）第 061573 号

出 版 人：王天琪
策划编辑：嵇春霞　李海东
责任编辑：李海东
封面设计：曾　斌
责任校对：廖丽玲
责任技编：靳晓虹
出版发行：中山大学出版社
电　　话：编辑部 020 - 84110283，84113349，84111997，84110779，84110776
　　　　　发行部 020 - 84111998，84111981，84111160
地　　址：广州市新港西路 135 号
邮　　编：510275　传　真：020 - 84036565
网　　址：http://www.zsup.com.cn　E-mail：zdcbs@mail.sysu.edu.cn
印 刷 者：佛山市浩文彩色印刷有限公司
规　　格：787mm×1092mm　1/16　15.25 印张　380 千字
版次印次：2023 年 5 月第 1 版　2023 年 5 月第 1 次印刷
定　　价：58.00 元

大学应用型课程专业（精品）系列教材
编委会

前　言

"注册会计师实务"课程内容涵盖了注册会计师审计的操作实务，是专业课中教学难度相对较大的一门课程，主要讲授注册会计师实务的基本思路和逻辑、注册会计师审计实务操作的流程和方法等内容。该课程通过对注册会计师审计实务的讲解，并辅之以生动的案例剖析，使学生能够掌握注册会计师审计的基本程序和基本方法，更好地理解和掌握注册会计师审计理论、审计过程和审计决策，为今后从事会计、审计工作打下坚实的基础。

我们本着与时俱进的精神，着眼于应用技术型会计人才培养的现实需要，依据高等学校应用技术型经济管理系列教材（会计系列）的编写要求，结合多年应用技术型会计人才培养的教学经验，体现应用技术型会计人才培养的主要特色和成绩，编写了本教材。

本书特点如下：

一是结构合理，便于应用技术型财会审计人才的教育教学。每章设置了"学习目标""知识结构""引导案例""实验操作""视频讲解""本章小结""思政案例"等内容，便于学生了解每章的主要内容、应解决的问题、涉及的专业准则及主要术语，有利于学生将注册会计师审计理论与审计准则、审计实务结合起来，培养学生的实践能力和创新能力。

二是反映了社会、经济、科技和审计发展的需要，具有时代性。通过与社会经济会计、审计不断改革和发展联系紧密的科学、技术、法规、准则的内容，使学生了解社会经济的发展和会计、审计的改革发展情况，增强社会责任感，培养学生用改革、发展的科学观点看待问题，除了系统讲解知识、方法和技能外，更注重培养学生分析问题、解决问题的能力。

三是内容新颖，形式灵活。由"引导案例"结合"理论讲授""实验操作""视频讲解"等丰富多样的教学形式展开教学，内容难易适度，符合学生的知识基础、心理特点和认知规律，实务案例丰富，可以满足具有不同潜质和能力的学生、读者的不同需求。

本教材共七章，可分为三大部分。第一部分"注册会计师实务概述"，包括第一章"承接审计业务"和第二章"风险评估与计划审计工作"，主要介绍注册会计师实务的产生与发展，包含注册会计师业务范围、审计准则和质量控制、职业道德、审计的机构和人员、行业协会等在内的审计环境因素。第二部分"业务循环审计"，包括第三章"销售与收款循环的审计"、第四章"采购与付款循环的审计"、第五章"生产与存货循环的审计"和第六章"货币资金的审计"，主要介绍财务报表的各业务循环和货币资金业务的审计程序。第三部分为"完成审计工作阶段"，包括第七章"总体复核与审计报告"，主要介绍如何与治理层沟通及获取管理层声明，形成恰当的审计意见并出具审计报告。

本教材由张媛、衣春为主编，王方、姚懿轩、张琼、郭欣及王艳为编者。具体分工为：第一章和第七章由张媛、张琼编写，第二章由张媛、姚懿轩编写，第三章由张媛、王艳编写，第四章由张媛、郭欣编写，第五章由张媛、衣春编写，第六章由张媛、王方编写。全书由张媛负责整体规划、审核、修订初稿、总纂并定稿。

本教材中"＊"标示处表示相关内容配有授课讲解视频，读者可关注公众号"南苑审计"浏览相关视频。本书中实验操作所使用的软件为厦门网中网软件有限公司开发的审计综合实习平台 V4.0。经授权，本书使用该软件中的案例结合理论知识点开展实操讲解。

希望各位读者对本书提出更多的改进意见和建议。编者期待与各位读者共同努力，编写出高质量的应用型教材，为培养新时代应用型人才，为中国特色社会主义审计理论与实践的发展做出贡献。

编　者

2023 年 5 月

目 录

第一章　承接审计业务

【学习目标】

1. 了解承接审计业务的流程及流程中涉及的关键事项。
2. 熟悉初步业务活动的目的及内容、审计的前提条件。
3. 掌握审计业务约定书的填制方法，掌握审计业务约定书的主要内容。

【知识结构】（图1.1）

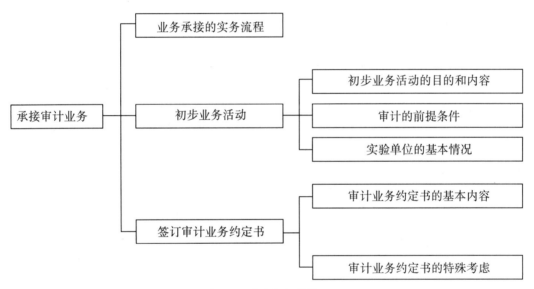

图1.1　本章知识结构

【引导案例】

关于利安达会计师事务所整改工作核查情况及处理决定的公告
（财政部 证监会公告 2016 年第 91 号）

　　根据《财政部 证监会关于暂停利安达会计师事务所（特殊普通合伙）承接新的证券业务并责令限期整改的公告》（财政部 证监会 2016 年第 32 号公告，以下简称"32 号公告"）的要求，财政部、证监会成立联合核查组，对利安达会计师事务所（特殊普通合伙）（以下简称利安达）整改情况进行了核查。现将有关情况及处理决定公告如下：

一、核查基本情况

2016年3月23日，利安达按照"32号公告"要求，向财政部、证监会提交书面整改计划，并于5月3日向财政部、证监会报送了书面整改报告。整改报告中列明了利安达通过自查发现的需要整改的问题及有关整改情况，其中，涉及质量控制问题21项，涉及内部管理问题19项。

6月3日至20日，财政部、证监会联合核查组对利安达北京总所、河北分所、陕西分所、浙江江南分所、湖南分所进行了实地核查。核查过程中，核查组成员采用人员约谈、数据分析、业务抽检、实物抽盘、报表及账户测试、银行流水测试、系统模拟测试等方法，查验利安达在质量控制和总分所一体化管理方面存在的主要风险，共计形成核查工作底稿约200份。实地核查结束后，核查组对核查资料进行了复核、梳理和总结。

二、核查结果

核查发现，利安达对自查发现的问题，通过采取梳理排查风险、修订完善制度、纠正违规行为、加强内部培训等措施进行了整改。经核查，暂未发现利安达存在严重影响审计质量的系统性重大风险，但仍存在部分问题，客观上构成对事务所审计质量和内部管理的风险隐患，主要包括：在质量控制方面，利安达部分审计业务约定书中约定了或有收费事项或为客户代编财务报表事项，部分业务约定书存在格式或内容缺陷，个别审计项目审计报告已出具但业务约定书尚未签订；个别分所质量控制人员配备不足，专业胜任能力存疑，个别专职质量控制人员参与承做审计项目等。在一体化管理方面，利安达对新设立分所或新加入团队的管控不足，个别分所管理基础相对薄弱，在人员编制、岗位分离、印章管理、合伙人考核制度设计等方面存在一定缺陷；尚未在全所层面实现资金调度、人力资源管理、收益分配制度的统一等。

同时，证监会于5月23日印发《行政处罚事先告知书》（处罚字〔2016〕47号，以下简称《事先告知书》），拟对利安达承接的福建金森林业有限公司（以下简称福建金森）重大资产重组审计事项做出行政处罚。核查组已要求利安达对《事先告知书》中涉嫌违规事项进行评估和整改。

三、处理决定

根据核查结果，财政部、证监会做出如下处理决定：

（一）将利安达整改时间延长至2016年9月30日。在持续整改期间，利安达仍不得承接新的证券业务（"32号公告"发布前已经承接的证券业务可继续执行）。利安达应根据核查发现的问题和证监会《事先告知书》中涉及的相关问题持续进行整改，并及时向财政部、证监会报告整改情况。

（二）待整改结束后，如利安达整改到位且未发生新的重大审计执业质量问题，财政部、证监会同意其自2016年10月1日起恢复承接新的证券业务；如发生新的重大风险，财政部、证监会将另行做出有关处理决定。

四、有关要求

利安达要全面、彻底地加以整改，切实提高执业质量。其他证券资格会计师事务所要引以为戒、举一反三，全面加强质量控制和总分所一体化管理，防止质量控制流于形式，防止总分所管理失控，防止盲目吸收合并基础薄弱、带有隐患的执业团队。财政部、证监会将进一步加大对证券资格会计师事务所及其分所的事中事后监管力度，严肃查处违法违规行为，多措并举规范竞争秩序、优化执业环境，促进注册会计师行业在资本市场和经济社会发展中发挥更大作用。

财政部　证监会

2016 年 8 月 1 日

（资料来源：http://www.mof.gov.cn/gp/xxgkml/hjs/201608/t20160803_2512773.htm.）

第一节　业务承接的实务流程

审计实务中，一项审计业务从初步意向到最终达成业务承接协议需要经历业务接洽、评估考量、业务约定、达成审计约定等阶段，具体流程如图 1.2 所示。

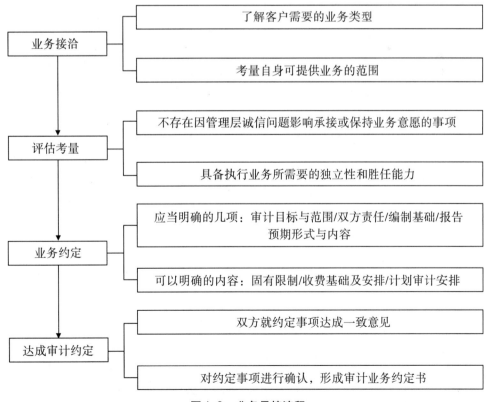

图 1.2　业务承接流程

第二节 初步业务活动*

一、初步业务活动的目的和内容

在本期审计业务开始时，注册会计师需要开展初步业务活动，要实现以下三个目的：①确保注册会计师具备执行审计业务所需要的独立性和专业能力；②确保不存在因管理层诚信问题而可能影响注册会计师保持该项业务的意愿的事项；③确保与被审计单位之间不存在对业务约定条款的误解。

初步业务活动是一项审计业务的开端，主要包括针对保持客户关系和具体审计业务实施相应的质量控制程序、评价遵守职业道德规范的情况、就审计业务约定条款达成一致意见这三项内容。

针对保持客户关系和具体审计业务实施质量控制程序，并且根据实施相应程序的结果做出适当的决策是注册会计师控制审计风险的重要环节。《中国注册会计师审计准则第1121号——对财务报表审计实施的质量控制》及《质量控制准则5101号——会计师事务所对执行财务报表审计和审阅、其他鉴证和相关服务业务实施的质量控制》（以下简称《质量控制准则》）含有与客户关系和具体业务接受与保持相关的要求，注册会计师应当按照其规定开展初步业务活动。

评价遵守相关职业道德要求的情况也是一项非常重要的初步业务活动。《质量控制准则》含有包括独立性在内的有关职业道德的要求，注册会计师应当按照其规定执行。虽然保持客户关系及具体审计业务和评价职业道德的工作贯穿全过程，但这两项活动需要安排在其他审计之前，以确保注册会计师已具备执行业务所需要的独立性和专业胜任能力，且不存在因管理层诚信问题而影响注册会计师保持该项业务的意愿等情况。在连续审计的业务中，这些初步业务活动通常是在上期审计工作结束后不久就要开始了。

在做出接受或保持客户关系及具体审计业务的决策后，注册会计师应当按照《中国注册会计师审计准则第1111号——就审计业务约定条款达成一致意见》的规定，在审计业务开始前，与被审计单位就审计业务约定条款达成一致意见，签订或修改审计业务约定书，以避免双方对审计业务的理解产生分歧。

二、审计的前提条件

1. 审计报告的编制基础

（1）确定财务报告编制基础的可接受性。注册会计师需要考虑下列因素：第一，被审计单位的性质（如商业企业、公共部门实体或非营利组织）；第二，财务报表的目的（如满足广大财务报表使用者或是特定使用者的财务信息需求）；第三，财务报表的性质（如整套财务报表或是单一财务报表）；第四，法律法规是否规定了适用的财务报告编制基础。

（2）特殊目的编制基础。旨在满足财务报表特定使用者的财务信息需求，按照特殊目的编制基础编制的财务报表，称为特殊目的财务报表。预期使用者对财务信息的需求，决定适用的财务报告编制基础。《中国注册会计师审计准则第 1601 号——对按照特殊目的编制基础编制的财务报表审计的特殊考虑》规范了如何确定旨在满足财务报表特定使用者财务信息需求的财务报告编制基础的可接受性。

（3）通用目的编制基础。旨在满足广大财务报表使用者共同的财务信息需求的财务报表，称为通用目的财务报表。如果财务报告准则由经授权的或获得认可的准则制定机构制定和发布，供某类实体使用，只要这些机构遵循一套既定和透明的程序（包括认真研究和仔细考虑广大利益相关者的观点），则认为财务报告准则对于这类实体编制通用目的财务报表是可接受的。这些财务报告准则主要包括国际财务报告准则、国际公共部门会计准则、某一国家或地区经授权或获得认可的准则制定机构发布的会计准则（如我国的《企业会计准则》）。

2. 管理层认可并理解其承担的三项责任

（1）按照适用的财务报告编制基础编制财务报表，并使其实现公允反映（如适用）。管理层负有选择适用的财务报告编制基础来编制财务报表并且公允列报的责任。实现公允列报的报告目标非常重要，因而在与管理层达成一致意见时，需要特别提及管理层负有确保财务报表根据财务报告编制基础编制并使其公允反映的责任。

（2）设计、执行和维护必要的内部控制，以使财务报表不存在舞弊或错误导致的重大错报。由于内部控制的固有限制，其最多只能合理保证被审计单位实现其财务报告目标。注册会计师执行的独立审计工作不能代替管理层维护编制财务报表所需要的内部控制。所以，需要就管理层认可并理解其内部控制相关责任与管理层达成共识。

（3）向注册会计师提供必要的工作条件，包括允许注册会计师接触与编制财务报表相关的所有信息（如记录、文件和其他事项），向注册会计师提供审计所需要的其他信息，允许注册会计师在获取审计证据时不受限制地接触其认为必要的内部人员和其他相关人员。

3. 责任认可确认的形式

按照《中国注册会计师审计准则第 1341 号——书面声明》的规定，注册会计师应当要求管理层就其已经履行的某些责任提供书面声明。所以，注册会计师需要获取针对管理层责任的书面声明、其他审计准则要求的书面声明以及在必要时需要获取用于支持其他审计证据（财务报表、一项或多项具体认定）的书面证明。注册会计师需要在初步业务活动中使管理层意识到这一点。若管理层不认可其责任或者不同意提供书面声明，注册会计师将不能获得充分适当的审计证据。这时，注册会计师承接此项审计业务是不恰当的，除非法律法规另有规定。如果法律法规要求承接此类业务，注册会计师可能需要向管理层解释这种情况的重要性及其对审计报告的影响。

三、实验单位的基本情况

本书结合厦门网中网软件有限公司开发的审计综合实习平台软件 V4.0 中的审计实训案例，以一个审计实训案例的形式结合理论知识点来进行实操练习。以下是对于审计的委托方——被审计单位和受托方——会计师事务所基本情况的介绍。后续实验操作均是以此为背景的审计案例操作。

1. 委托方基本情况

中泰纸业有限公司是一家纸制品的加工制造企业。其企业性质为股份有限公司，在深圳中小板上市，股票代码 002996，经营范围为商务信息用纸的研发、生产、销售。该公司产品分为热敏纸、无碳打印纸两大系列，其中热敏纸系列包括传真纸、POS 用纸、ATM 打印单、彩票纸、电影票五个品种，无碳打印纸系列包括密码信封、多联发票、压感打印纸三个品种。公司账户：中国工商银行武汉汉阳支行（一般账户）；账号：4200603100988125629；增值税一般纳税人（税率 17%），企业所得税税率 25%；审计年度：2016 年。

2. 受托方基本情况

湖北天宁会计师事务所有限公司经营范围包括：审查企业会计报表，出具审计报告；验证企业资本，出具验资报告；办理企业合并、分立、清算事宜中的审计业务，及有关的其他审计业务，出具相应审计报告；财务信息咨询、税务信息咨询、投资管理信息咨询、企业管理信息咨询、工程项目造价信息咨询、经济信息咨询。（依法须经批准的项目，经相关部门批准后方可开展经营活动。）法定代表人：叶建涵；地址：武汉市建设西路 27 号；邮编：430012；电话：027 - 82398876；传真：027 - 82398879。审计年度：2016 年；负责本审计项目人员说明：项目负责合伙人叶建涵，项目负责经理（现场负责人）李清河。

第三节 签订审计业务约定书[*]

审计业务约定书是指会计师事务所与被审计单位签订的，用以记录和确认审计业务的委托与受托关系、审计目标和范围、双方的责任以及报告的格式等事项的书面协议。会计师事务所承接任何审计业务，都应与被审计单位签订审计业务约定书。审计业务约定书包括基本内容以及根据具体业务不同的特殊考虑两部分内容。

一、审计业务约定书的基本内容

审计业务约定书应当包含以下内容：①财务报表审计的目标与范围；②注册会计师责任；③管理层责任；④指出用于编制财务报表所适用的财务报告编制基础。

二、审计业务约定书的特殊考虑

1. 考虑特定需要

如果需要，注册会计师还应当考虑在审计业务约定书中列明下列内容：

（1）详细说明审计工作的范围，包括提及适用的法律法规、审计准则，以及注册会计师协会发布的职业道德守则和其他公告。

（2）对审计业务结果的其他沟通形式。

（3）说明由于审计和内部控制的固有限制，即使审计工作按照审计准则的规定得到恰当的计划和执行，仍不可避免地存在某些重大错报未被发现的风险。

（4）计划和执行审计工作的安排，包括审计项目组的构成。

（5）管理层确认将提供书面声明。

（6）管理层同意向注册会计师及时提供财务报表草稿和其他所有附带信息，以使注册会计师能够按照预定的时间表完成审计工作。

（7）管理层同意告知注册会计师在审计报告日至财务报表报出日之间注意到的可能影响财务报表的事实。

（8）收费的计算基础和收费安排。

（9）管理层确认收到审计业务约定书并同意其中的条款。

（10）在某些方面对利用其他注册会计师和专家工作的安排。

（11）对审计涉及的内部审计人员和被审计单位其他员工工作的安排。

（12）在首次审计的情况下，与前任注册会计师（如存在）沟通的安排。

（13）说明对注册会计师责任可能存在的限制。

（14）注册会计师与被审计单位之间需要达成进一步协议的事项。

（15）向其他机构或人员提供审计工作底稿的义务。

2. 组成部分的审计

如果母公司的注册会计师同时也是组成部分的注册会计师，需要虑下列因素，以决定是否向组成部分单独致送审计业务约定书：①组成部分注册会计师的委托人；②是否对组成部分单独出具审计报告；③与审计委托相关的法律法规的规定；④母公司占组成部分的所有权份额；⑤组成部分管理层相对于母公司的独立程度。

3. 连续审计

对于连续审计，注册会计师应当根据具体情况评估是否需要对审计约定条款做出修改，以及是否需要提醒被审计单位注意现有的条款。注册会计师可以决定不在每期都致送新的审计业务约定书或其他书面协议。然而，下列因素可能导致注册会计师修改审计业务约定条款或提醒被审计单位注意现有的约定条款：①有迹象表明被审计单位误解审计目标和范围；②需要修改约定条款或增加特别条款；③被审计单位高级管理人员近期发生变动；④被审计单位所有权发生重大变动；⑤被审计单位业务的性质或规模发生重大变化；⑥法律法规的规定发生变化；⑦编制财务报表采用的财务报告编制基础发生变更；⑧其他报告要求发生变化。

4. 审计业务约定条款的变更

（1）变更审计业务约定条款的要求。在完成审计业务前，如果被审计单位或委托人要求将审计业务变更为保证程度较低的业务，注册会计师应确定是否存在合理理由予以变更。

下列原因可能导致被审计单位要求变更业务：①环境变化对审计服务的需求产生影响；②对原来要求的审计业务的性质存在误解；③无论是管理层施加的还是其他情况引起的审计范围受到限制。上述第①项和第②项通常被认为是变更业务的合理理由；但如果有迹象表明该变更要求与错误的、不完整的或者不能令人满意的信息有关，注册会计师不应认为该变更是合理的。

如果没有合理的理由，注册会计师不应同意变更业务。如果注册会计师不同意变更审计业务约定条款，而管理层又不允许继续执行原审计业务，注册会计师应当：①在适用的法律法规允许的情况下，解除审计业务约定；②确定是否有约定义务或其他义务向治理层、所有者或监管机构等报告该事项。

（2）变更为审阅业务或相关服务业务的要求。在同意将审计业务变更为审阅业务或相关服务业务前，接受委托按照审计准则执行审计工作的注册会计师，除考虑上述（1）中提及的事项外，还需要评估变更业务对法律责任或业务约定的影响。

如果注册会计师认为将审计业务变更为审阅业务或相关服务业务具有合理理由，截至变更日已执行的审计工作可能与变更后的业务相关，相应地，注册会计师需要执行的工作和出具的报告会适用于变更后的业务。为避免引起报告使用者的误解，对相关服务业务出具的报告不应提及原审计业务和在原审计业务中已执行的程序。只有将审计业务变更为执行商定程序业务，注册会计师才可在报告中提及已执行的程序。

实验：填制审计综合实习平台索引号为 G1 的审计计划阶段底稿（图 1.3）。[①]

审计业务约定书 *

甲方：中泰纸业股份有限公司

乙方：湖北天宁会计师事务所有限公司

兹由甲方委托乙方对 2016 年度财务报表进行审计，经双方协商，达成以下约定：

一、审计的目标和范围

1. 乙方接受甲方委托，对甲方按照企业会计准则编制的 2016 年 12 月 31 日的资产负债表、2016 年度的利润表、所有者权益（或 股东权益）变动表和现金流量表以及财务报表附注（以下统称财务报表）进行审计。

2. 乙方通过执行审计工作，对财务报表的下列方面发表审计意见：(1)财务报表是否在所有重大方面按照企业会计准则的规定编制；(2)财务报表是否在所有重大方面公允反映了甲方 2016 年 12 月 31 日的财务状况以及 2016 年度的经营成果和现金流量。

二、甲方的责任

1. 根据《中华人民共和国会计法》及《企业财务会计报告条例》，甲方及甲方负责人有责任保证会计资料的真实性和完整性。因此，甲方管理层有责任妥善保存和提供会计记录（包括但不限于会计凭证、会计账簿及其他会计资料），这些记录必须真实、完整地反映甲方的财务状况、经营成果和现金流量。

2. 按照企业会计准则的规定编制和公允列报财务报表是甲方管理层的责任，这种责任包括：(1)按照企业会计准则的规定编制财务报表，并使其实现公允反映；(2)设计、执行和维护必要的内部控制，以使财务报表不存在由于舞弊或错误导致的重大错报。

3. 及时为乙方的审计工作提供与审计有关的所有记录、文件和所需的其他信息（在 2017 年 01 月 10 日之前提供审计所需的全部资料，如果在审计过程中需要补充资料亦应及时提供），并保证所提供资料的真实性和完整性。

4. 确保乙方不受限制地接触其认为必要的甲方内部人员和其他相关人员。

5. 甲方管理层必要时，还包括治理层对其作出的与审计有关的声明予以书面确认。

6. 为乙方派出的有关工作人员提供必要的工作条件和协助，乙方将于外勤工作开始前提供主要事项清单。

7. 按照本约定书的约定及时足额支付审计费用以及乙方人员在审计期间的交通、食宿和其他相关费用。

8. 乙方的审计不能减轻甲方及甲方管理层的责任。

三、乙方的责任

1. 乙方的责任是在执行审计工作的基础上对甲方财务报表发表审计意见。乙方根据中国注册会计师审计准则（以下简称审计准则）的规定执行审计工作。审计准则要求注册会计师遵守中国注册会计师职业道德守则，计划和执行审计工作以对财务报表是否不存在重大错报获取合理保证。

2. 审计工作涉及实施审计程序，以获取有关财务报表金额和披露的审计证据。选择的审计程序取决于乙方的判断，包括对由于舞弊或错误导致的财务报表重大错报风险的评估。在进行风险评估时，乙方考虑与财务报表编制和公允列报相关的内部控制，以设计恰当的审计程序，但目的并非对内部控制的有效性发表意见。审计工作还包括评价管理层选用会计政策的恰当性和作出会计估计的合理性，以及评价财务报表的总体列报。

3. 由于审计和内部控制的固有限制，即使按照审计准则的规定适当地计划和执行审计工作，仍不可避免地存在财务报表的某些重大错报可能未被乙方发现的风险。

4. 在审计过程中，乙方若发现甲方存在乙方认为值得关注的内部控制缺陷，应以书面形式向甲方治理层或管理层通报。但乙方通报的各种事项，并不代表已全面说明所有可能存在的缺陷或已提出所有可行的改进建议。甲方在实施乙方提出的改进建议前应全面评估其影响。未经乙方书面许可，甲方不得向任何第三方提供乙方出具的沟通文件。

5. 按照约定时间完成审计工作，出具审计报告。乙方应于 2017 年 02 月 20 日前出具审计报告。

---

① 本书各章实验所涉案例、图表等均来自厦门网中网软件有限公司开发的审计综合实习平台软件 V4.0。

6. 除下列情况外，乙方应当对执行业务过程中知悉的甲方信息予以保密：(1)法律法规允许披露，并取得甲方的授权；(2)根据法律法规的要求，为法律诉讼、仲裁准备文件或提供证据，以及向监管机构报告发现的违法行为；(3)在法律法规允许的情况下，在法律诉讼、仲裁中维护自己的合法权益；(4)接受注册会计师协会或监管机构的执业质量检查，答复其询问和调查；(5)法律法规、执业准则和职业道德规范规定的其他情形。

四、审计收费

1. 本次审计服务的收费是以会计师事务所服务政府指导价收费   为基础计算的。乙方预计本审计服务的费用总额为人民币伍拾   万元。

2. 甲方应于本约定书签署之日起 7日内支付20％的审计费用，其余款项于审计报告出具当日   结清。

3. 如果由于无法预见的原因，致使乙方从事本约定书所涉及的审计服务实际时间较本约定书签订时预计的时间有明显增加或减少时，甲乙双方应通过协商，相应调整本部分第1段所述的审计费用。

4. 如果由于无法预见的原因，致使乙方人员抵达甲方的工作现场后，本约定书所涉及的审计服务中止，甲方不得要求退还预付的审计费用；如上述情况发生于乙方人员完成现场审计工作，并离开甲方的工作现场之后，甲方应另行向乙方支付人民币8000.00元的补偿费，该补偿费应于甲方收到乙方的收款通知之日起 3日内支付。

5. 与本次审计有关的其他费用（包括交通费、食宿费等）由甲方承担。

五、审计报告和审计报告的使用

1. 乙方按照中国注册会计师审计准则规定的格式和类型出具审计报告。

2. 乙方向甲方致送审计报告一式 肆 份。

3. 甲方在提交或对外公布乙方出具的审计报告及其后附的已审计财务报表时，不得对其进行修改。当甲方认为有必要修改会计数据、报表附注和所作的说明时，应当事先通知乙方，乙方将考虑有关的修改对审计报告的影响，必要时，将重新出具审计报告。

六、本约定书的有效期间

本约定书自签署之日起生效，并在双方履行完毕本约定书约定的所有义务后终止。但其中第三项第6段、第四、五、七、八、九、十项并不因本约定书终止而失效。

七、约定事项的变更

如果出现不可预见的情况，影响审计工作如期完成，或需要提前出具审计报告，甲、乙双方均可要求变更约定事项，但应及时通知对方，并由双方协商解决。

八、终止条款

1. 如果根据乙方的职业道德及其他有关专业职责、适用的法律法规或其他任何法定的要求，乙方认为已不适宜继续为甲方提供本约定书约定的审计服务，乙方可以采取向甲方提出合理通知的方式终止履行本约定书。

2. 在本约定书终止的情况下，乙方有权就其终止之日前对约定的审计服务项目所做的工作收取合理的费用。

九、违约责任

甲、乙双方按照《中华人民共和国合同法》的规定承担违约责任。

十、适用法律和争议解决

本约定书的所有方面均应适用中华人民共和国法律进行解释并受其约束。本约定书履行地为乙方出具审计报告所在地，因本约定书引起的或与本约定书有关的任何纠纷或争议（包括关于本约定书条款的存在、效力或终止，或无效之后果），双方协商确定采取以下第1   种方式予以解决：

(1)向有管辖权的人民法院提起诉讼；

(2)提交当地仲裁委员会仲裁。

十一、双方对其他有关事项的约定

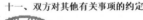

本约定书一式两份，甲、乙双方各执一份，具有同等法律效力。

授权代表：   授权代表：

2016 年 12 月 25 日   2016 年 12 月 25 日

图1.3 审计业务约定书

填写说明：此处需要填写甲方和乙方的名称，对审计业务的收费、双方的责任、报告提供日期等项目进行填写；最后是甲方和乙方在审计业务约定书上签字盖章并签署日期，表示审计业务承接关系正式建立。此处需要注意的是金额、日期、数量的填写规范。

【本章小结】

本章介绍了承接审计业务的主要流程，该阶段涉及的主要是初步业务活动的目的和内容、审计的前提条件、审计业务约定书的基本内容及审计业务约定书的特殊考虑。本章重点介绍审计业务约定书的填制，配合审计实训平台实验操作，模拟审计业务承接中审计业务约定书的填制。

【思政案例】

异常收费对审计独立性的影响
——以天健审计尔康制药为例

一、尔康制药公司概况

尔康制药（湖南尔康制药有限公司）于 2003 年 10 月成立，是国内品种最全、规模最大的专业药用辅料生产企业之一，主要从事医药产品的研发、生产和销售，有"药辅行业的沃尔玛"之名。公司创立以来保持高速发展，在 2008 年实现高额营收，由此成为行业内规模最大的企业；2011 年 9 月 27 日在深交所挂牌，成为药辅行业第一家上市公司。上市后公司成功募集到大量资金，并相继投入药辅材料和抗生素原料药扩产等项目建设。根据公司公布的财报显示，公司上市后 2014—2016 年净利润分别为 2.88 亿元、6.05 亿元、10.26 亿元，三个年度的净利润一直保持高速增长，股价也一路飙升，一度成为众多投资者的首选投资目标。

二、审计费用分析

天健自尔康制药 2011 年上市以来一直为其提供年报审计服务，截至 2017 年年度财务报表审计，天健已经为尔康制药提供了 9 年的审计服务。下面对其 2013—2017 年的审计收费情况进行统计（表 1.1）。

表 1.1　尔康制药 2013—2017 年审计收费情况

项目	2013 年	2014 年	2015 年	2016 年	2017 年
审计收费（万元）	55	70	100	130	150
审计收费增长率（%）	—	22.3	42.9	30.0	15.4

续表 1.1

项目	2013 年	2014 年	2015 年	2016 年	2017 年
审计意见类型	标准无保留	标准无保留	标准无保留	标准无保留	标准无保留
签字会计师	李永利、黄源源	李永利、胡萍	贺梦然、胡萍	贺梦然、严芬	贺梦然、孙剑
审计服务年限	5	6	7	8	9

资料来源：尔康制药 2013—2017 年年度审计报告。

审计收费一般跟企业规模资产总量、收入总量等因素相关。利用学者郭颖文文章中的审计定价模型计算得出 2013—2017 年估计审计收费，与实际审计收费进行对比，得到估计审计收费金额（表 1.2），用此数据与实际金额对比来计算异常审计收费。

表 1.2　尔康制药 2013—2017 年审计收费估计金额与实际金额对比分析

指标	2013 年	2014 年	2015 年	2016 年	2017 年
模型估计审计收费（万元）	39.64	47.39	58.55	58.26	57.02
实际审计收费金额（万元）	55.00	70.00	100.00	130.00	150.00
异常审计收费金额（万元）	15.36	22.61	41.45	71.74	92.98
异常比例（%）	38.75	47.71	70.80	123.14	163.07
审查结果	—	—	证监会处罚	证监会处罚	—

三、财务造假事件揭露过程

2017 年 5 月，著名上市公司研究机构市值风云质疑尔康制药财务问题，由此揭开了探究尔康制药财务造假问题的序幕。之后公司股价一路跌至停牌并开始自查。之后深交所发出关注函，要求公司对此进行解释。证监会随后向公司发出《调查通知书》，派出核查小组进行核查。公司于 11 月 22 日发布自查报告，对相关问题和各种负面报道做出了回应。

尔康制药在报告中表示，2016 年虚报利润总计 2.31 亿元，其中包括尔康制药子公司虚增主营业务收入约 2.29 亿元，以及公司在北美地区的代理商 SYN 公司产生销售退回，未能及时进行会计处理，导致虚增主营业务收入 0.26 亿元。2018 年 4 月，尔康制药接受证监会调查的报告，最终表示，公司 2015 年和 2016 年分别虚增营业收入 1805.88 万元、2.55 亿元。证监会证实了公司的造假行为并处以 60 万元罚款、警告以及负责人处罚。值得关注的是，公司 2015 年和 2016 年财务报表是经过会计师事务所审计的，并且出具了标准无保留审计意见报告。

尔康制药被证监会处罚之后，2018 年 11 月 6 日，签字会计师胡萍被深交所创业板公司管理部出具监管函，其认为胡萍作为尔康制药 2015 年审计报告签字会计师，未能勤勉尽责，出具的审计报告存在虚假记载。同年 12 月 18 日，湖南证监局对贺梦然、胡萍、严芬做出通报批评，并对其采取了监管谈话的措施。

（资料来源：根据相关资料综合编写。）

案例讨论及思考：

1. 异常的审计收费会影响注册会计师的哪些职业道德？
2. 会计师事务所在承接审计业务时要注意哪些问题？
3. 审计人员如何在执业过程中降低职业风险？

第二章 风险评估与计划审计工作

【学习目标】

1. 了解影响被审计单位风险评估的外部因素。
2. 熟悉内部控制的含义与要素，熟悉对被审计单位重大错报风险的评估及修正。
3. 掌握计划审计工作的内容、总体审计策略与具体审计计划。

【知识结构】（图 2.1）

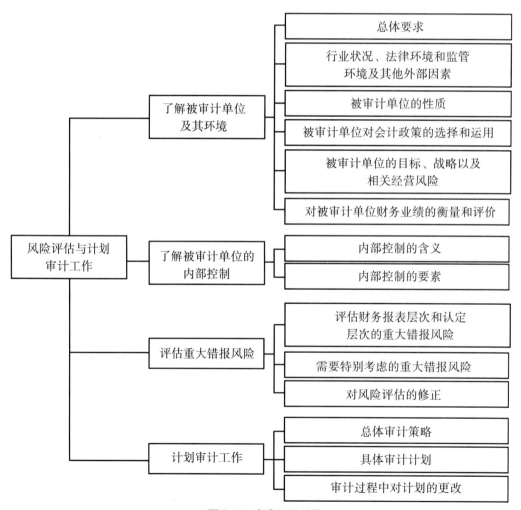

图 2.1　本章知识结构

【引导案例】

中澳集团审计失败案例研究

中澳控股集团有限公司（以下简称"中澳集团"）成立于1998年4月14日，注册资本为13500万元人民币，主要从事肉鸭的育种、繁育、养殖和深加工。其主营产品是中澳牌鸭肉系列制品，拥有千余名职工，持有出口欧盟资质。法定代表人为张洪波，持股比例为99.98%，资产超百亿元。为了顺利发行中国银行短期融资债券，2013年8月，中澳集团委托北京兴华会计师事务所为本公司做账务查核工作，北京兴华会计师事务所指派李某某等人审计中澳集团2010年至2013年6月份财务报告。在此基础上，又审计了中澳集团2013年全年、2014年1月份至6月份的财务审计报告。中澳集团以此为依据申请发行3亿元债券，债券最后发行成功。经查，中澳集团实际利润与审计报告中2014年实际利润为－74940523.60元，调整后的利润为267636760.32元，虚增数额为342577283.92元，虚增比例为457.13%。2017年6月4日中澳集团董事长张洪波被刑拘。法院裁定中澳集团破产重整。2019年3月山东省庆云县人民检察院判决没收北京兴华会计师事务所收入140万元，认定注册会计师李某某犯提供虚假证明文件罪，判处有期徒刑三年，并处罚金10万元。

中澳集团规模巨大，占地较广，但速冻库只有6个，月均屠宰70万到80万只，一天也就是3万只左右，但其报表中收入高达30多亿元，每只肉鸭的售价要高达300元左右才能达到这个收入，这明显是不可能的。与中澳集团有销售业务往来的黄骅市同春水产经销部等50家企业、农村专业合作社、个体工商户发生的销售交易都有销售合同、发运单、发票等原始凭证，但是在工商局注册信息中并无这些企业的信息，销售合同也都是伪造的。为了发行债券，中澳集团曾找到几家事务所做审计报告，但是根据中澳集团提供的实际状况，不符合发债要求的条件，这些会计师事务所认定风险太大，没有接受业务委托。北京兴华会计师事务所李某某在未充分了解被审计单位的情况下，没有保持应有的谨慎性，接受了中澳集团的委托并出具审计报告，产生非常严重的不利影响。

［资料来源：汪丽丽：《北京兴华会计师事务所对中澳集团审计失败案例研究》，《现代营销（下旬刊）》2019年第8期，第237～238页。］

第一节 了解被审计单位及其环境*

一、总体要求

注册会计师应当从下列方面了解被审计单位及其环境：①行业状况、法律环境和监管环境及其他外部因素；②被审计单位的性质；③被审计单位对会计政策的选择和运用；④被审计单位的目标、战略以及可能导致重大错报风险的相关经营风险；⑤对被审计单位财务业绩的衡量和评价；⑥被审计单位的内部控制。

上述第一项是被审计单位的外部环境，第二项至第四项以及第六项是被审计单位的内部因素，第五项则既有外部因素也有内部因素。值得注意的是，被审计单位及其环境的各个方面可能会互相影响。例如，被审计单位的行业状况、法律环境和监管环境及其他外部因素可能影响到被审计单位的目标、战略以及相关经营风险，而被审计单位的性质、目标、战略以及相关经营风险可能影响到被审计单位对会计政策的选择和运用，以及内部控制的设计和执行。因此，注册会计师在对被审计单位及其环境的各个方面进行了解和评估时，应当考虑各因素之间的相互关系。

注册会计师针对上述六个方面实施的风险评估程序的性质、时间安排和范围取决于审计业务的具体情况，如被审计单位的规模和复杂程度，以及注册会计师的相关审计经验，包括以前为被审计单位提供审计和相关服务的经验以及对类似行业、类似企业的审计经验。此外，识别被审计单位及其环境在上述各方面与以前期间相比发生的重大变化，对于充分了解被审计单位及其环境、识别和评估重大错报风险尤为重要。

二、行业状况、法律环境和监管环境及其他外部因素

1. 行业状况

了解行业状况有助于注册会计师识别与被审计单位所处行业有关的重大错报风险。

注册会计师应当了解被审计单位的行业状况，主要包括：①所处行业的市场与竞争，包括市场需求、生产能力和价格竞争；②生产经营的季节性和周期性；③与被审计单位产品相关的生产技术；④能源供应与成本；⑤行业的关键指标和统计数据。

2. 法律环境和监管环境

了解法律环境和监管环境有利于识别被审计单位需要披露的事项，如需要披露的关联方关系、或有事项等。注册会计师应当了解被审计单位所处的法律环境和监管环境，主要包括：①会计原则和行业特定惯例；②受管制行业的法规框架；③对被审计单位经营活动产生重大影响的法律法规，包括直接的监管活动；④税收政策（关于企业所得税和其他税种的政策）；⑤目前对被审计单位开展经营活动产生影响的政府政策，如货币

政策（包括外汇管制）、财政政策、财政刺激措施（如政府援助项目）、关税或贸易限制政策等；⑥影响行业和被审计单位经营活动的环保要求。

3. 其他外部因素

注册会计师应当了解影响被审计单位经营的其他外部因素，主要包括总体经济情况、利率、融资的可获得性、通货膨胀水平或币值变动等。

三、被审计单位的性质

1. 所有权结构

对被审计单位所有权结构的了解有助于注册会计师识别关联方关系并了解被审计单位的决策过程。注册会计师应当了解所有权结构以及所有者与其他人员或实体之间的关系，考虑关联方关系是否已经得到识别，以及关联方交易是否得到恰当核算。注册会计师应当按照《中国注册会计师审计准则第 1323 号——关联方》的规定，了解被审计单位识别关联方的程序，获取被审计单位提供的所有关联方信息，并考虑关联方关系是否已经得到识别，关联方交易是否得到恰当记录和充分披露。

2. 治理结构

良好的治理结构可以对被审计单位的经营和财务运作实施有效的监督，从而降低财务报表发生重大错报风险。注册会计师应当了解被审计单位的治理结构，如董事会的构成情况、董事会内部是否有独立董事，治理结构中是否设有审计委员会或监事会及其运作情况。注册会计师应当考虑治理层是否能够在独立于管理层的情况下对被审计单位事务（包括财务报告）做出客观判断。

3. 组织结构

注册会计师应当了解被审计单位的组织结构，考虑复杂组织结构可能导致的重大错报风险，包括财务报表合并、商誉减值以及长期股权投资核算等问题。例如，对于在多个地区拥有子公司、合营企业、联营企业或其他成员机构，或者存在多个业务分部和地区分部的被审计单位，不仅编制合并财务报表的难度增加，还存在其他可能导致重大错报风险的复杂事项，包括对子公司、合营企业、联营企业和其他股权投资类别的判断及其会计处理等。

4. 经营活动

了解被审计单位的经营活动有助于注册会计师识别预期在财务报表中反映的主要交易类别、重要账户余额和列报。注册会计师应当了解被审计单位的经营活动，主要包括：

（1）主营业务的性质。例如，主营业务是制造业还是商品批发与零售，是银行、保险还是其他金融服务，是公用事业、交通运输还是提供技术产品和服务，等等。

（2）与生产产品或提供劳务相关的市场信息。例如，主要客户和合同、付款条件、利润率、市场份额、竞争者、出口、定价政策、产品声誉、质量保证、营销策略和目标等。

（3）业务的开展情况。例如，业务分部的设立情况、产品和服务的交付、衰退或扩展的经营活动的详情等。

（4）联盟、合营与外包情况。

（5）从事电子商务的情况。例如，是否通过互联网销售产品和提供服务以及从事营销活动。

（6）地区分布与行业细分。例如，是否涉及跨地区经营和多种经营，各个地区和各行业分布的相对规模以及相互之间是否存在依赖关系。

（7）生产设施、仓库和办公室的地理位置，存货存放地点和数量。

（8）关键客户。例如，销售对象是少量的大客户还是众多的小客户，是否有被审计单位高度依赖的特定客户（如超过销售总额10%的顾客），是否有造成高回收性风险的若干客户或客户类别（如正处在一个衰退市场中的客户），是否与某些客户订立了不寻常的销售条款或条件。

（9）货物和服务的重要供应商。例如，是否签订长期供应合同、原材料供应的可靠性和稳定性、付款条件，以及原材料供应是否受重大价格变动的影响。

（10）劳动用工安排。例如，分地区用工情况、劳动力供应情况、工薪水平、退休金和其他福利、股权激励或其他奖金安排以及与劳动用工事项相关的政府法规。

（11）研究与开发活动及其支出。

（12）关联方交易。例如，有些客户或供应商是否为关联方，对关联方和非关联方是否采用不同的销售和采购条款。此外，还存在哪些关联方交易，对这些交易采用怎样的定价政策。

5. 投资活动

了解被审计单位的投资活动有助于注册会计师关注被审计单位在经营策略和方向上的重大变化。注册会计师应当了解被审计单位的投资活动，主要包括：

（1）近期拟实施或已实施的并购活动与资产处置情况，包括业务重组或某些业务的终止。注册会计师应当了解并购活动如何与被审计单位目前的经营业务相协调，并考虑它们是否会引发进一步的经营风险。

（2）证券投资、委托贷款的发生与处置。

（3）资本性投资活动，包括固定资产和无形资产投资、近期或计划发生的变动，以及重大的资本承诺等。

（4）不纳入合并范围的投资。例如，联营、合营或其他投资，包括近期计划的投资项目。

6. 筹资活动

了解被审计单位的筹资活动有助于注册会计师评估被审计单位在融资方面的压力，

并进一步考虑被审计单位在可预见未来的持续经营能力。注册会计师应当了解被审计单位的筹资活动，主要包括：

（1）债务结构和相关条款，包括资产负债表外融资和租赁安排。例如，获得的信贷额度是否可以满足营运需要；得到的融资条件及利率是否与竞争对手相似，如不相似，原因何在；是否存在违反借款合同中限制性条款的情况；是否承受重大的汇率与利率风险。

（2）主要子公司和联营企业（无论是否处于合并范围内）的重要融资安排。

（3）实际受益方及关联方。例如，实际受益方是国内的还是国外的，其商业声誉和经验可能对被审计单位产生的影响。

（4）衍生金融工具的使用。例如，衍生金融工具是用于交易目的还是套期目的，以及运用的种类、范围和交易对手等。

7. 财务报告

了解影响财务报告的重要政策、交易或事项，如：

（1）会计政策和行业特定惯例，包括特定行业的重要活动（如银行业的贷款和投资、医药行业的研究与开发活动）。

（2）收入确认惯例。

（3）公允价值会计核算。

（4）外币资产、负债与交易。

（5）异常或复杂交易（包括在有争议的或新兴领域的交易）的会计处理（如对股份支付的会计处理）。

四、被审计单位对会计政策的选择和运用

1. 重大和异常交易的会计处理方法

例如，本期发生的企业合并的会计处理方法。某些被审计单位可能存在与其所处行业相关的重大交易，如银行向客户发放贷款、证券公司对外投资、医药企业的研究与开发活动等。注册会计师应当考虑对重大的和不经常发生的交易的会计处理方法是否适当。

2. 在缺乏权威性标准或共识、有争议的或新兴领域采用重要会计政策产生的影响

在缺乏权威性标准或共识的领域，注册会计师应当关注被审计单位选用了哪些会计政策、为什么选用这些会计政策以及选用这些会计政策产生的影响。

3. 会计政策的变更

如果被审计单位变更了重要的会计政策，注册会计师应当考虑变更的原因及其适当性，即考虑：

（1）会计政策变更是否是法律、行政法规或者适用的会计准则和相关会计制度要

求的变更。

（2）会计政策变更是否能够提供更可靠、更相关的会计信息。除此之外，注册会计师还应当关注会计政策的变更是否得到恰当处理和充分披露。

4. 新颁布的财务报告准则、法律法规，以及被审计单位何时采用、如何采用这些规定

例如，当新的企业会计准则颁布施行时，注册会计师应考虑被审计单位是否应采用新颁布的会计准则；如果采用，是否已按照新会计准则的要求做好衔接调整工作，并收集执行新会计准则需要的信息资料。

注册会计师应当考虑，被审计单位是否按照适用的会计准则和相关会计制度的规定恰当地进行了列报，并披露了重要事项。列报和披露的主要内容包括：财务报表及其附注的格式、结构安排、内容，财务报表项目使用的术语，披露信息的明细程度，项目在财务报表中的分类以及列报信息的来源，等等。注册会计师应当考虑被审计单位是否已对特定事项做了适当的列报和披露。

五、被审计单位的目标、战略以及相关经营风险

1. 目标、战略与经营风险

（1）目标。目标是企业经营活动的指针。企业管理层或治理层一般会根据企业经营面临的外部环境和内部各种因素，制定合理可行的经营目标。

（2）战略。战略是管理层为实现经营目标采用的方法。为了实现某一既定的经营目标，企业可能有多个可行战略。

（3）经营风险。经营风险是指可能对被审计单位实现目标和实施战略的能力产生不利影响的重要状况、事项、情况、作为（或不作为）所导致的风险，或由于制定不恰当的目标和战略而导致的风险。不同的企业可能面临不同的经营风险，这取决于企业经营的性质、所处行业、外部监管环境、企业的规模和复杂程度。管理层有责任识别和应对这些风险。

注册会计师应当了解被审计单位是否存在与下列方面有关的目标和战略，并考虑相应的经营风险：①行业发展（例如，潜在的相关经营风险可能是被审计单位不具备足以应对行业变化的人力资源和业务专长）；②开发新产品或提供新服务（例如，潜在的相关经营风险可能是被审计单位产品责任增加）；③业务扩张（例如，潜在的相关经营风险可能是被审计单位对市场需求的估计不准确）；④新的会计要求（例如，潜在的相关经营风险可能是被审计单位不当执行相关会计要求，或会计处理成本增加）；⑤监管要求（例如，潜在的相关经营风险可能是被审计单位法律责任增加）；⑥本期及未来的融资条件（例如，潜在的相关经营风险可能是被审计单位由于无法满足融资条件而失去融资机会）；⑦信息技术的运用（例如，潜在的相关经营风险可能是被审计单位信息系统与业务流程难以融合）；⑧实施战略的影响，特别是由此产生的需要运用新的会计要求的影响。

2. 经营风险对重大错报风险的影响

多数经营风险最终都会产生财务后果，从而影响财务报表。但并非所有的经营风险都会导致重大错报风险，注册会计师没有责任识别和评估对财务报表没有重大影响的经营风险。经营风险可能对某类交易、账户余额和披露的认定层次重大错报风险或财务报表层次重大错报风险产生直接影响。注册会计师应当根据被审计单位的具体情况考虑经营风险是否可能导致财务报表发生重大错报。

3. 被审计单位的风险评估过程

管理层通常制定识别和应对经营风险的策略，注册会计师应当了解被审计单位的风险评估过程。此类风险评估过程是被审计单位内部控制的组成部分。

六、对被审计单位财务业绩的衡量和评价

被审计单位管理层经常会衡量和评价关键业绩指标（包括财务的和非财务的）、预算及差异分析、分部信息，分支机构、部门或其他层次的业绩报告，以及与竞争对手的业绩比较。此外，外部机构也会衡量和评价被审计单位的财务业绩，如分析师的报告和信用评级机构的报告。

1. 了解的主要方面

在了解被审计单位财务业绩衡量和评价情况时，注册会计师应当关注下列信息：

（1）关键业绩指标（财务的或非财务的）、关键比率、趋势和经营统计数据。

（2）同期财务业绩比较分析。

（3）预算、预测、差异分析，分部信息，分支机构、部门或其他不同层次的业绩报告。

（4）员工业绩考核与激励性报酬政策。

（5）被审计单位与竞争对手的业绩比较。

2. 关注内部财务业绩衡量的结果

内部财务业绩衡量可能显示未预期到的结果或趋势。在这种情况下，管理层通常会进行调查并采取纠正措施。与内部财务业绩衡量相关的信息可能显示财务报表存在错报风险。因此，注册会计师应当关注被审计单位内部财务业绩衡量所显示的未预期到的结果或趋势、管理层的调查结果和纠正措施，以及相关信息是否显示财务报表可能存在重大错报。

3. 考虑财务业绩衡量指标的可靠性

如果拟利用被审计单位内部信息系统生成的财务业绩衡量指标，注册会计师应当考虑相关信息是否可靠，以及利用这些信息是否足以实现审计目标。许多财务业绩衡量中

使用的信息可能由被审计单位的信息系统生成。如果被审计单位管理层在没有合理基础的情况下，认为内部生成的衡量财务业绩的信息是准确的，而实际上信息有误，那么根据有误的信息得出的结论也可能是错误的。如果注册会计师计划在审计中（如在实施分析程序时）利用财务业绩指标，应当考虑相关信息是否可靠，以及在实施审计程序时利用这些信息是否足以发现重大错报。

在评价管理层是否存在歪曲财务报表的动机和压力时，注册会计师还应当考虑可能存在的其他情形。例如，企业或企业的一个主要组成部分是否有可能被出售；管理层是否希望维持或增加企业的股价或盈利走势而热衷于采用过度激进的会计方法；基于纳税的考虑，股东或管理层是否有意采取不适当的方法使盈利最小化；企业是否持续增长和接近财务资源的最大限度；企业的业绩是否急剧下降，可能存在终止上市的风险；企业是否具备足够的可分配利润或现金流量以维持目前的利润分配水平；如果公布欠佳的财务业绩，对重大未决交易（如企业合并或新业务合同的签订）是否可能产生不利影响；企业是否过度依赖银行借款，而财务业绩又可能达不到借款合同对财务指标的要求。这些情况都显示管理层在面临重大压力时可能粉饰财务业绩，发生舞弊风险。

在实务中，注册会计师可以用表 2.1 汇总识别的重大错报风险。

实验：填制审计综合实习平台索引号为 1201 的了解被审计单位及其环境相关底稿（表 2.1）。*

表 2.1　了解被审计单位及其环境（一）

被审单位：中泰纸业股份有限公司　　编制：陈仁敬　　　　日期：2017 - 1 - 6　　　索引号：1201
会计期间：2016 年度　　　　　　　　复核：李清河　　　　日期：2017 - 1 - 7　　　页次：

项　目	描　述
一、公司所处行业状况、法律环境和监管环境以及其他外部因素	
1. 行业状况	
（1）所在行业的市场供求与竞争	
被审计单位的主要产品是什么？处于什么行业？	主要产品为热敏纸、无碳打印纸，所处行业为纸产品的加工制造业
行业的总体发展趋势是什么？	该行业将继续保持相对稳定快速的增长
行业总体处于哪一发展阶段（起步、快速成长、成熟或衰退）？	快速成长
市场需求、市场容量和价格竞争如何？	市场需求逐渐增大，市场容量巨大，价格竞争激烈
行业上下游关系如何？	稳定、融洽
谁是被审计单位最重要的竞争者，他们所占的市场份额是多少？	东港股份有限公司，占 25% 左右的市场份额

续表2.1

项　目	描　述
被审计单位及其竞争者主要的竞争优势是什么？	被审计单位的竞争优势在于产品质量稳定，营销网络覆盖面积广阔，连续供应能力强；竞争者的优势在于成本较低，盈利能力较强
（2）生产经营的季节性和周期性	
行业是否受经济周期波动影响，以及采取了什么行动使波动的影响最小化？	是，如近期原材料价格上涨，公司通过加强供应商管理和大宗采购成本管理，努力降低原材料对生产成本的影响
行业生产经营和销售是否受季节影响？	否
（3）产品生产技术的变化	
本行业的核心技术是什么？	涂布加工、印刷加工技术
受技术发展影响的程度如何？	较大
行业是否开发了新的技术？	是，近期国际市场上已经出现新技术，主要是在日本开发，国内尚无企业引进
被审计单位在技术方面是否具有领先地位？	国内领先
（4）能源供应与成本	
能源消耗在成本中所占比重，能源价格的变化对成本的影响？	2.24%左右，能源价格保持稳定
（5）行业的关键指标和统计数据	
行业产品平均价格、产量是多少？	热敏纸系列产品的行业平均价格为每箱140元左右，无碳打印纸系列产品的行业平均价格为每箱150元左右
被审计单位业务的增长率和财务业绩与行业的平均水平及主要竞争者相比如何，存在重大差异的原因是什么？	高于行业平均水平，但略低于主要竞争者。存在差异的原因在于主要竞争者成本较低
竞争者是否采取了某些行动，如购并活动、降低销售价格、开发新技术等，从而对被审计单位的经营活动产生影响？	主要竞争者于本年度降低了销售价格，占领了被审计单位的一部分市场，这是一个挑战。为此被审计单位只好放宽赊销政策，加大营销力度，寻求新客户
2. 法律环境和监管环境	
（1）适用的会计准则、会计制度和行业特定惯例	

续表2.1

项 目	描 述
被审计单位是上市公司、外商投资企业还是其他企业,相应的适用的会计准则或会计制度是什么,例如是《企业会计准则》还是《企业会计制度》或者《小企业会计制度》?	是上市公司,适用《企业会计准则》
是否仍采用行业核算办法?	否
(2) 对经营活动产生重大影响的法律法规及监管活动	
国家对该行业是否有特殊监管要求?	否
(3) 对开展业务产生重大影响的政府政策,包括货币、财政、税收和贸易等政策	
现行货币政策、财政政策、关税和贸易限制或税务法规对被审计单位经营活动产生怎样影响?	无重大影响
(4) 与被审计单位所处行业和所从事经营活动相关的环保要求	
是否存在新出台的法律法规(如新出台的有关产品责任、劳动安全或环境保护的法律法规等),对被审计单位有何影响?	否
3. 其他外部因素	
当前的宏观经济状况如何(萧条、景气),以及未来的发展趋势?	经济整体是景气的,但面临着不小的通货膨胀压力
利率和资金供求状况如何影响被审计单位的经营活动?	利率提高和银行资金供给不足使得被审计单位较难取得银行贷款
目前国内或本地区的经济状况(如增长率、通货膨胀、失业率、利率等)如何影响被审计单位的经营活动?	通货膨胀使被审计单位的原材料价格提高,生产成本增加
被审计单位的经营活动是否受到汇率波动或全球市场力量的影响?	否
总体情况及潜在风险描述:	
被审计单位深陷原材料价格上涨、成本上升和竞争对手降价销售抢占其市场份额的双重困境,面临着营业利润下降的较大压力。但从被审计单位提供的年报获知,2016年的营业利润和毛利率却高于2015年的,由此判断公司在收入确认上存在风险。另外,为了扩大销售量放宽赊销政策,也是有坏账风险的。	

　　实验：填制审计综合实习平台索引号为 1202 的了解被审计单位及其环境相关底稿
（表 2. 2）。

表 2. 2　了解被审计单位及其环境（二）

被审单位：中泰纸业股份有限公司　　　编制：万志鑫　　日期：2017 - 1 - 6　　索引号：1202
会计期间：2016 年度　　　　　　　　　复核：李清河　　日期：2017 - 1 - 7　　页次：

项　目	描述/了解结果
二、被审计单位的性质	
1. 所有权结构	
（1）被审计单位的所有权结构	公司控股股东（实际控制人）王伟丰、张玲秀为夫妻关系，合计持股比例为 66.20%
（2）所有者	不适用
（3）控股母公司	
控股母公司的所有权性质、管理风格及其对被审计单位经营活动及财务报表可能产生的影响	不适用
控股母公司与被审计单位在资产、业务、人员、机构、财务等方面是否分开，是否存在占用资金等情况	不适用
控股母公司是否施加压力，要求被审计单位达到其设定的财务业绩目标	不适用
2. 治理结构	
（1）获取或编制被审计单位治理结构图	已获取
（2）对图示内容做出详细解释说明	
董事会的构成和运作情况	董事会有 7 名董事，运作情况良好
董事会内部是否有独立董事，独立董事的人员构成	设有 3 名独立董事，分别是造纸行业的专家、财务方面的专家、法律方面的专家
治理结构中是否设有审计委员会或监事会及其运作情况等	是，设有审计委员会和监事会
3. 组织结构	
（1）获取或编制被审计单位组织结构图	已获取
（2）对图示内容做出详细解释说明	

续表 2.2

项　目	描述/了解结果
组织结构是否复杂，是否可能导致重大错报风险？	不复杂，仅从组织结构上看不出有重大错报风险的可能
财务报表合并、商誉减值、长期股权投资核算以及特殊目的实体核算等问题？	不适用
4. 经营活动	
（1）主营业务的性质	纸产品的加工制造业
（2）主要产品及描述	本公司产品分为热敏纸、无碳打印纸两大系列，其中热敏纸系列包括传真纸、POS 用纸、ATM 打印单、彩票纸、电影票 5 个品种，无碳打印纸系列包括密码信封、多联发票、压感打印纸 3 个品种
（3）与生产产品或提供劳务相关的市场信息	
主要客户和合同、付款条件	武汉晨鸿贸易有限公司、武汉方汇达企业有限公司等，赊销付款
利润率、市场份额、竞争者	市场份额占 20%，最大的竞争者为东港股份有限公司
出口、定价政策、产品声誉、质量保证、营销策略和目标	无出口；低价；声誉好；质量稳定；建立广阔的营销网络；目标是扩大市场份额
（4）业务的开展情况	
业务分部的设立情况	
产品和服务的交付情况	按时按需交付
衰退或扩展的经营活动情况	致力于在全国范围内扩展业务
（5）联盟、合营与外包情况	
（6）从事电子商务的情况（是否通过互联网销售产品、提供服务或从事营销活动）	
（7）地区与行业分布	
是否涉及跨地区经营和多种经营	是，在全国较大城市设有办事处，方便销售人员在各地销售
各个地区和各行业分布的相对规模以及相互之间是否存在依赖关系	否
（8）生产设施、仓库的地理位置及办公地点	武汉
（9）关键客户	武汉晨鸿贸易有限公司、武汉方汇达企业有限公司、湖北省福利彩票中心

续表 2.2

项　目	描述/了解结果
销售对象是少量的大客户还是众多的小客户	相对少量的大客户
是否有被审计单位高度依赖的特定客户（如超过销售总额 10% 的顾客）	武汉晨鸿贸易有限公司
是否有造成高回收性风险的若干客户或客户类别	武汉方汇达企业有限公司是本年新增的客户，且是第二大客户，且年末没有收回一笔货款，有较高的风险
是否与某些客户订立了不寻常的销售条款或条件	暂未发现
（10）重要供应商	
主要供应商名单	湖北冶芳纸业有限公司、湖北德隆纸业有限公司
是否签订长期供应合同	是
原材料供应的可靠性和稳定性	较好
付款条件	信用期内付款
原材料是否受重大价格变动的影响	受纸浆价格波动的影响
（11）劳动用工情况	
分地区用工情况	
劳动力供应情况	基层生产人员比较短缺
工资水平、退休金和其他福利、股权激励或其他奖金安排	普通职工的工资有所提升
适用的劳动用工事项相关法规	《劳动法》
（12）研究与开发活动及其支出	
从事的研究与开发活动	本年无实质性的研发活动
研发支出占收入比重	
与同行业相比情况	
（13）关联方交易	
哪些客户或供应商是关联方	虽然被审计单位没有披露其与第二大客户武汉方汇达企业有限公司的关联关系，但我们从北京市高级人民法院的判决文书上获悉这两家公司是有关联关系的
对关联方和非关联方是否采用不同的销售和采购条款	抽查销售合同后发现对武汉方汇达企业的销售价格要高于销售给其他客户的价格，而被审计单位的解释是：武汉方汇达企业是新客户，对其资信状况不太了解，定价就高一些

续表2.2

项　目	描述/了解结果
关联方交易以及定价政策	被审计单位没有制定这方面的政策
5. 投资活动	
（1）近期拟实施或已实施的并购活动与资产处置情况	
被审计单位的并购活动或某些业务的终止，如何与目前的经营业务相协调	
被审计单位的并购活动或某些业务的终止，是否会引发进一步的经营风险	
（2）证券投资、委托贷款的发生与处置	
（3）资本性投资活动	
固定资产和无形资产投资	按规定处理
近期发生的或计划发生的投资变动	
重大的资本承诺	
（4）不纳入合并范围的投资	
6. 筹资活动	
（1）债务结构和相关条款，包括担保情况及表外融资	主要是短期借款
获得的信贷额度是否可以满足营运需要	信贷额度暂时够用；但在扩大生产规模的情况下，信贷额度就不足了，需要有新的融资渠道。鉴于此，被审计单位2016年拟向证监会提交再融资申请
得到的融资条件及利率是否与竞争对手相似，如不相似，原因何在	相似
是否存在违反借款合同中限制性条款的情况	否
是否承受重大的汇率与利率风险	否
（2）固定资产的租赁	
（3）关联方融资	
（4）实际受益股东（名称、国籍、商业声誉、经验，以及可能对被审单位产生的影响）	
（5）衍生金融工具的运用	
衍生金融工具是用于交易目的还是套期目的	
衍生金融工具的种类	
使用衍生金融工具的范围	

续表 2.2

项　目	描述/了解结果
总体情况及潜在风险描述：	
被审计单位刻意隐瞒关联方，进行关联交易，并且抬高关联交易价格，有通过关联交易虚构收入进而虚构利润的舞弊风险。	

实验：填制审计综合实习平台存货审计索引号为 1203 的底稿（表 2.3）。

表 2.3　了解被审计单位及其环境（三）

被审单位：中泰纸业股份有限公司　　　编制：张媛　　　日期：2017 - 1 - 6　　　索引号：1203
会计期间：2016 年度　　　　　　　　　复核：李清河　　　日期：2017 - 1 - 7　　　页次：

二、被审计单位对会计政策的选择和运用		
1. 被审计单位选择和运用的会计政策	被审计单位选择和运用的会计政策	对会计政策选择和运用的评价
发出存货成本的计量	月末一次加权平均法	合理合法
长期股权投资的后续计量	成本法或者权益法	合理合法
固定资产的初始计量	实际成本入账	合理合法
无形资产的确定	按照《企业会计准则》规定	合理合法
非货币性资产交换的计量	按照《企业会计准则》规定	合理合法
收入的确认	按照《企业会计准则》规定	合理合法
借款费用的处理	按照《企业会计准则》规定	合理合法
合并政策	不适用	—

2. 会计政策变更的情况

原会计政策	变更后会计政策	变更日期	变更原因	对变更的处理（调整列报等）	对变更的评价
本期无变更					

3. 披露

被审计单位是否按照适用的会计准则和会计制度对会计政策的选择和运用进行了恰当的披露	是
总体情况及潜在风险描述：	
被审计单位对会计政策的选择和运用基本上是合理的，都是结合了自身的情况并根据《企业会计准则》的规定选取的，不存在会计政策误用的风险。	

实验：填制审计综合实习平台存货审计索引号为 1204 的底稿（表 2.4）。

表 2.4　了解被审计单位及其环境（四）

被审单位：中泰纸业股份有限公司　　　　编制：王力文　　日期：2017 – 1 – 6　　　索引号：1204

会计期间：2016 年度　　　　　　　　　复核：李清河　　日期：2017 – 1 – 7　　　页次：

调查内容	调查的结果
四、被审计单位的目标、战略以及相关经营风险	
1. 目标、战略	存在与行业发展有关的目标和战略；相应的经营风险：为了扩大市场份额和销售收入，不严格执行对新客户的信用记录调查和筛选、放松销售信用政策，增大了坏账风险和账款回收风险
2. 相关经营风险	近期的目标是扩大市场占有率；战略是开拓市场，寻求新客户。为实现上述目标和战略，在经营上采取了加大营销力度，财务上采取了放宽赊销政策的措施。我们认为，放宽赊销政策的措施有一定风险
3. 被审计单位的风险评估过程	无
总体情况及潜在风险描述：	
由于竞争对手东港股份有限公司采用了降价策略，占领了被审计单位的一部分市场，被审计单位为了维持市场份额，采用放宽赊销政策的措施来寻求新客户，有一定的坏账风险和账款回收风险。	

实验：填制审计综合实习平台存货审计索引号为 1205 的底稿（表 2.5）。

表 2.5　了解被审计单位及其环境（五）

被审单位：中泰纸业股份有限公司　　　　编制：王力文　　日期：2017 – 1 – 6　　　索引号：1205

会计期间：2016 年度　　　　　　　　　复核：李清河　　日期：2017 – 1 – 7　　　页次：

调查内容	调查结果描述
1. 关键业绩指标	市场占有率、营业收入、营业利润率等
2. 业绩趋势	由于竞争环境激烈，被审计单位的市场占有率略有下滑；从未审报表来看，营业收入和营业利润率仍是增长的
3. 预测、预算和差异分析	差异较小，基本实现预算目标
4. 管理层和员工业绩考核与激励性报酬政策	管理层业绩考核根据公司年盈利状况确定；普通员工的工资奖金与其能力、岗位、责任、贡献挂钩
5. 分部信息与不同层次部门的业绩报告	无
6. 与竞争对手的业绩比较	被审计单位的产品质量稳定，营销网络覆盖面广，连续供应能力强

续表2.5

调查内容	调查结果描述
7. 外部机构提出的报告	外部机构比较看好被审计单位的增长潜力
总体情况及潜在风险描述：	
从被审计单位提供的利润表看出，营业收入有一定的增加，应关注营业收入的真实性问题。	

第二节　了解被审计单位的内部控制*

一、内部控制的含义和要素

内部控制是被审计单位为了合理保证财务报告的可靠性、经营的效率和效果以及对法律法规的遵守，由治理层、管理层和其他人员设计与执行的政策及程序。可以从以下几方面理解内部控制：

（1）内部控制的目标是合理保证以下方面：①财务报告的可靠性，这一目标与管理层履行财务报告编制责任密切相关；②经营的效率和效果，即经济有效地使用企业资源，以最优方式实现企业的目标；③遵守适用的法律法规的要求，即在法律法规的框架下从事经营活动。

（2）设计和实施内部控制的责任主体是治理层、管理层和其他人员，组织中的每一个人都对内部控制负有责任。

（3）实现内部控制目标的手段是设计和执行控制政策及程序。

（4）内部控制包括下列要素：①控制环境；②风险评估过程；③与财务报告相关的信息系统和沟通；④控制活动；⑤对控制的监督。

二、与审计相关的控制

内部控制的目标旨在合理保证财务报告的可靠性、经营的效率和效果以及对法律法规的遵守。注册会计师审计的目标是对财务报表是否存在重大错报发表审计意见，尽管要求注册会计师在财务报表审计中考虑与审计相关的内部控制，但目的并非对被审计单位内部控制的有效性发表意见。因此，注册会计师需要了解和评价的内部控制只是与财务报表审计相关的内部控制，并非被审计单位所有的内部控制。

被审计单位的目标与为实现目标提供合理保证的控制之间存在直接关系。被审计单位的目标和控制与财务报告、经营及合规有关，但这些目标和控制并非都与注册会计师的风险评估相关。

注册会计师在判断一项控制单独或连同其他控制是否与审计相关时应考虑下列事

项：①重要性；②相关风险的重要程度；③被审计单位的规模；④被审计单位业务的性质，包括组织结构和所有权特征；⑤被审计单位经营的多样性和复杂性；⑥适用的法律法规；⑦内部控制的情况和适用的要素；⑧作为内部控制组成部分的系统（包括使用服务机构）的性质和复杂性；⑨一项特定控制（单独或连同其他控制）是否以及如何防止或发现并纠正重大错报。

如果在设计和实施进一步审计程序时拟利用被审计单位内部生成的信息，针对该信息完整性和准确性的控制可能与审计相关。如果与经营和合规目标相关的控制与注册会计师实施审计程序时评价或使用的数据相关，则这些控制也可能与审计相关。

用以防止未经授权购买、使用或处置资产的内部控制，可能包括与财务报告和经营目标相关的控制。注册会计师对这些控制的考虑通常仅限于与财务报告可靠性相关的控制。

被审计单位通常有一些与目标相关但与审计无关的控制，注册会计师无须对其加以考虑。例如，被审计单位可能依靠某一复杂的自动化控制提高经营活动的效率和效果（如航空公司用于维护航班时间表的自动化控制系统），但这些控制通常与审计无关。进一步讲，虽然内部控制应用于整个被审计单位或所有经营部门或业务流程，但是了解与每个经营部门和业务流程相关的内部控制可能与审计无关。

三、对内部控制了解的深度

对内部控制了解的深度是指在了解被审计单位及其环境时对内部控制了解的程度。这包括评价控制的设计，并确定其是否得到执行；但不包括对控制是否得到一贯执行的测试。

1. 评价控制的设计

注册会计师在了解内部控制时，应当评价控制的设计，并确定其是否得到执行。评价控制的设计涉及考虑该控制单独或连同其他控制是否能够有效防止或发现并纠正重大错报。控制得到执行是指某项控制存在且被审计单位正在使用。评估一项无效控制的运行没有什么意义，因此，需要首先考虑控制的设计。设计不当的控制可能表明存在值得关注的内部控制缺陷。

2. 获取控制设计和执行的审计证据

注册会计师通常实施下列风险评估程序，以获取有关控制设计和执行的审计证据：①询问被审计单位人员；②观察特定控制的运用；③检查文件和报告；④追踪交易在财务报告信息系统中的处理过程（穿行测试）。这些程序是风险评估程序在了解被审计单位内部控制方面的具体运用。

询问本身并不足以评价控制的设计以及确定其是否得到执行，注册会计师应当将询问与其他风险评估程序结合使用。

3. 了解内部控制与测试控制运行有效性的关系

除非存在某些可以使控制得到一贯运行的自动化控制，否则注册会计师对控制的了解并不足以测试控制运行的有效性。

例如，获取某一人工控制在某一时点得到执行的审计证据，并不能证明该控制在所审计期间内的其他时点也有效运行。但是，信息技术可以使被审计单位持续一贯地对大量数据进行处理，提高了被审计单位监督控制活动运行情况的能力；信息技术还可以通过对应用软件、数据库、操作系统设置安全控制来实现有效的职责划分。由于信息技术处理流程的内在一贯性，实施审计程序确定某项自动控制是否得到执行，也可能实现对控制运行有效性测试的目标，这取决于注册会计师对控制（如针对程序变更的控制）的评估和测试。

四、内部控制的人工和自动化成分

1. 考虑内部控制的人工和自动化特征及其影响

大多数被审计单位出于编制财务报告和实现经营目标的需要使用信息技术。然而，即使信息技术得到广泛使用，人工因素仍然会存在于这些系统之中。内部控制采用人工系统还是自动化系统，将影响交易生成、记录、处理和报告的方式。在以人工为主的系统中，内部控制一般包括批准和复核业务活动，编制调节表并对调节项目进行跟踪。当采用信息技术系统生成、记录、处理和报告交易时，交易的记录形式（如订购单、发票、装运单及相关的会计记录）可能是电子文档而不是纸质文件。信息技术系统中的控制可能既有自动控制（如嵌入计算机程序的控制），又有人工控制。人工控制可能独立于信息技术系统，利用信息技术系统生成的信息，也可能用于监督信息技术系统和自动控制的有效运行或者处理例外事项。

2. 信息技术的优势及相关内部控制风险

（1）优势。信息技术通常在下列方面提高被审计单位内部控制的效率和效果：①在处理大量的交易或数据时，一贯运用事先确定的业务规则，并进行复杂运算；②提高信息的及时性、可获得性及准确性；③促进对信息的深入分析；④提高对被审计单位的经营业绩及其政策和程序执行情况进行监督的能力；⑤降低控制被规避的风险；⑥通过对应用程序系统、数据库系统和操作系统执行安全控制，提高不兼容职务分离的有效性。

（2）相关内部控制风险。信息技术也可能对内部控制产生特定风险。注册会计师应当从下列方面了解信息技术对内部控制产生的特定风险：①所依赖的系统或程序不能正确处理数据，或处理了不正确的数据，或两种情况并存；②未经授权访问数据，可能导致数据的毁损或对数据不恰当的修改，包括记录未经授权或不存在的交易，或不正确地记录了交易，多个用户同时访问同一数据库可能会造成特定风险；③信息技术人员可能获得超越其职责范围的数据访问权限，因此，破坏了系统应有的职责分工；④未经授权改变主文档的数据；⑤未经授权改变系统或程序；⑥未能对系统或程序做出必要的修改；⑦不恰当的人为干预；⑧可能丢失数据或不能访问所需要的数据。

3. 人工控制的适用范围及相关内部控制风险

（1）适用范围。内部控制的人工成分在处理下列需要主观判断或酌情处理的情形时可能更为适当：①存在大额、异常或偶发的交易；②存在难以界定、预计或预测的错误的情况；③针对变化的情况，需要对现有的自动化控制进行人工干预；④监督自动化控制的有效性。

（2）相关内部控制风险。由于人工控制由人执行，受人为因素的影响，可能产生特定风险，注册会计师应当从下列方面了解人工控制产生的特定风险：①人工控制可能更容易被规避、忽视或凌驾；②人工控制可能不具有一贯性；③人工控制可能更容易产生简单错误或失误。

相对于自动化控制，人工控制的可靠性较低。为此，注册会计师应当考虑人工控制在下列情形中可能是不适当的：①存在大量或重复发生的交易；②事先可预计或预测的错误能够通过自动化控制参数得以防止或发现并纠正；③用特定方法实施控制的控制活动可得到适当设计和自动化处理。

内部控制风险的程度和性质取决于被审计单位信息系统的性质和特征。考虑到信息系统的特征，被审计单位可以通过建立有效的控制，应对由于采用信息技术或人工成分而产生的风险。

五、控制环境

1. 控制环境的含义

控制环境包括治理职能和管理职能，以及治理层和管理层对内部控制及其重要性的态度、认识和措施。控制环境设定了被审计单位的内部控制基调，影响员工对内部控制的意识。良好的控制环境是实施有效内部控制的基础。防止或发现并纠正舞弊和错误是被审计单位治理层和管理层的责任。在评价控制环境的设计和实施情况时，注册会计师应当了解管理层在治理层的监督下，是否营造并保持了诚实守信和合乎道德的文化，以及是否建立了防止或发现并纠正舞弊和错误的恰当控制。实际上，在审计业务承接阶段，注册会计师就需要对控制环境做出初步了解和评价。

2. 控制环境的影响要素

（1）对诚信和道德价值观念的沟通与落实。内部控制的有效性直接依赖于负责创建、管理和监控内部控制的人员的诚信和道德价值观念。被审计单位是否存在道德行为规范，以及这些规范如何在被审计单位内部得到沟通和落实，决定了是否能产生诚信和道德的行为。对诚信和道德价值观念的沟通与落实，既包括管理层如何处理不诚实、非法或不道德行为，也包括在被审计单位内部，通过行为规范以及高层管理人员的身体力行，对诚信和道德价值观念的营造和保持。

（2）对胜任能力的重视。胜任能力是指具备完成某一职位的工作所应有的知识和能力。管理层对胜任能力的重视包括对于特定工作所需的胜任能力水平的设定，以及对达到该水平所必需的知识和能力的要求。注册会计师应当考虑主要管理人员和其他相关人员是否能够胜任承担的工作和职责，如财务人员是否对编报财务报表所适用的会计准则和相关会计制度有足够的了解并能正确运用。

（3）治理层的参与程度。被审计单位的控制环境在很大程度上受治理层的影响。治理层的职责应在被审计单位的章程和政策中予以规定。治理层（董事会）通常通过其自身的活动，并在审计委员会或类似机构的支持下，监督被审计单位的财务报告政策和程序。因此，董事会、审计委员会或类似机构应关注被审计单位的财务报告，并监督被审计单位的会计政策以及内部、外部的审计工作和结果。治理层的职责还包括监督用于复核内部控制有效性的政策和程序设计是否合理，执行是否有效。

（4）管理层的理念和经营风格。管理层负责企业的运作以及经营策略和程序的制定、执行与监督。控制环境的每个方面在很大程度上都受管理层采取的措施和做出决策的影响，或在某些情况下受管理层不采取某些措施或不做出某种决策的影响。在有效的控制环境中，管理层的理念和经营风格可以创造一个积极的氛围，促进业务流程和内部控制的有效运行，同时创造一个减少错报发生可能性的环境。在管理层以一个或少数几个人为主时，管理层的理念和经营风格对内部控制的影响尤为突出。

衡量管理层对内部控制重视程度的重要标准，是管理层收到有关内部控制缺陷及违规事件的报告时是否做出适当反应。管理层及时采取纠弊措施，表明他们对内部控制的重视，也有利于加强企业内部的控制意识。

在评价控制环境时，除上述要素外，构成控制环境的要素还包括组织结构及职权与责任的分配、人力资源政策与实务等要素。注册会计师应当考虑构成控制环境的这些要素如何被纳入被审计单位业务流程。

六、被审计单位的风险评估过程

1. 风险评估过程的含义

风险评估过程的作用是识别、评估和管理影响被审计单位实现经营目标能力的各种风险。针对财务报告目标的风险评估过程则包括识别与财务报告相关的经营风险，评估风险的重大性和发生的可能性，以及采取措施管理这些风险。

被审计单位的风险评估过程包括识别与财务报告相关的经营风险，以及针对这些风险所采取的措施。注册会计师应当了解被审计单位的风险评估过程和结果。

2. 对风险评估过程的了解

在评价被审计单位风险评估过程的设计和执行时，注册会计师应当确定管理层如何识别与财务报告相关的经营风险，如何估计该风险的重要性，如何评估风险发生的可能性，以及如何采取措施管理这些风险。如果被审计单位的风险评估过程符合其具体情况，了解被审计单位的风险评估过程和结果有助于注册会计师识别财务报表的重大错报风险。

在审计过程中，如果发现与财务报表有关的风险因素，注册会计师可通过向管理层询问和检查有关文件，以确定被审计单位的风险评估过程是否也发现了该风险；如果识别出管理层未能识别的重大错报风险，注册会计师应当考虑被审计单位的风险评估过程为何没有识别出这些风险，以及评估过程是否适用于具体环境。

七、信息系统与沟通

1. 与财务报告相关的信息系统的含义

与财务报告相关的信息系统，包括用以生成、记录、处理和报告交易、事项和情况，对相关资产、负债和所有者权益履行经营管理责任的程序和记录。交易可能通过人工或自动化程序生成。记录包括识别和收集与交易、事项有关的信息。处理包括编辑、核对、计量、估价、汇总和调节活动，可能由人工或自动化程序来执行。报告是指用电子或书面形式编制财务报告和其他信息，供被审计单位用于衡量和考核财务及其他方面的业绩。

与财务报告相关的信息系统应当与业务流程相适应。业务流程是指被审计单位开发、采购、生产、销售、发送产品和提供服务、保证遵守法律法规、记录信息等一系列活动。与财务报告相关的信息系统所生成信息的质量，对管理层能否做出恰当的经营管理决策以及编制可靠的财务报告具有重大影响。

与财务报告相关的信息系统通常包括下列职能：①识别与记录所有的有效交易；②及时、详细地描述交易，以便在财务报告中对交易做出恰当分类；③恰当计量交易，以便在财务报告中对交易的金额做出准确记录；④恰当确定交易生成的会计期间；⑤在财务报表中恰当列报交易。

2. 对与财务报告相关的信息系统的了解

注册会计师应当从下列方面了解与财务报告相关的信息系统（包括相关业务流程）：

(1) 在被审计单位经营过程中，对财务报表具有重大影响的各类交易。

(2) 在信息技术和人工系统中，被审计单位交易的生成、记录、处理、必要的更正、结转至总账以及在财务报表中报告的程序。

(3) 用以生成、记录、处理和报告（包括纠正不正确的信息以及信息如何结转至总账）交易的会计记录、支持性信息和财务报表中的特定账户。

(4) 被审计单位的信息系统如何获取除交易以外的对财务报表有重大影响的事项和情况。

(5) 用于编制被审计单位财务报表（包括做出的重大会计估计和披露）的财务报告过程。

(6) 与会计分录相关的控制，这些分录包括用以记录非经常性的、异常的交易或调整的非标准会计分录。

自动化程序和控制可能会降低发生无意错误的风险，但是并没有消除个人凌驾于控制之上的风险，如某些高级管理人员可能篡改自动过入总分类账和财务报告系统的数据金额。当被审计单位运用信息技术进行数据的传递时，发生篡改可能不会留下痕迹或证据。

3. 与财务报告相关的沟通的含义

与财务报告相关的沟通包括使员工了解各自在与财务报告有关的内部控制方面的角色和职责，员工之间的工作联系，以及向适当级别的管理层报告例外事项的方式。

公开的沟通渠道有助于确保例外情况得到报告和处理。沟通可以采用政策手册、会计和财务报告手册及备忘录等形式进行，也可以通过发送电子邮件、口头沟通和管理层的行动来进行。

4. 对与财务报告相关的沟通的了解

注册会计师应当了解被审计单位内部如何对财务报告的岗位职责以及与财务报告相关的重大事项进行沟通。注册会计师还应当了解管理层与治理层（特别是审计委员会）之间的沟通，以及被审计单位与外部（包括监管部门）的沟通。

八、控制活动

1. 与审计相关的控制活动的含义

控制活动是指有助于确保管理层的指令得以执行的政策和程序，包括与授权、业绩评价、信息处理、实物控制和职责分离等相关的活动。

（1）授权。注册会计师应当了解与授权有关的控制活动，包括一般授权和特别授权。

授权的目的在于保证交易在管理层授权范围内进行。一般授权是指管理层制定的要求组织内部遵守的普遍适用于某类交易或活动的政策；特别授权是指管理层针对特定类别的交易或活动逐一设置的授权，如重大资本支出和股票发行等。

（2）业绩评价。注册会计师应当了解与业绩评价有关的控制活动，主要包括被审计单位分析评价实际业绩与预算（或预测、前期业绩）的差异，综合分析财务数据与经营数据的内在关系，将内部数据与外部信息来源相比较，评价职能部门、分支机构或项目活动的业绩（如银行客户信贷经理复核各分行、地区和各种贷款类型的审批和收回），以及对发现的异常差异或关系采取必要的调查与纠正措施。

（3）信息处理。注册会计师应当了解与信息处理有关的控制活动，包括信息技术的一般控制和应用控制。

信息技术一般控制是指与多个应用系统有关的政策和程序，有助于保证信息系统持续恰当地运行（包括信息的完整性和数据的安全性），支持应用控制作用的有效发挥，通常包括数据中心和网络运行控制，系统软件的购置、修改及维护控制，接触或访问权限控制，应用系统的购置、开发及维护控制。例如，程序改变的控制、限制接触程序和数据的控制、与新版应用软件包实施有关的控制等都属于信息技术一般控制。

信息技术应用控制是指主要在业务流程层面运行的人工或自动化程序，与用于生成、记录、处理、报告交易或其他财务数据的程序相关，通常包括检查数据计算的准确性，审核账户和试算平衡表，设置对输入数据和数字序号的自动检查，以及对例外报告进行人工干预。

（4）实物控制。注册会计师应当了解实物控制，主要包括了解对资产和记录采取适当的安全保护措施，对访问计算机程序和数据文件设置授权，以及定期盘点并将盘点记录与会计记录相核对。例如，现金、有价证券和存货的定期盘点控制。实物控制的效果影响资产的安全，从而对财务报表的可靠性及审计产生影响。

（5）职责分离。注册会计师应当了解职责分离，主要包括了解被审计单位如何将交易授权、交易记录以及资产保管等职责分配给不同员工，以防范同一员工在履行多项职责时可能发生的舞弊或错误。当信息技术运用于信息系统时，职责分离可以通过设置安全控制来实现。

2. 对控制活动的了解

在了解控制活动时，注册会计师应当重点考虑一项控制活动单独或连同其他控制活动，是否能够以及如何防止或发现并纠正各类交易、账户余额和披露存在的重大错报。注册会计师对被审计单位整体层面的控制活动进行的了解和评估，主要是针对被审计单位的一般控制活动，特别是信息技术一般控制。

九、对控制的监督

1. 对控制的监督的含义

对控制的监督是指被审计单位评价内部控制在一段时间内运行有效性的过程，涉及及时评估控制的有效性并采取必要的补救措施。

2. 了解对内部控制的监督

注册会计师在对被审计单位整体层面的监督进行了解和评估时，考虑的主要因素可能包括：

（1）被审计单位是否定期评价内部控制。

（2）被审计单位人员在履行正常职责时，能够在多大程度上获得内部控制是否有效运行的证据。

（3）与外部的沟通能够在多大程度上证实内部产生的信息或者指出存在的问题。

（4）管理层是否采纳内部审计人员和注册会计师有关内部控制的建议。

（5）管理层是否及时纠正控制运行中的偏差。

（6）管理层根据监管机构的报告及建议是否及时采取纠正措施。

（7）是否存在协助管理层监督内部控制的职能部门（如内部审计部门）。

十、在整体层面和业务流程层面了解内部控制

在实务中，注册会计师应当从被审计单位整体层面和业务流程层面分别了解和评价被审计单位的内部控制。整体层面的控制（包括对管理层凌驾于内部控制之上的控制）和信息技术一般控制通常在所有业务活动中普遍存在。业务流程层面控制主要是对工薪、销售和采购等交易的控制。整体层面的控制对内部控制在所有业务流程中得到严格的设计和执行具有重要影响。整体层面的控制较差甚至可能使最好的业务流程层面控制失效。

在初步计划审计工作时，注册会计师需要确定在被审计单位财务报表中可能存在重大错报风险的重大账户及其相关认定。为实现此目的，通常采取下列步骤：①确定被审计单位的重要业务流程和重要交易类别；②了解重要交易流程，并记录获得的了解；③确定可能发生错报的环节；④识别和了解相关控制；⑤执行穿行测试，证实对交易流程和相关控制的了解；⑥进行初步评价和风险评估。

在实务中，上述步骤可能同时进行。例如，在询问相关人员的过程中，同时了解重要交易的流程和相关控制。

1. 确定重要业务流程和重要交易类别

在实务中，将被审计单位的整个经营活动划分为几个重要的业务循环，有助于注册会计师更有效地了解和评估重要业务流程及相关控制。通常，对制造业企业，可以划分为销售与收款循环、采购与付款循环、生产与存货循环、人力资源与工薪循环、投资与筹资循环等。重要交易类别是指可能对被审计单位财务报表产生重大影响的各类交易。

2. 了解重要交易流程，并进行记录

在确定重要的业务流程和交易类别后，注册会计师便可着手了解每一类重要交易在信息技术或人工系统中生成、记录、处理及在财务报表中报告的程序，即重要交易流程。交易流程通常包括一系列工作：输入数据的核准与修订，数据的分类与合并，进行计算、更新账簿资料和客户信息记录，生成新的交易，归集数据，列报数据。与注册会计师了解重要交易相关的流程通常包括生成、记录、处理和报告交易等活动。

3. 确定可能发生错报的环节

注册会计师需要确认和了解被审计单位应在哪些环节设置控制，以防止或发现并纠正各重要业务流程可能发生的错报。尽管不同的被审计单位会为确保会计信息的可靠性而对业务流程设计和实施不同的控制，但设计控制的目的是实现某些控制目标（表2.6）。实际上，这些控制目标与财务报表重大账户的相关认定相联系。但注册会计师在此时通常不考虑列报认定，而在审计财务报告流程时将考虑该认定。

表2.6　控制目标

控制目标	解　释
1. 完整性：所有的有效交易都已记录	必须有程序确保没有漏记实际发生的交易
2. 存在和发生：每项已记录的交易均真实	必须有程序确保会计记录中没有虚构的或重复入账的项目
3. 适当的计量交易	必须有程序确保交易以适当的金额入账
4. 恰当确定交易生成的会计期间（截止性）	必须有程序确保交易在适当的会计期间（例如，月、季度、年等）内入账
5. 恰当分类	必须有程序确保将交易记入正确的总分类账，必要时记入相应的明细账内
6. 正确汇总和过账	必须有程序确保所有作为账簿记录中的借贷方余额都正确地归集（加总），确保加总后的金额正确过入总账和明细分类账

4. 识别和了解相关控制

通过对被审计单位的了解，包括在被审计单位整体层面对内部控制各要素的了解以及在上述程序中对重要业务流程的了解，注册会计师可以确定是否有必要进一步了解在业务流程层面的控制。在某些情况下，注册会计师之前的了解可能表明被审计单位在业务流程层面针对某些重要交易流程所设计的控制是无效的，或者注册会计师并不打算信赖控制，这时注册会计师没有必要进一步了解在业务流程层面的控制。特别需要注意的是，如果认为仅通过实质性程序无法将认定层次的检查风险降至可接受的水平，或者针对特别风险，注册会计师应当了解和评估相关的控制活动。通常将业务流程中的控制划分为预防性控制和检查性控制，下面分别予以说明。

（1）预防性控制。预防性控制通常用于正常业务流程的每一项交易，以防止错报的发生。在流程中防止错报是信息系统的重要目标。预防性控制可能是人工的，也可能是自动化的。表2.7是预防性控制及其能防止错报的例子。

表2.7　预防性控制示例

对控制的描述	控制用来防止的错报
计算机程序自动生成收货报告，同时也更新采购档案	防止出现购货漏记账的情况
在更新采购档案之前要有收货报告	防止记录了未收到购货的情况
销货发票上的价格根据价格清单上的信息确定	防止销货计价错误
系统将各凭证上的账户号码与会计科目表对比，然后进行一系列的逻辑测试	防止出现分类错报

（2）检查性控制。建立检查性控制的目的是发现流程中可能发生的错报（尽管有预防性控制，还是会发生的错报）。被审计单位通过检查性控制，监督其流程和相应的预防性控制能否有效地发挥作用。检查性控制通常是管理层用来监督实现流程目标的控制，可以由人工执行，也可以由信息系统自动执行。表2.8是检查性控制及其可能查出的错报的例子。

表2.8　检查性控制示例

对控制的描述	控制用来防止的错报
定期编制银行存款余额调节表，跟踪调查挂账项目	在对其他项目进行审核的同时，查找存入银行但没有记入日记账的现金收入，未记录的银行现金支付或虚构入账的不真实的银行现金收入或支付，未及时入账或未正确汇总分类的银行现金收入或支付
将预算与实际费用间的差异列入计算机编制的报告中并由部门经理复核。记录所有超过预算2%的差异情况和解决措施	在对其他项目进行审核的同时，查找本月发生的重大分类错报或没有记录及没有发生的大笔收入、支出以及相关联的资产和负债项目
系统每天比较运出货物的数量和开票数量。如果发现差异，产生报告，由开票主管复核和追查	查找没有开票和记录的出库货物，以及与真实发货无关的发票
每季度复核应收账款贷方余额并找出原因	查找未予入账的发票和销售与现金收入中的分类错误

如果确信存在以下情况，那么就可以将检查性控制作为一个主要的手段，来合理保证某特定认定发生重大错报的可能性较小：①控制所检查的数据是完整、可靠的；②控制对于发现重大错报足够敏感；③发现的所有重大错报都将被纠正。

5. 初步评价内部控制

注册会计师通过风险评估程序了解内部控制，获取审计证据，评价控制设计的合理性并确定其是否得到执行。注册会计师对控制的评价结论可能是：①所设计的控制单独或连同其他控制能够防止或发现并纠正重大错报，并得到执行；②控制本身的设计是合理的，但没有得到执行；③控制本身的设计就是无效的或缺乏必要的控制。

由于对控制的了解和评价是在穿行测试完成后但又在测试控制运行有效性之前进行的，因此，上述评价结论只是初步结论，仍可能随控制测试后实施实质性程序的结果而发生变化。

实验：填制审计综合实习平台存货审计索引号为 1311 的底稿（表 2.9）。*

表 2.9 了解和评价控制环境

被审计单位：中泰纸业股份有限公司　　编制：陈仁敬　　　日期：2017 - 1 - 8　　　索引号：1311
会计期间：2016 年度　　　　　　　　复核：李清河　　　日期：2017 - 1 - 10　　　页次：

控制	被审计单位的控制	实施的风险评估程序	结论	存在的缺陷
1. 诚信和道德价值观念的沟通与落实				
使员工行为守则及其他政策得到执行	公司制定了员工的行为守则，对没有规范的地方，通过建设企业文化予以弥补，并以实例示范	参阅员工的行为守则；询问员工对守则的了解程度和遵守情况；与员工讨论职业操守问题	是	无明显缺陷
建立信息传达机制，使员工能够清晰了解管理层的理念	通过文字和实际行动灌输所需要的理念；鼓励员工行为端正，当出现存在问题的迹象时，管理层予以恰当的处理	与管理层讨论；翻阅关于诚实和道德规范观念的文字；询问相关责任人，了解企业对问题的处理方式	是	管理层的处理往往是在出现问题之后，在相关迹象出现之时并不能进行有效的识别和处理
与公司的利益相关者（如投资者、债权人等）保持良好的关系	管理层保持高度诚信，并要求其员工和客户保持诚信	与公司管理层交流；与员工、客户讨论诚信问题；询问相关负责人	控制设计合理，但未得到有效执行。公司管理层不承认和武汉方汇达企业有限公司的关联关系；我们致电该公司的负责人，他也没有承认。可见，双方是串通好了要隐瞒他们的关联关系	不能防范管理层串通舞弊

续表 2.9

控制	被审计单位的控制	实施的风险评估程序	结论	存在的缺陷
对背离公司规定的行为及时采取补救措施，并将这些措施传达至相应层次的员工	管理层能立即对违反规定的行为做出反应；对违反规定员工的处理结果及时让全体员工知晓；对违反规定的管理人员采取撤职处理	询问管理层；翻阅企业对违反规定相应处理处罚文件；询问员工实际执行情况	是	无明显缺陷
对背离公司现有控制的行为进行调查和记录	明确禁止管理人员逾越既定控制；与既定政策不一致的事件都会被调查并记录；鼓励员工举报任何企图逾越控制的情况	与管理人员讨论，了解其对既定控制的遵守情况；查阅规定文件；查阅违规行为的调查记录文件；询问员工	是	无明显缺陷
2. 对胜任能力的重视程度				
员工和管理层的工作压力恰当	合理的激励机制；员工的报酬和晋升并不完全建立在实现短期目标的基础上；薪酬体系设计着眼于调动员工个人及团体的积极性	查阅相关文件；与管理层讨论激励机制的合理性；询问人事部相关人员；询问部分员工，了解其对该激励机制的满意度	是	无明显缺陷
公司岗位责任明确，任职条件清晰	岗位工作有正式的书面描述；任职条件规定明确；岗位职责在公司内予以清晰的传达；岗位责任与权限相符	查阅职务书面描述；复核书面描述中关于任职条件的规定是否充分；翻阅相关职务人员的履历表；与人事部讨论	是	无明显缺陷
持续培训员工	定期对员工培训，更新员工的知识	询问管理层，与员工讨论	没有完全达到预期目标	实际培训效果不佳

续表 2.9

控制	被审计单位的控制	实施的风险评估程序	结论	存在的缺陷
3. 治理层的参与程度				
在董事会内部建立监督机制	董事会内部设有审计委员会	查阅公司的治理结构图	否	审计委员会只是个摆设，没有起到应有的监督作用
保证董事会成员具备适当的经验和资历，并保持成员的相对稳定性	董事会成员的经验和资历有明确的书面规定；提名董事会成员时严格按照规定进行；每届任期 3 年，可以连任	查阅对董事会成员经验及资料做出规定的书面文件；与高层讨论，了解董事提名及任命程序	是	无明显缺陷
董事会、审计委员会或类似机构独立于管理层	管理层的提案需要经过董事会审议；董事会监督公司经营	与管理层讨论；翻阅董事会职责说明文件；复核董事会成员组成情况	否	总经理和董事长是夫妻关系，容易造成管理层和董事会不独立
审计委员会正常运作	审计委员会按照公司章程履行职责	查阅审计委员会的书面报告	否	审计委员会只是个摆设，没有起到应有的监督作用
管理层不能由一个或少数几个人控制	董事会、监事会对管理层实施有效监督	与管理层讨论；与董事会成员、监事会成员讨论	是	无明显缺陷
4. 管理层的理念和经营风格				
对非经常的经营风险，管理层采取稳妥措施	管理层在承担经营风险、选择会计政策和做出会计估计时必须保守，并需要在内部民主讨论，对当事人规定明确的个人责任	与管理层讨论；查阅相关的行业资料；查阅公司相关会计制度	是	无明显缺陷
管理层对信息技术的控制给予适当关注	定期召开信息技术工作会议，研究制定发展规划，安排足够的资金和人员	翻阅相关记录文件	是	无明显缺陷

续表2.9

控制	被审计单位的控制	实施的风险评估程序	结论	存在的缺陷
管理层对财务报告的态度合理	管理层对财务报告的基本态度是财务报告应反映实际情况	与管理层讨论；查阅企业往年的审计报告、内审报告，了解各报告的审计意见	否	管理层可能出于某些动机，随意操作财务报告，使财务报告没有如实反映实际情况
管理层对于重大的内部控制和会计事项，征询注册会计师的意见	管理层和注册会计师经常就会计和审计问题进行沟通；在审计调整和内部控制方面达成一致意见	与管理层讨论；询问相关注册会计师；查阅相应的沟通、调整记录	在以前年度审计中，注册会计师和管理层沟通较顺畅，但这次审计双方在一些问题上有分歧，如：管理层不愿意披露和武汉方汇达企业有限公司的关联关系，而注册会计师搜集到了有力的外部证据证明两者是关联方	控制设计合理，但执行中会遇到问题
5. 组织结构				
组织结构合理，具备提供管理各类活动所需信息的能力	恰当地采用集权或者分权的组织结构；组织结构的设计便于由上而下、由下而上或横向的信息传递	查阅公司组织结构图；复核合理性；询问管理层，了解其组织结构设计依据及信息传递途径	是	无明显缺陷
交易授权控制层次适当	董事会对董事长、总经理授予不同的权利；总经理对副总经理授权适当	查阅董事长、总经理、副总经理的职责描述文件；与相关人员讨论，了解其权限及分级授权情况	是	无明显缺陷
对于分散（分权）处理的交易存在适当的监控	经理层密切关注该类交易，经常听取汇报	询问经理，确认其对交易的关注程度；实地追踪对分散处理交易的监控情况	是	无明显缺陷

续表2.9

控制	被审计单位的控制	实施的风险评估程序	结论	存在的缺陷
管理层制定和修订会计系统和控制活动的政策	管理层已经制定了会计系统和控制活动的标准并予以记录；管理层依其职责和权限从现有的报告系统中得到适当的信息；业务经理可通过沟通渠道接触到负责经营的高级主管	查阅相关的书面文件；询问管理层、询问业务经理	是	无明显缺陷
保持足够的人力资源，特别是负有监督和管理责任的员工数量充足	对加班严格审批；工作压力大时，及时招聘人员	查阅加班审批手续及相应流程；与人事部相关人员讨论；与员工讨论	是	无明显缺陷
管理层定期评估组织结构的恰当性	董事会每年召开一次会议，讨论组织机构的设置	查阅相关会议记录	是	无明显缺陷
6. 职权与责任的分配				
明确员工的岗位职责，包括具体任务、报告关系及所受限制等并传达到本人	公司制定管理层及负有监督责任员工的职务说明书，以及各级员工的职务说明书；职务说明书明确规定了与控制有关的责任	查阅职务说明书；与管理层讨论；与各级员工讨论	是	无明显缺陷
在被审计单位内部有明确的职责划分和岗位分离	将业务授权、业务记录、资产保管和维护，以及业务执行的责任尽可能地分离	检查业务分离的文件；实地追踪信息处理传递流程；询问各业务执行人	是	无明显缺陷

续表2.9

控制	被审计单位的控制	实施的风险评估程序	结论	存在的缺陷
保持权利和责任的对等	完成工作所需权利与高级管理人员的参与程度保持适当的平衡；授予合适级别的员工纠正问题或实施改进的权利，并且此授权也明确了所需的能力水平和明确的权限	与管理层讨论，了解其权利责任的对等情况；实地追踪具体工作进展相应的权责状况	是	无明显缺陷
对授权交易及系统改善的控制有适当的记录，对数据处理的控制有适当的记录	建立授权交易及系统改善的控制制度	查阅相关的记录文件资料；询问相关负责人	是	无明显缺陷
7. 人力资源政策与实务				
关键管理人员具备岗位所需的丰富知识和经验	招聘业务主管需要具备执行任务、履行职责的知识及经验；对关键管理人员实施适当的培训	查阅相关人员的履历表；与相关人员讨论；查阅公司相关培训资料	是	无明显缺陷
人事政策中强调员工需保持适当的伦理和道德标准	评价业绩时将员工的操守和价值观纳入评价标准	评价业绩时将员工的操守和价值观纳入评价标准	经与财务主管讨论，获知财务人员的压力也挺大的，尤其是上市后对财务业绩的要求高了，在高层的要求下，要进行一些盈余管理才能达到业绩要求。虽然财务主管没有承认财务造假的事，但凭经验可以推断出财务造假是不可避免的	人事政策制定得还是比较合理的，但不能排除领导层给员工施加压力，使员工为了完成目标会做一些违背道德的事

续表2.9

控制	被审计单位的控制	实施的风险评估程序	结论	存在的缺陷
人力资源政策与程序清晰，定期发布和更新	每年检查人力资源政策与程序，不恰当的进行调整；对更新的文件及时传达	翻阅人力资源政策和程序等文件；与主要管理人员进行讨论	是	无明显缺陷

第三节　评估重大错报风险*

评估重大错报风险是风险评估阶段的最后一个步骤。获取的关于风险因素和控制对相关风险的抵销信息（通过实施风险评估程序），通常将全部用于对财务报表层次以及各类交易、账户余额和披露认定层次评估重大错报风险。评估将作为确定进一步审计程序的性质、范围和时间安排的基础，以应对识别的风险。

一、评估财务报表层次和认定层次的重大错报风险

1. 评估重大错报风险时考虑的因素

表2.10列示了风险评估时考虑的部分风险因素。

表2.10　风险评估时考虑的部分风险因素

层次	风险因素
1. 已识别的风险是什么？	
财务报表层次	（1）源于薄弱的被审计单位整体层面内部控制或信息技术一般控制； （2）与财务报表整体广泛相关的特别风险； （3）与管理层凌驾和舞弊相关的风险因素； （4）管理层愿意接受的风险，如小企业因缺乏职责分离导致的风险
认定层次	（1）与完整性、准确性、存在或计价相关的特定风险； （2）收入、费用和其他交易； （3）账户余额； （4）财务报表披露； （5）可能产生多重错报的风险
相关内部控制程序	特别风险： （1）用于预防、发现或减轻已识别风险的恰当设计并执行的内部控制程序； （2）仅通过执行控制测试应对的风险

续表 2.10

层次	风险因素
2. 错报（金额影响）可能发生的规模有多大?	
财务报表层次	什么事项可能导致财务报表重大错报? 考虑管理层凌驾、舞弊、未预期事件和以往经验
认定层次	（1）交易、账户余额或披露的固有性质; （2）日常和例外事件; （3）以往经验
3. 事件（风险）发生的可能性有多大?	
财务报表层次	（1）来自高层的基调; （2）管理层风险管理的方法; （3）采用的政策和程序; （4）以往经验
认定层次	（1）相关的内部控制活动; （2）以往经验
相关内部控制程序	识别对于降低事件发生可能性非常关键的管理层风险应对要素

2. 评估重大错报风险的审计程序

在评估重大错报风险时，注册会计师应当实施下列审计程序:

（1）在了解被审计单位及其环境（包括与风险相关的控制）的整个过程中，结合对财务报表中各类交易、账户余额和披露的考虑，识别风险。

（2）结合对拟测试的相关控制的考虑，将识别出的风险与认定层次可能发生错报的领域相联系。

（3）评估识别出的风险，并评价其是否更广泛地与财务报表整体相关，进而潜在地影响多项认定。

（4）考虑发生错报的可能性（包括发生多项错报的可能性），以及潜在错报的重大程度是否足以导致重大错报。

注册会计师应当利用实施风险评估程序获取的信息，包括在评价控制设计和确定其是否得到执行时获取的审计证据，作为支持风险评估结果的审计证据。注册会计师应当根据风险评估结果，确定实施进一步审计程序的性质、时间安排和范围。

3. 识别两个层次的重大错报风险

（1）在对重大错报风险进行识别和评估后，注册会计师应当确定，识别的重大错报风险是与特定的某类交易、账户余额和披露的认定相关，还是与财务报表整体广泛相关，进而影响多项认定。

（2）某些重大错报风险可能与特定的某类交易、账户余额和披露的认定相关。

（3）某些重大错报风险可能与财务报表整体广泛相关，进而影响多项认定。例如，管理层缺乏诚信或承受异常的压力可能引发舞弊风险，这些风险与财务报表整体相关。

4. 控制环境对评估财务报表层次重大错报风险的影响

财务报表层次的重大错报风险很可能源于薄弱的控制环境。薄弱的控制环境带来的风险可能对财务报表产生广泛影响。例如，被审计单位治理层、管理层对内部控制的重要性缺乏认识，没有建立必要的制度和程序。这些缺陷源于薄弱的控制环境，注册会计师应当采取总体应对措施。

5. 控制对评估认定层次重大错报风险的影响

在评估重大错报风险时，注册会计师应当将所了解的控制与特定认定相联系。控制可能与某一认定直接相关，也可能与某一认定间接相关，关系越间接，控制在防止或发现并纠正认定中错报的作用越小。注册会计师可能识别出有助于防止或发现并纠正特定认定发生重大错报的控制。在确定这些控制是否能够实现上述目标时，注册会计师应当将控制活动和其他要素综合考虑。

6. 考虑财务报表的可审计性

注册会计师在了解被审计单位内部控制后，可能对被审计单位财务报表的可审计性产生怀疑。如果通过对内部控制的了解发现下列情况，并对财务报表局部或整体的可审计性产生疑问，注册会计师应当考虑出具保留意见或无法表示意见的审计报告：①被审计单位会计记录的状况和可靠性存在重大问题，不能获取充分、适当的审计证据以发表无保留意见；②对管理层的诚信存在严重疑虑。必要时，注册会计师应当考虑解除业务约定。

实验：填制审计综合实习平台存货审计索引号为 1316 的底稿（表 2.11）。

表 2.11 了解和评价整体层面内部控制汇总表

被审计单位：中泰纸业股份有限公司　　编制：王力文　　日期：2017-1-9　　索引号：1316
会计期间：2016 年度　　　　　　　　复核：李清河　　日期：2017-1-11　　页次：

1. 整体层面内部控制要素	
整体层面内部控制要素	是否进行了解
控制环境	是
被审计单位的风险评估	是
与财务报告相关的信息系统与沟通	是
控制活动	是
对控制的监督	是

续表 2.11

2. 了解整体层面内部控制
根据对整体层面内部控制的了解，记录如下：
（1）被审计单位是否委托服务机构执行主要业务活动？如果被审计单位使用服务机构，将对审计计划产生哪些影响？
公司主要业务活动均为内部员工执行的，未聘请任何中介机构执行其主要的业务活动。
（2）是否制定了相关的政策和程序以保持适当的职责分工？这些政策和程序是否合理？
公司制定了相应的政策和程序以保证恰当的职责分工，各主要岗位有相应明确的职责说明书，不相容职务必须由不同人员完成。这些政策和程序是合理的，但不充分。比较突出的是对关键职位只有单人进行操作，缺乏必要的监督。
（3）自前次审计后，被审计单位的整体层面内部控制是否发生重大变化？如果已经发生变化，将对审计计划产生哪些影响？
公司整体层面内部控制自前次审计之后并无重大变化。
（4）是否识别出非常规交易或重大事项？如果已识别出非常规交易或重大事项，将对审计计划产生哪些影响？
管理层可能存在盈余管理的可能，因此在现场审计时要重点关注营业收入的真实性和应收账款的可回收性。
（5）在了解整体层面内部控制过程中是否进一步识别出其他风险？如果已识别出其他风险，将对审计计划产生哪些影响？
识别出被审计单位的内审部门独立性受到影响，没有发挥出应有的作用。为此，我们不能依赖内审工作。

3. 信息技术一般控制采用的系统			
信息系统名称	计算机运作环境	来源	初次安装日期
金蝶 K/3	Windows XP 2003	购买	2005.6.10
初次安装后对信息系统进行的任何重大修改、开发与维护			
信息系统	修改	修改日期	
—	—	—	
拟于将来实施的重大修改、开发与维护计划			
—			
本年度对信息系统进行的重大修改、开发与维护及其影响			
—			

续表 2.11

4. 在整体层面了解内部控制的结论					
控制要素	识别的缺陷	是否属重大缺陷（是/否）	索引号	列入与管理层沟通事项（是/否）	列入与治理层沟通事项（是/否）
控制环境	管理层诚信出问题	是	1311	否	是
风险评估过程	风险评估不充分	是	1312	是	是
信息系统与沟通	沟通效果欠佳	否	1313	是	否
控制活动	职责分离不能防范人员串通舞弊的风险	是	1314	是	是
对控制的监督	内审部门作用受限	是	1315	否	是

二、需要特别考虑的重大错报风险

1. 确定特别风险时考虑的事项

在判断哪些风险是特别风险时，注册会计师应当至少考虑下列事项：

（1）风险是否属于舞弊风险。

（2）风险是否与近期经济环境、会计处理方法或其他方面的重大变化相关，因而需要特别关注。

（3）交易的复杂程度。

（4）风险是否涉及重大的关联方交易。

（5）财务信息计量的主观程度，特别是计量结果是否具有高度不确定性。

（6）风险是否涉及异常或超出正常经营过程的重大交易。

在判断哪些风险是特别风险时，注册会计师不用考虑识别出的控制对相关风险的抵销效果。

2. 非常规交易和判断事项导致的特别风险

非常规交易是指由于金额或性质异常而不经常发生的交易。例如，企业购并、债务重组、重大或有事项等。由于非常规交易具有下列特征，与重大非常规交易相关的特别风险可能导致更高的重大错报风险：①管理层更多地干预会计处理；②数据收集和处理涉及更多的人工干预；③复杂的计算或会计处理方法；④非常规交易的性质可能使被审计单位难以对由此产生的特别风险实施有效控制。

判断事项通常包括做出的会计估计（具有计量的重大不确定性）。如资产减值准备金额的估计、需要运用复杂估值技术确定的公允价值计量等。由于下列原因，与重大判断事项相关的特别风险可能导致更高的重大错报风险：①对涉及会计估计、收入确认等方面的会计原则存在不同的理解；②所要求的判断可能是主观的和复杂的，或需要对未来事项做出假设。

3. 考虑与特别风险相关的控制

了解与特别风险相关的控制，有助于注册会计师制定有效的审计方案予以应对。对特别风险，注册会计师应当评价相关控制的设计情况，并确定其是否已经得到执行。由于与重大非常规交易或判断事项相关的风险很少受到日常控制的约束，注册会计师应当了解被审计单位是否针对该特别风险设计和实施了控制。如果管理层未能实施控制以恰当应对特别风险，注册会计师应当认为内部控制存在重大缺陷，并考虑其对风险评估的影响。在此情况下，注册会计师应当就此类事项与治理层沟通。

4. 特别风险的含义

特别风险，是指注册会计师识别和评估的、根据判断认为需要特别考虑的重大错报风险。

三、仅通过实质性程序无法应对的重大错报风险

作为风险评估的一部分，如果认为仅通过实质性程序获取的审计证据无法应对认定层次的重大错报风险，注册会计师应当评价被审计单位针对这些风险设计的控制，并确定其执行情况。

在被审计单位对日常交易采用高度自动化处理的情况下，审计证据可能仅以电子形式存在，其充分性和适当性通常取决于自动化信息系统相关控制的有效性，注册会计师应当考虑仅通过实施实质性程序不能获取充分、适当的审计证据的可能性。如果认为仅通过实施实质性程序不能获取充分、适当的审计证据，注册会计师应当考虑依赖的相关控制的有效性，并对其进行了解、评估和测试。

在实务中，注册会计师可以用表 2.12 汇总识别的重大错报风险。

表 2.12　识别的重大错报风险汇总

识别的重大错报风险	对财务报表的影响	相关的各类交易、账户余额和披露及其认定	是否与财务报表整体广泛相关	是否属于特别风险	是否属于仅通过实质性程序无法应对的重大错报风险
记录识别的重大错报风险	描述对财务报表的影响和导致财务报表发生重大错报的可能性	列示相关的各类交易、账户余额和披露及其认定	考虑是否属于财务报表层次的重大错报风险	考虑是否属于特别风险	考虑是否属于仅通过实质性程序无法应对的重大错报风险

四、对风险评估的修正

注册会计师对认定层次重大错报风险的评估，可能随着审计过程中不断获取审计证据而做出相应的变化。如果通过实施进一步审计程序获取的审计证据与初始评估获取的审计证据相矛盾，注册会计师应当修正风险评估结果，并相应修改原计划实施的进一步审计程序。因此，评估重大错报风险与了解被审计单位及其环境一样，也是一个连续和动态地收集、更新与分析信息的过程，贯穿于整个审计过程的始终。

第四节　计划审计工作 *

审计计划分为总体审计策略和具体审计计划两个层次（图 2.2）。注册会计师应当针对总体审计策略中所识别的不同事项，制定具体审计计划，并考虑通过有效利用审计资源以实现审计目标。值得注意的是，虽然制定总体审计策略的过程通常在具体审计计划之前，但是两项计划具有内在紧密联系，对其中一项的决定可能会影响甚至改变对另外一项的决定。

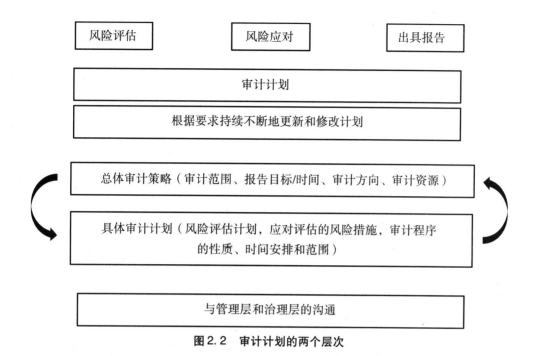

图2.2 审计计划的两个层次

一、总体审计策略

注册会计师应当为审计工作制定总体审计策略。总体审计策略用以确定审计范围、时间安排和方向，并指导具体审计计划的制定。在制定总体审计策略时，应当考虑以下主要事项。

1. 审计范围

注册会计师应当确定审计业务的特征，包括采用的会计准则和相关会计制度、特定行业的报告要求以及被审计单位组成部分的分布等，以界定审计范围（表2.13）。

表2.13 审计范围的记录模式范例

报告要求	范 例
适用的财务报告编制基础	《企业会计准则》
适用的审计准则	《中国注册会计师审计准则》
与财务报告相关的行业特别规定	监管机构发布的有关信息披露的法规、特定行业主管部门发布的与财务报告相关的法规等
与财务报告相关的监管要求	监管机构发布的有关涉及被审计单位生产经营的法规，包括行业准入方面的监管法规等

续表 2.13

报告要求	范　例
需要阅读的含有已审计财务报表的文件中的其他信息	上市公司年报
制定总体审计策略需考虑的其他事项	母公司和集团内部组成部分之间的关系、内部审计工作的可利用性、信息技术对审计程序的影响等

2. 报告目标、时间安排及所需沟通的性质

总体审计策略的制定应当包括明确审计业务的报告目标，以及计划审计的时间安排和所需沟通的性质，包括提交审计报告的时间要求、预期与管理层和治理层沟通的重要日期等。

3. 审计方向

总体审计策略的制定应当包括考虑影响审计业务的重要因素，以确定项目组工作方向：

（1）重要性方面。具体包括：①为计划目的确定重要性；②为组成部分确定重要性且与组成部分的注册会计师沟通；③在审计过程中重新考虑重要性；④识别重要的组成部分和账户余额。

（2）重大错报风险较高的审计领域。

（3）评估的财务报表层次的重大错报风险对指导、监督及复核的影响。

（4）项目组人员的选择（在必要时包括项目质量控制复核人员）和工作分工，包括向重大错报风险较高的审计领域分派具备适当经验的人员。

（5）项目预算，包括考虑为重大错报风险可能较高的审计领域分配适当的工作时间。

（6）如何向项目组成员强调在收集和评价审计证据过程中保持职业怀疑的必要性。

（7）以往审计中对内部控制运行有效性进行评价的结果，包括所识别的控制缺陷的性质及应对措施。

（8）管理层重视设计和实施健全的内部控制的相关证据，包括这些内部控制得以适当记录的证据。

（9）业务交易量规模，以基于审计效率的考虑确定是否依赖内部控制。

（10）对内部控制重要性的重视程度。

（11）影响被审计单位经营的重大发展变化，包括信息技术和业务流程的变化，关键管理人员的变化，以及收购、兼并和分立等情况。

（12）重大的行业发展情况，如行业法规变化和新的报告规定。

（13）会计准则及会计制度的变化。

（14）其他重大变化，如影响被审计单位的法律环境的变化。

4. 审计资源

注册会计师应当在总体审计策略中清楚地说明审计资源的规划和调配，包括确定执行审计业务所必需的审计资源的性质、时间安排和范围。

（1）向具体审计领域调配的资源，包括向高风险领域分派有适当经验的项目组成员、就复杂的问题利用专家工作等。

（2）向具体审计领域分配资源的多少，包括分派到重要地点进行存货监盘的项目组成员的人数、在集团审计中复核组成部分注册会计师工作的范围、向高风险领域分配的审计时间预算等。

（3）何时调配这些资源，包括是在期中审计阶段还是在关键的截止日期调配资源等。

（4）如何管理、指导、监督这些资源，包括预期何时召开项目组预备会和总结会、预期项目合伙人和经理如何进行复核、是否需要实施项目质量控制复核等。

实验：填制审计综合实习平台存货审计索引号为 G2 的底稿（表2.14）*

表2.14　总体审计策略

被审单位：中泰纸业股份有限公司　　编制：李清河　　日期：2017 - 1 - 6　　索引号：G2

会计期间：2016 年度　　复核：王天建　　日期：2017 - 1 - 6　　页次：

一、审计范围

报告要求	内　容
适用的财务报告编制基础（包括是否需要将财务信息按照其他财务报告编制基础进行转换）	适用2014 年发布的《企业会计准则》
适用的审计准则	《中国注册会计师审计准则》
与财务报告相关的行业特别规定	证监会发布的相关信息披露法规，如《证券法》《公司法》
由组成部分注册会计师审计的组成部分的范围	—

二、审计时间安排

（一）报告时间要求

审计工作	时　间
1. 提交审计报告草稿	2017 - 2 - 10
2. 签署正式审计报告	2017 - 2 - 15
3. 公布已审计报表和审计报告	2017 - 2 - 15

续表2.14

（二）执行审计工作的时间安排

审计工作	时　　间
1. 制定总体审计策略	2017 - 1 - 6
2. 制定具体审计计划	2017 - 1 - 6
3. 存货监盘	2016 - 12 - 31
4. 一级复核	2017 - 1 - 1 至 2017 - 1 - 31
5. 二级复核	2017 - 2 - 15

（三）沟通的时间安排

沟　　通	时　　间
与管理层的沟通	2017 - 1 - 31
与治理层的沟通	2017 - 1 - 31
项目组会议（包括预备会和总结会）	2017 - 1 - 31
与专家的沟通	—
与组成部分注册会计师的沟通	—
与前任注册会计师的沟通	—

三、影响审计业务的重要因素

（一）重要性

重要性	索引号
财务报表整体重要性	G4
特别类别的交易、账户余额或披露的一个或多个重要性水平（如适用）	不适用
实际执行的重要性	G4
明显微小错报的临界值	G4

（二）可能存在较高重大错报风险的领域

可能存在较高重大错报风险的领域	索引号
营业收入	

续表 2.14

（三）识别重要组成部分

可能存在较高重大错报风险的领域	索引号
无	

（四）识别重要的交易、账户余额和披露及相关认定

重要的交易、账户余额和披露及相关认定	索引号
营业收入、应收账款、存货	

四、人员安排

（一）项目组主要成员

姓名	职级	主要职责
王力文	审计人员	销售与收款循环测试
陈仁敬	审计人员	人力资源与工薪、筹资与投资、货币资金循环测试
张嫒	审计人员	采购与付款循环测试
万志鑫	审计人员	生产与存货循环测试
李清河	项目负责经理	复核底稿

（二）质量控制复核人员

姓名	职级	主要职责
叶建涵	注册会计师	复核项目经理的工作
王天建	副主任会计师	评价项目组做出的重大判断及结论

五、对专家或有关人士工作的利用

（一）对专家工作的利用

利用领域	专家名称	主要职责及工作范围	索引号
无			

续表 2.14

（二）对内部审计工作的利用

利用领域	拟利用的内部审计工作	索引号
无		

（三）对组成部分注册会计师工作的利用

组成部分注册会计师名称	利用其工作范围及程度	索引号
无		

（四）对被审计单位使用服务机构的考虑

无		

六、其他事项

无		

二、具体审计计划

注册会计师应当为审计工作制定具体审计计划。具体审计计划比总体审计策略更加详细，其内容包括为获取充分、适当的审计证据以将审计风险降至可接受的低水平，项目组成员拟实施的审计程序的性质、时间安排和范围。具体审计计划应当包括风险评估程序、计划实施的进一步审计程序和其他审计程序。

1. 风险评估程序

具体审计计划应当包括按照《中国注册会计师审计准则第 1211 号——通过了解被审计单位及其环境识别和评估重大错报风险》的规定，为了充分识别和评估财务报表重大错报风险，注册会计师计划实施的风险评估程序的性质、时间安排和范围。

2. 计划实施的进一步审计程序

具体审计计划应当包括按照《中国注册会计师审计准则第 1231 号——针对评估的重大错报风险采取的应对措施》的规定，针对评估的认定层次的重大错报风险，注册会计师计划实施的进一步审计程序的性质、时间安排和范围。通常，注册会计师计划的进一步审计程序可以分为进一步审计程序的总体方案和拟实施的具体审计程序（包括进一步审计程序的具体性质、时间安排和范围）两个层次。进一步审计程序的总体方案主要是指注册会计师针对各类交易、账户余额和披露决定采用的总体方案（包括实质性方案和综合性方案）。具体审计程序则是对进一步审计程序的总体方案的延伸和细化，它通常包括控制测试和实质性程序的性质、时间安排和范围。

三、审计过程中对计划的更改

计划审计工作并非审计业务的一个孤立阶段，而是一个持续的、不断修正的过程，贯穿于整个审计业务的始终。由于未预期事项、条件的变化或在实施审计程序中获取的审计证据等原因，在审计过程中，注册会计师应当在必要时对总体审计策略和具体审计计划做出更新和修改。

审计过程可以分为不同阶段，通常前面阶段的工作结果会对后面阶段的工作计划产生一定的影响，而后面阶段的工作过程中又可能发现需要对已制定的相关计划进行相应的更新和修改。通常来讲，这些更新和修改可能涉及比较重要的事项。例如，对重要性水平的修改，对某类交易、账户余额和披露的重大错报风险的评估以及进一步审计程序（包括总体方案和拟实施的具体审计程序）的更新和修改等。如果注册会计师在审计过程中对总体审计策略或具体审计计划做出重大修改，应当在审计工作底稿中记录做出的重大修改及其理由。

实验：填制审计综合实习平台存货审计索引号为 G3 的底稿（表 2.15）。*

表 2.15　具体审计计划（新）

被审计单位：中泰纸业股份有限公司　　会计期间：2016 年度
编制人及复核人员签字：

编制人：万志鑫	日期：2017 - 1 - 6
复核人：陈仁敬	日期：2017 - 1 - 6
项目质量控制复核人：李清河	日期：2017 - 1 - 6

续表 2.15

编制人：万志鑫	日期：2017 - 1 - 6

目　录

1　风险评估程序

2　了解被审计单位及其环境（不包括内部控制）

　　2.1　行业状况、法律环境和监管环境以及其他外部因素

　　2.2　被审计单位的性质

　　2.3　会计政策的选择和运用

　　2.4　目标、战略及相关经营风险

　　2.5　财务业绩的衡量和评价

3　了解内部控制

　　3.1　整体层面

　　3.2　业务层面

4　对风险评估及审计计划的讨论

5　评估的重大错报风险

　　5.1　评估的财务报表层次的重大错报风险

　　5.2　评估的认定层次的重大错报风险

6　计划的进一步的审计程序

1　风险评估程序

风险评估程序	执行人及日期	工作底稿索引号
向管理层询问有关被审计单位业务、经营环境及内部控制的变化情况等	王力文、李清河，2017 - 1 - 6	1101、1401、1404

2　了解被审计单位及其环境（不包括内部控制）

记录对被审计单位及其环境的了解（对内部控制的了解见以下第 3 部分）、信息来源及风险评估程序。

2.1　行业状况、法律环境和监管环境以及其他外部因素

审计程序	执行人及日期	工作底稿索引号
询问相关人员、检查各类文件、阅读相关资料等	陈仁敬、李清河，2017 - 1 - 6	1201

2.2　被审计单位的性质

审计程序	执行人及日期	工作底稿索引号
询问相关人员、检查各类文件、阅读相关资料等	万志鑫、李清河，2017 - 1 - 6	1202

续表 2.15

2.3　会计政策的选择和运用

审计程序	执行人及日期	工作底稿索引号
询问相关人员、检查各类文件、阅读相关资料等	张嫒、李清河，2017 – 1 – 6	1203、1203 – 1

2.4　目标、战略及相关经营风险

审计程序	执行人及日期	工作底稿索引号
询问相关人员、检查各类文件、阅读相关资料等	王力文、李清河，2017 – 1 – 6	1204

2.5　财务业绩的衡量和评价

审计程序	执行人及日期	工作底稿索引号
询问相关人员、检查各类文件、阅读相关资料等	王力文、李清河，2017 – 1 – 7	1205

3　了解内部控制

3.1　整体层面

记录被审计单位在此方面所具有的控制，以及项目组为评价该控制的设计及其是否得到执行（以下简称设计和执行）所实施的审计程序及其结果。表格中列示的对内部控制要素了解的方面为参考内容。

为评价与组织结构、职权与责任的分配相关的控制的设计和执行实施的审计程序	工作底稿索引号	执行人及日期
控制环境	1311	陈仁敬、李清河，2017 – 1 – 8
风险评估	1312	万志鑫、李清河，2017 – 1 – 8
了解和评价信息系统与沟通	1313	张嫒、李清河，2017 – 1 – 8
控制活动调查	1314	王力文、李清河，2017 – 1 – 8
对管理层的监督调查	1315	王力文、李清河，2017 – 1 – 9

3.2　业务层面

各个主要循环	工作底稿索引号	执行人及日期
销售和收款	1321 – 1 至 1321 – 6	王力文、李清河，2017 – 1 – 9 至 2017 – 1 – 13
采购和付款	1322 – 1 至 1322 – 6	张嫒、李清河，2017 – 1 – 9 至 2017 – 1 – 13
生产和仓储	1323 – 1 至 1323 – 6	万志鑫、李清河，2017 – 1 – 9 至 2017 – 1 – 13
投资和筹资	1325 – 1 至 1325 – 6	陈仁敬、李清河，2017 – 1 – 9 至 2017 – 1 – 11
工薪和人事	1324 – 1 至 1324 – 6	陈仁敬、李清河，2017 – 1 – 13

续表 2.15

4 对风险评估及审计计划的讨论

日期：2017 - 1 - 5
参加人员：李清河、陈仁敬、张媛、万志鑫、王力文
讨论项目：
讨论被审计单位的重大错报风险领域，讨论重点是关联交易和收入的确认。

5 评估的重大错报风险

5.1 评估的财务报表层次的重大错报风险

具体审计计划中的对应部分索引号	风险描述
1401	关联交易虚构利润
确定的总体应对措施	
1. 要求管理层识别与新识别出的关联方之间发生的所有交易，以便做出进一步评价。 2. 询问与关联方关系及其交易相关的控制为何未能识别或披露该关联方关系或交易。 3. 实施恰当的实质性程序。	

5.2 评估的认定层次的重大错报风险

风险编号	识别的重大错报风险		是否为特别风险及原因	重大错报风险水平
	交易	相关账户及列报		
1	销售与收款	应收账款、主营业务收入	是	高
2	投资与筹资	公允价值变动损益、资本公积	否	高
3	采购与付款	管理费用、固定资产	否	低

6 计划的进一步审计程序

程序	销售和收款循环	采购和付款循环	生产和仓储循环	投资和筹资循环	工薪和人事循环
控制测试					
执行人及日期	不适用	张媛、李清河，2017 - 1 - 14 至 2017 - 1 - 15	万志鑫、李清河，2017 - 1 - 14 至 2017 - 1 - 15	万志鑫、李清河，2017 - 1 - 15	万志鑫、李清河，2017 - 1 - 14
索引号		2101 - 1 至 2101 - 4	2102 - 1 至 2102 - 4	2104 - 1 至 2104 - 4	2103 - 1 至 2103 - 4
实质性测试					

续表 2.15

程序	销售和收款循环	采购和付款循环	生产和仓储循环	投资和筹资循环	工薪和人事循环
执行人及日期	王力文、李清河，2017 - 1 - 16 至 2017 - 1 - 30	张媛、李清河，2017 - 1 - 16 至 2017 - 1 - 30	万志鑫、李清河，2017 - 1 - 16 至 2017 - 1 - 30	万志鑫、李清河，2017 - 1 - 16 至 2017 - 1 - 30	万志鑫、李清河，2017 - 1 - 16 至 2017 - 1 - 30
索引号	3112、3113、3214、3216、3411、3511、3512	3114、3118、3119、3120、3212、3213	3116、3412	3115、3117、3121、3211、3217、3312 等	3215

【本章小结】

本章介绍风险评估与计划审计工作，主要内容包括了解被审计单位及其环境，了解被审计单位的内部控制、评估重大错报风险以及计划审计工作，制定总体审计策略和具体审计计划。其中，通过了解被审计单位外部影响因素和企业对会计政策的选择和运用等了解被审计单位及其环境，通过了解被审计单位的内部控制环境、活动、信息系统与沟通以及监督等，评估被审计单位的重大错报风险，分为财务报表层次及认定层次，同时需要对风险评估进行修正。在开展审计工作时，需对审计工作制定总体审计策略和具体审计计划，根据审计过程中的反馈结果及时调整总体审计策略和具体审计计划。

【思政案例】

上海家化内部控制审计被否事件

2014 年 3 月 13 日，上海家化（600315.SH）交出了原董事长葛文耀离任后的首份年报，普华永道中天会计师事务所（特殊普通合伙）（以下简称普华永道）对 2013 年年报出具了无保留意见审计报告，但同时出具了否定意见的内部控制审计报告，公司自身也出具了内部控制无效的自我评价报告。年报显示，上海家化 2013 年实现营业收入同比增长 11.74%，归属于上市公司股东净利润同比增长 28.76%，是近 3 年来增长速度最慢的一年。上海家化发布内部控制审计被否公告当日，其股价反而大涨 6.58%；而上海家化原董事长宣布辞职当日，其股价以跌停回应；上海家化宣布解聘其总经理之日，股价下跌 2.25%，次日续跌 4.83%。对上海家化内部控制及其审计问题，市场走势反复，众说纷纭。

一、审计结果

普华永道在对上海家化出具的内部控制审计报告"导致否定意见的事项"中，指出其内部控制重大缺陷：关联交易管理中缺少主动识别、获取及确认关联方信息的机制；部分子公司尚未建立销售返利和运输费统计与预提的内部控制；对财务人员的专业培训尚不够充分。

1. 关联交易管理

普华永道在内部控制审计报告中指出，上海家化关联交易管理中缺少主动识别、获取及确认关联方信息的机制，也未明确关联方清单维护的频率；无法保证关联方及关联方交易被及时识别，并履行相关的审批和披露事宜，影响财务报表中关联方及关联方交易完整性和披露准确性，与之相关的财务报告内部控制设计失效。公司在2013年12月虽对上述存在重大缺陷的内部控制进行了整改，但整改后的控制尚未运行足够长的时间。

（1）关联方关系识别。上海家化2012年度报告披露了母公司、子公司、合营和联营企业、其他关联方四大类关联方共计64家，但未披露沪江日化是其关联方。上海家化退休工人管理委员会与上海家化集团退休工人管理委员会（以下合称退管会）分别持有沪江日化15%与10%股权，后来分别增持至30%与15%。虽然退管会和上海家化之间并不存在股权关系，但上海家化向沪江日化派驻了高管，并由此构成关联关系。

（2）关联方交易披露。2008年4月至2013年7月，上海家化与沪江日化发生采购销售、资金拆借等关联交易，但未在相应年度报告中对沪江日化及与其发生的关联交易进行披露，未对与沪江日化发生的采购、销售关联交易进行审议并在临时公告中披露；2009年度未对与沪江日化发生的累计3000万元资金拆借关联交易进行临时公告披露。上海家化公布的自查结果显示，沪江日化是上海家化的关联方，上海家化和沪江日化累计发生关联交易24.15亿元。其中，累计采购金额为14.35亿元，累计销售金额为9.80亿元。2008年，沪江日化是公司应收账款第一名，占应收款比11.48%；2009—2010年为预付款项第一名；2011年为应收款项第四名，预付款项第一名；2012年为应收款项第三名；2013年半年报为应收款项第一名。

2. 销售返利和运输费的统计与预提

普华永道内部控制审计报告指出，上海家化部分子公司在会计期末尚未建立对当期应付但未付的销售返利和运输费用总金额进行统计与预提的内部控制。上述重大缺陷影响财务报表中销售费用和运输费用的交易完整性、准确性和截止性，与之相关的财务报告内部控制设计失效。公司尚未在2013年度完成对上述存在重大缺陷的内部控制的整改工作，但在编制2013年度财务报表时已对销售返利和运输费等费用进行了恰当预提，并对前期对应数据相应进行了追溯调整及重述。上海家化发布的会计差错更正公告显示，与代加工厂的委托加工交易对净利润的影响经抵销为零，而销售返利和运输费的核算问题对上海家化2012年合并净利润的影响金额为680.30万元。

3. 财务人员的专业培训

普华永道内部控制审计报告指出，上海家化内部控制存在的另一项重大缺陷为：

"对财务人员的专业培训尚不够充分，对最新会计准则的掌握不够准确，财务报告及披露流程中的审核存在部分运行失效，未能及时发现对委外加工业务、销售返利、可供出售的金融资产在长期资产与流动资产的分类、营销类费用在应付账款与其他应付款的分类等会计处理的差错，影响财务报表中多个会计科目的准确性。"公司尚未在2013 年度完成对上述存在重大缺陷的内部控制的整改工作，但在编制 2013 年度财务报表时已对这些可能存在的会计差错予以关注，并对前期对应数据相应进行了追溯调整及重述。

上海家化发布的会计差错更正公告称："在以前年度，部分与代加工厂的委托加工交易的会计处理采用销售原材料并采购产成品的方式分别确认原材料的销售收入以及产成品采购。本年度本公司根据《企业会计准则》的相关规定，结合对于该委托加工交易实质的判断，认为该委托加工交易应该以确认存货的加工费成本方法予以核算。"由于上海家化以往将与代加工厂沪江日化之间的委托加工业务处理为由上海家化向沪江日化出售原材料、经由沪江日化加工生产成产成品后由上海家化再买回，反映在账上就同时虚增了收入和成本。尽管 2012 年度对净利润的影响为零，但单项影响金额大，属重大错报。此外，上海家化的会计人员将预计在一年内出售的可供出售金融资产重分类至其他流动资产，导致流动资产虚增及可供出售金融资产虚减。

审计师认为上海家化的财报内部控制存在上述重大缺陷，因而出具了否定意见的内部控制审计报告；否定意见的内部控制审计报告并未对其 2013 年度的财务报表审计报告产生影响，因此，年报的审计意见仍然是标准无保留意见的审计报告。

二、处理结果

上海家化于 2013 年 11 月 20 日收到中国证监会《调查通知书》（沪调查通字 2013 - 1 - 64 号），因公司涉嫌信息披露违法违规行为，根据《证券法》的有关规定，中国证券监督管理委员会决定对公司进行立案调查。上述信息本公司已于 2013 年 11 月 21 日在《中国证券报》《上海证券报》和上海证券交易所网站进行了披露（公告编号：临 2013 - 026）。2014 年 12 月 23 日公司收到中国证券监督管理委员会上海监管局下发的《行政处罚事先告知书》（沪证监处罚字〔2014〕10 号），现将有关情况公告如下。上海家化信息披露违法违规案已由上海证监局调查、审理完毕，上海证监局依法拟对公司及相关人员做出行政处罚。

葛文耀是上海家化相关年度报告信息披露违法行为的直接负责的主管人员，宣平、曲建宁、丁逸菁、吴英华、冯珺、管一民、张纯、童恺、周勤业、苏勇、朱倚江、刘镗中、胡大辉、汪建宁、黄阅、王茁、方骅等 17 人是上海家化相关年度报告信息披露违法行为的其他直接责任人员。

根据当事人违法行为的事实、性质、情节与社会危害程度，按照《证券法》第一百九十三条的规定，上海证监局拟做出如下决定：①对上海家化予以警告，并处以 30 万元罚款；②对葛文耀予以警告，并处以 15 万元的罚款；③对宣平、曲建宁、丁逸菁、吴英华给予警告，并分别处以 10 万元的罚款；④对冯珺、管一民、张纯、童恺、周勤业、苏勇、朱倚江、刘镗中、胡大辉、汪建宁、黄阅、王茁、方骅给予警告，并分别处以 3 万元的罚款。

2015 年 11 月 3 日，中国证券监督管理委员会出具了行政复议决定书，对于事件相关的人员进行了相应的处罚：对葛文耀，处警告并罚款 15 万元，对王茁等人，处警告并罚款 3 万元。维持原处理结果。

（资料来源：根据相关资料综合编写。）

案例讨论及思考：

1. 案例中内部控制出现重大缺陷，企业违背了哪项信息披露要求？这跟我们核心价值观中的哪些内容不相容？

2. 经过研读案例，面对越来越严的监管环境，这对一名企业的财务人员有什么启发？

第三章 销售与收款循环的审计

【学习目标】

1. 了解销售与收款循环的主要业务活动及审计的主要凭证、记录与账户。

2. 熟悉销售与收款循环内部控制目标、关键内部控制和审计测试方法。

3. 掌握主营业务收入及其他业务收入审计的目标，掌握并熟练应用营业收入审计中常见的实质性程序。

4. 掌握应收账款审计的目标，掌握并熟练应用应收账款审计中常见的实质性程序。

【知识结构】（图3.1）

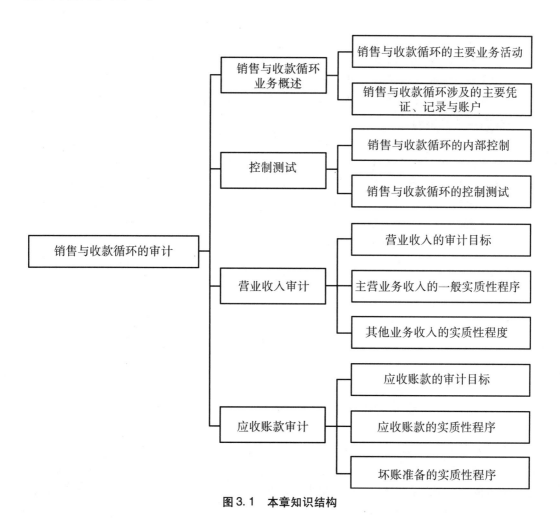

图3.1 本章知识结构

【引导案例】

新三板企业审计监管案例

A 公司为新三板挂牌公司。审计执业存在如下问题：

1. 收入真实性审计程序执行不到位。一是未获取实际开展广告业务的审计证据。在当年广告业务收入 90% 以上均形成应收账款且新增广告客户较多的情况下，收入细节测试仅获取合同、客户确认单、排期表等形式证据并结合应收账款函证回函对收入真实性获取审计信心，未关注到个别客户公司注册日期晚于合同起始日期、A 公司无法提供广告业务播放的后台数据等异常情况，未获取关于广告实际播放情况的审计证据以核实广告业务收入的真实性。二是未充分关注作为收入确认重要依据的"客户确认单"存在关键信息不完整的情况，审计底稿中留存的大部分客户确认单内容表述笼统，仅表述为"在合同期内完成业务"，无合同对应期间、合同金额和确认时间，无法识别客户确认内容的具体特征。

2. 控制测试执行不到位。在销售与收款循环控制测试中，未关注到抽样的广告业务实际收入确认日期早于客户验收单日期、合同日期和发票日期等异常情形，与审计底稿记录的"财务入账日期与确认单日期一致"并得出控制运行有效的测试结论不相符。

3. 函证程序执行不到位。未对银行存款基本户等重要银行账户函证未回函事项予以关注，仅以银行对账单作为替代程序。对银行存款回函中存在账号不符的异常事项未进行恰当关注和分析，也未获取进一步审计证据予以验证。部分重要应收账款函证未回函替代程序未查验客户确认单等关键收入确认证据。

（资料来源：《上海证监局会计监管通讯》2019 年第 1 期，第 5～6 页，http://www.csrc.gov.cn/shanghai/c100581/c1269054/content.shtml，有改动。）

第一节　销售与收款循环业务概述[*]

一、销售与收款循环的主要业务活动

以一般制造型企业为例，销售与收款循环涉及的主要业务活动通常包括编制销售计划、客户信用管理、销售定价、订立销售合同、发货、收款、客户服务、会计系统控制，涉及的部门通常包括生产计划部门、仓储部门、生产部门、销售部门、会计部门。

1. 编制销售计划

销售计划是指在进行销售预测的基础上，结合企业生产能力，设定总体目标额及不同产品的销售目标额，进而为实现该目标而设定具体营销方案和实施计划，以支持未来一定期间内销售额的实现。

2. 客户信用管理

企业信用管理部门应当加强现有客户维护，开发潜在目标客户，对有销售意向的客户进行资信评估，根据企业自身风险接受程度确定具体的信用等级。根据资信评估和信用等级评价的结果，信用管理部门一般列出已批准销售的顾客名单，并对每个顾客的赊销信用额度进行授权。

3. 销售定价

销售定价是指商品价格的确定、调整及相应审批。企业应当根据产品生产成本和定价策略及时更新产品价目表，确保产品定价的准确性。

4. 订立销售合同

企业与客户订立销售合同，明确双方权利和义务，以此作为开展销售活动的基本依据。在与顾客签订销售合同前，须经一定的审批：首先，由相关人员详细审查上面的条款和数量，以确定能在合理的时间内完成；其次，要将顾客的名称与信用管理部门事先核准的顾客名单进行核对，如果客户在这份名单上，就可以批准此项销售，否则就由销售主管来决定是否接受顾客订单。只有经过批准的销售，才能作为订立销售合同的依据。销售合同订立后，需编制一式多联的销货通知单。销货通知单就是将销售合同上的条款转换成一系列具体的指令，作为信用、仓储、运输、记账、收款等职能部门履行职责的依据。信用部门接到销货通知单后，根据公司的赊销政策和客户的信用额度决定是否授权批准赊销。对同意赊销的客户，信用部门应在销货通知单上签字；对不同意赊销的客户，公司将告知客户，并讨论能否使用付款方式，比如现销方式。

5. 发货

发货是根据销售合同的约定向客户提供商品的环节。当销货通知单传递至仓储部门，仓储部门据此发货，填制出库单等凭证，并将产品交给运输部门。运输部门依据销货通知单和出库单装运货物，填制提货单等货运文件，并将其送往开具发票的部门。发票开具部门核对销售合同、销货通知单、提货单等文件，如以上文件完全相符，并符合产品价目表的要求，则可开具销售发票。

6. 收款

收款指企业经授权发货后与客户结算的环节。收到客户货款后，会计部门应编制相应的收款凭证，并及时完整地予以记录，以确保收回货款的完整性。

7. 客户服务

客户服务是在企业和客户之间建立信息沟通机制。对客户提出的问题，企业应予以及时解答或反馈、处理，不断改进商品质量和服务水平，以提升客户满意度和忠诚度。客户服务包括产品维修、销售退回、维护升级等。

8. 会计系统控制

会计系统控制是指利用记账、核对、岗位职责落实和相互分离、档案管理、工作交接程序等会计控制方法，确保企业会计信息真实、准确、完整。会计系统控制包括销售收入的确认、应收账款的管理、坏账准备的计提和冲销、销售退回的处理等内容。

二、销售与收款循环涉及的主要凭证、记录与账户

从上述业务活动的介绍可以看出，销售与收款循环涉及的主要凭证、记录与账户如表 3.1 所示。

表 3.1　销售与收款循环涉及的主要凭证、记录与账户

业务活动	涉及的主要财务报表项目	涉及的主要凭证和记录
编制销售计划		销售计划
客户信用管理		经赊销审批的客户名单
销售定价		商品价目表
订立销售合同	营业收入、应收账款、货币资金、资产减值损失	销售合同、客户订购单、销售通知单
发货		出库单、提货单、装运凭证、销售发票
收款		支票、汇款通知单、银行汇票等
客户服务		销售退回入库单、贷项通知单、折扣与折让明细账
会计系统控制		应收账款账龄分析表、坏账审批表、应收账款明细账、主营业务收入明细账、现金日记账、银行存款日记账、客户对账单

第二节　控制测试*

一、销售与收款循环的内部控制

与销售与收款循环主要业务活动相关的关键内部控制和相应的控制测试主要包括以

下方面。

1. 适当的职责分离

将销售与收款循环过程中各项职责进行明确的分工，分别由不同的部门或人员执行。建立岗位责任制，使各项工作之间既相互联系，又相互牵制，防止错误或舞弊的发生。注册会计师通常通过观察有关人员的活动，以及与这些人员进行讨论，来实施职责分离的控制测试。

2. 正确的授权审批

销售业务必须经过适当审批，包括对赊销限额、发运货物、结算价格、付款条件、销售退回与折让、坏账准备计提、坏账注销等进行授权。通过检查凭证上是否经过审批，可以很容易地测试出授权审批方面的内部控制效果。

3. 充分的凭证和记录

对内部控制来说，只有具备充分的记账手续、充分的凭证和记录才能实现其各项控制目标。另外，凭证要预先编号，以防止销售后忘记向客户开具账单或登记入账，也可以防止重复开具账单或重复记账。对这种控制常用的一种测试程序是清点各种凭证，这种程序还可同时提供有关真实性和完整性目标的证据。

4. 按月寄出对账单

由不负责库存现金和销售及应收账款记账的人员按月向顾客寄发对账单，能促使顾客在发现应付账款余额不正确后及时反馈有关信息。为使这项控制更加有效，最好将账户余额中出现的所有核对不符的账项，指定一位不掌管货币资金与不记录主营业务收入和应收账款的主管人员处理。注册会计师观察指定人员寄送对账单和检查顾客复函档案，对测试被审计单位是否按月向顾客寄出对账单是十分有效的控制测试。

5. 内部核查程序

由内部注册会计师或其他独立人员核查销货业务的处理和记录，是实现内部控制目标不可缺少的一项控制措施。表 3.2 所列程序是针对各项控制目标的典型内部核查程序。

表 3.2 内部核查程序

内部控制目标	内部核查程序举例
登记入账的销售交易是真实的	检查登记入账的销售交易所附的佐证凭证，如发运凭证等
销售交易均经适当审批	了解客户的信用情况，确定是否符合企业的赊销政策
所有销售交易均已登记入账	检查发运凭证的连续性，并将其与主营业务收入明细账核对
登记入账的销售交易金额准确	检查会计记录中的数据以验证其正确性

续表 3.2

内部控制目标	内部核查程序举例
登记入账的销售交易分类恰当	将登记入账的销售交易的原始凭证与会计科目表比较核对
销售交易的记录及时	检查开票员所保管的未开票发运凭证，确定是否存在未在恰当期间及时开具的发运凭证

二、销售与收款循环的控制测试

风险评估和风险应对是整个审计过程的核心，因此，注册会计师通常以识别的重大错报风险为起点，选取拟测试的控制并实施控制测试。表 3.3 列示了通常情况下，注册会计师对销售与收款循环实施的控制测试。

表 3.3　销售与收款循环可能存在的风险、控制及控制测试程序

风险	相关认定	自动化控制	人工控制	内部控制测试程序
可能向没有获得赊销授权或超出信用额度的客户赊销	收入：发生 应收账款：存在	同时满足以下两项才能生成销售单：①订购单上的客户代码与应收账款主文档记录的代码一致；②目前未偿付余额加上本次销售额在信用限额范围内	以下情形需要经过适当授权批准，才可生成销售单：①不在主文档中的客户；②超过信用额度的客户订购单	(1) 询问员工销售单的生成过程；(2) 检查是否所有生成的销售单均有对应的客户订购单为依据；(3) 检查系统生成销售单的逻辑；(4) 对于系统外授权审批的销售单，检查是否经过适当批准
已销售商品可能未实际发运给客户	收入：发生 应收账款：存在	—	要求客户在发运凭证上签字，以作为收到商品且商品与订购单一致的证据	检查发运凭证上客户的签名，作为收货的证据
商品发运可能未开具销售发票或已开出发票却没有发运凭证的支持	应收账款：存在 完整性 权利和义务 收入：发生 完整性	(1) 发货后系统根据发运凭证等信息自动生成连续编号的销售发票；(2) 系统自动复核连续编号的发票和发运凭证的对应关系，并定期生成例外报告	复核例外报告并调查原因	(1) 检查系统生成发票的逻辑；(2) 检查例外报告及跟进情况

续表3.3

风险	相关认定	自动化控制	人工控制	内部控制测试程序
销售价格不正确或发票金额出现计算错误	收入：准确性；应收账款：准确性、计价和分摊	（1）通过逻辑登录控制定价主文档的更改。只有得到授权的员工才能进行更改；（2）每张发票的单价、计算、商品代码、商品摘要和客户账户代码均由计算机程序控制。只有得到授权的员工才能进行更改	（1）核对经授权的有效的价格更改清单与计算机获得的价格更改清单是否一致；（2）独立复核发票上计算金额的准确性	（1）检查文件以确定价格更改是否经授权；（2）检查发票中价格复核人员的签名；（3）重新执行发票的核对过程
坏账准备的计提可能不充分	应收账款：准确性、计价和分摊	系统自动生成应收账款账龄分析表	管理层复核财务人员依据预期信用损失模型计算和编制的坏账准备计提表，复核无误后需在坏账准备计提表上签字	（1）检查财务系统计算账龄分析表的规则是否正确；（2）询问管理层如何复核坏账准备计提表的计算；（3）检查是否有复核人员的签字

实训案例中，鉴于在了解被审计单位及其环境的过程中，我们发现中泰纸业股份有限公司虽然制定了销售与收款内部控制政策，但并没有得到有效执行，故不实施控制测试，直接实施实质性程序。

第三节　营业收入审计 *

营业收入包括主营业务收入和其他业务收入。主营业务收入在不同行业包括的内容不同。工业企业的主营业务收入主要包括销售商品、自制半成品、代制品、代修品、提供工业性劳务等取得的收入，商品流通企业的主营业务收入主要包括销售商品取得的收入。主营业务收入一般占企业收入的比重较大，对企业的经济效益具有较大影响。

一、营业收入的审计目标

营业收入项目核算企业在销售商品、提供劳务等主营业务活动中所产生的收入，以及企业确认的除主营业务活动以外的其他经营活动实现的收入，包括出租固定资产、出租无形资产、出租包装物和商品、销售材料等实现的收入。其审计目标一般包括：

（1）确定利润表中记录的营业收入是否已发生，且与被审计单位有关（发生认定）。

（2）确定所有应当记录的营业收入是否均已记录（完整性认定）。

（3）确定与营业收入有关的金额及其他数据是否已恰当记录，包括对销售退回、销售折扣与折让的处理是否适当（准确性认定）。

（4）确定营业收入是否已记录于正确的会计期间（截止认定）。

（5）确定营业收入是否已按照《企业会计准则》的规定在财务报表中做出恰当的列报。

二、主营业务收入审计的一般实质性程序

1. 获取营业收入明细表

（1）复核加计是否正确，并与总账数和明细账合计数核对是否相符。

（2）检查以非记账本位币结算的主营业务收入使用的折算汇率及折算是否正确。

2. 实施实质性分析程序

（1）针对已识别需要运用分析程序的有关项目，并基于对被审计单位及其环境的了解，通过进行以下比较，同时考虑有关数据间关系的影响，以建立有关数据的期望值：①将本期的主营业务收入与上期的主营业务收入、销售预算或预测数等进行比较，分析主营业务收入及其构成的变动是否异常，并分析异常变动的原因；②计算本期重要产品的毛利率，与上期预算或预测数据比较，检查是否存在异常、各期之间是否存在重大波动并查明原因；③比较本期各月各类主营业务收入的波动情况，分析其变动趋势是否正常，是否符合被审计单位季节性、周期性的经营规律，查明异常现象和重大波动的原因；④将本期重要产品的毛利率与同行业企业进行对比分析，检查是否存在异常。

（2）确定可接受的差异额。

（3）将实际金额与期望值相比较，计算差异。

（4）如果差异额超过确定的可接受差异额，调查并获取充分的解释和恰当的、佐证性质的审计证据（如通过检查相关的凭证等）。需要注意的是，如果差异超过可接受差异额，注册会计师需要对差异额的全额进行调查证实，而非仅针对超出可接受差异额的部分。

（5）评估实质性分析程序的结果。

3. 检查主营业务收入确认方法是否符合《企业会计准则》的规定

根据《企业会计准则第 14 号——收入》的规定，企业应当在履行了合同中的履约义务，及在客户取得相关商品控制权时确认收入。取得相关商品控制权，是指能够主导该商品的使用并从中获得几乎全部的经济利益。

当企业与客户之间的合同同时满足下列条件时，企业应当在客户取得商品控制权时

确认收入：①合同各方已批准该合同并承诺将履行各自义务；②该合同明确了合同各方与所转让商品或提供劳务相关的权利和义务；③该合同有明确的与所转让的商品相关的支付条款；④该合同具有商业实质，即履行该合同将改变企业未来现金流量的风险、时间分布或金额；⑤企业因向客户转让商品而有权取得的对价很可能收回。

《企业会计准则》分别对"在某一时段内履行的履约义务"和"在某一时点履行的履约义务"的收入确认做出了规定。对于在某一时段内履行的履约义务，企业应当在该段时间内按照履约进度确认收入。当履约进度能够合理确定时，采用产出法或投入法确定恰当的履约进度；当履约进度不能合理确定时，企业已经发生的成本预计能够得到补偿的，应当按照已经发生的成本金额确认收入，直到履约进度能够合理确定为止。

对于在某一时点履行的履约义务，企业应当在客户取得相关商品的控制权时确认收入。在判断客户是否已取得商品控制权时，企业应当考虑下列迹象：①企业就该商品享有现时收款权利，即客户就该商品负有现时付款义务；②企业已将该商品的法定所有权转移给客户，即客户已拥有该商品的法定所有权；③企业已将该商品实物转移给客户，即客户已实物占有该商品；④企业已将该商品所有权上的主要风险和报酬转移给客户，即客户已取得该商品所有权上的主要风险和报酬；⑤客户已接受该商品；⑥其他表明客户已取得商品控制权的迹象。

因此，注册会计师需要基于对被审计单位商业模式和日常经营活动的了解，判断被审计单位的合同履约义务是在某一时段内履行还是某一时点履行的，据以评估被审计单位确认产品销售收入的会计政策是否符合《企业会计准则》，并测试被审计单位是否按照其既定的会计政策确认产品销售收入。注册会计师通常对所选取的交易，追查至原始的销售合同及与履行合同相关的单据和文件记录，以评价收入确认方法是否符合《企业会计准则》的规定。本章假定被审计单位在某一时点履行履约义务，在商品发运至客户并签收时确认收入（客户在该时点取得对商品的控制权）。

4. 核对收入交易的原始凭证与会计分录

以主营业务收入明细账中的会计分录为起点，检查相关原始凭证如订购单、销售单、发运凭证、发票等，以评价已入账的营业收入是否真实发生。检查订购单和销售单，用以确认存在真实的客户购买要求，销售交易已经过适当的授权批准。销售发票存根上所列的单价，通常还要与经过批准的商品价目表进行比较核对，对其金额小计和合计数也要进行复算。发票中列出的商品的规格、数量和客户代码等，则应与发运凭证进行比较核对，尤其是由客户签收商品的一联，确定已按合同约定履行了履约义务，可以确认收入。同时，还要检查原始凭证中的交易日期（客户取得商品控制权的日期），以确认收入计入了正确的会计期间。

5. 从发运凭证（客户签收联）中选取样本，追查至主营业务收入明细账，以确定是否存在遗漏事项（完整性认定）

也就是说，如果注册会计师测试收入的"完整"这一目标，起点应是发货凭证。为使这一程序成为一项有意义的测试，注册会计师需要确认全部发运凭证均已归档。这一点一般可以通过检查发运凭证的顺序编号来查明。

6. 选择主要客户函证本期销售额

结合对应收账款实施的函证程序，选择主要客户函证本期销售额。

7. 实施销售截止测试

对销售实施截止测试，其目的主要在于确定被审计单位主营业务收入的会计记录归属期是否正确，应记入本期或下期的主营业务收入是否被推延至下期或提前至本期。

注册会计师对销售交易实施的截止测试可能包括以下程序：

（1）选取资产负债表日前后若干天的发运凭证，与应收账款和收入明细账进行核对；同时，从应收账款和收入明细账选取在资产负债表日前后若干天的凭证，与发运凭证核对，以确定销售是否存在跨期现象。

（2）复核资产负债表日前后销售和发货水平，确定业务活动水平是否异常，并考虑是否有必要追加实施截止测试程序。

（3）取得资产负债表日后所有的销售退回记录，检查是否存在提前确认收入的情况。

（4）结合对资产负债表日应收账款的函证程序，检查是否有尚未取得对方认可的销售。实施截止测试的前提是注册会计师充分了解被审计单位的收入确认会计实务，并识别能够证明某笔销售符合收入确认条件的关键单据。例如，货物出库时，与货物所有权相关的主要风险和报酬可能尚未转移，即客户尚未取得对商品的控制权，不符合收入确认的条件，因此，仓储部门留存的发运凭证可能不是实现收入的充分证据，注册会计师需要检查有客户签署的那一联发运凭证。销售发票与收入相关，但是发票开具日期不一定与收入实现的日期一致。实务中由于增值税发票涉及企业的纳税和抵扣问题，开票日期滞后于收入确认日期的情况并不少见，因此，通常不能将开票日期作为收入确认的日期。

假定某一般制造型企业在货物送达客户并由客户签收时确认收入，注册会计师可以考虑选择两条审计路径实施主营业务收入的截止测试。一是以账簿记录为起点。从资产负债表日前后若干天的账簿记录追查至记账凭证和客户签收的发运凭证，目的是证实已入账收入是否在同一期间已发货并由客户签收，有无多记收入。这种方法的优点是比较直观，容易追查至相关凭证记录，以确定其是否应在本期确认收入，特别是在连续审计两个以上会计期间时，检查跨期收入十分便捷，可以提高审计效率；其缺点是缺乏全面性和连贯性，只能查多记，无法查漏记，尤其是当本期漏记收入延至下期而审计时被审计单位尚未及时登账时，不易发现应记入而未记入报告期收入的情况。因此，使用这种方法主要是为了防止多计收入。二是以发运凭证为起点。从资产负债表日前后若干天的已经客户签收的发运凭证查至账簿记录，确定主营业务收入是否已记入恰当的会计期间。

上述两条审计路径在实务中均被广泛采用，它们并不是孤立的，注册会计师可以考虑在同一主营业务收入科目审计中并用这两条路径。实际上，由于被审计单位的具体情况各异，管理层意图各不相同（有的为了完成利润目标、承包指标，更多地享受税收等优惠政策，便于筹资等目的，可能会多计收入；有的则为了以丰补歉、留有余地、推迟缴税时间等目的而少计收入），因此，注册会计师需要凭借专业经验和所掌握的信息进行风险评估，做出正确判断，选择适当的审计路径，实施有效的收入截止测试。

8. 检查销售退回

存在销售退回的，检查相关手续是否符合规定，结合原始销售凭证检查其会计处理是否正确结合存货项目，审计关注其真实性。

9. 检查销售折扣与折让

企业在销售交易中，往往会因各种原因向客户提供销售折扣与折让。销售折扣与折让直接影响收入的计量。注册会计师针对销售折扣与折让的实质性程序可能包括：

（1）获取折扣与折让明细表，复核加计正确，并与明细账合计数核对相符。

（2）了解被审计单位有关折扣与折让的政策和程序，抽查折扣与折让的授权批准情况，与实际执行情况进行核对。

（3）检查折扣与折让的会计处理是否正确。

10. 检查列报的合理性

检查主营业务收入在财务报表中的列报和披露是否符合《企业会计准则》的规定。

三、其他业务收入审计的实质性程序

1. 账账核对、账表核对

获取其他业务收入明细表，复核加计是否正确，并与总账数和明细账合计数核对是否相符，结合主营业务收入科目与营业收入报表数核对是否相符。

2. 利用分析程序进行检查

计算本期其他业务收入与其他业务成本的比率，并与上期该比率比较，检查是否有重大波动，并查明原因。

3. 检查相关原始凭证

检查其他业务收入是否真实准确，收入确认原则及会计处理是否符合规定，抽查原始凭证予以核实。

4. 针对异常项目实施进一步审计程序

对异常项目，追查入账依据及有关法律文件是否充分。

5. 截止测试

抽查资产负债表日前后一定数量的记账凭证，实施截止测试，确定入账时间是否正确。

6. 验证列报认定的合理性

确定其他业务收入在财务报表中的列报是否恰当。

实验：填制审计综合实习平台索引号为 3411 的底稿（图 3.2 至图 3.31）。

营业收入审定表

被审计单位：中泰纸业股份有限公司		编制：王力文		日期：2017-1-24		索引号：3411-1
会计期间：2016年度		复核：李清河		日期：2017-1-30		页次：

项目	期末未审数	账项调整		期末审定数	上期末审定数	索引号
		借方	贷方			
报表数：				0.00		
明细数：	0.00		0.00	0.00	0.00	
其中：						
主营业务收入：						
POS用纸				0.00		
传真纸				0.00		
压感打印纸				0.00		
ATM打印单				0.00		
多联发票				0.00		
彩票纸				0.00		
电影票				0.00		
密码信封				0.00		
其他业务收入：						
出租房产收入				0.00	0.00	

图 3.2　营业收入审定表（索引号：3411-1）（1）

填制说明：

1. 本底稿在完成其他应收账款底稿之后填制

《营业收入审定表》（图 3.2）是营业收入科目底稿的总结性底稿，涉及账项调整、重分类调整、明细数填写等内容。这些内容需要以明细表、抽查表、品种（大类）销售分析表、收入完整性截止测试、收入发生截止测试等其他底稿结果为依据进行填写汇总，所以此表填写顺序应当放在营业收入科目的最后进行填写汇总，此时能获知调整事项等其他信息。

2. 报表数填列

打开中泰纸业股份有限公司 2016 年 12 月 31 日利润表（图 3.3），其中营业收入的本期金额（414830000.00）就是 2016 年度期末未审数，上期金额（381643600.00）为上期期末未审数，并在审计资料中查询《上年度审定利润表》，核对金额是否一致。

委托方基本信息 | 受托方基本信息 | 财务报表 | 总账 | 明细账 | 日记账 | 记账凭证 | 科目汇总表 | 审计材料

财务报表 ≅ | 利润表 ≅✕

利 润 表

会企02表

编制单位：中泰纸业股份有限公司　　　2016 年　　　　　　　　　　　单位：元

项　目	行 次	本 期 金 额	上 期 金 额
一、营业收入	1	414830000.00	381643600.00
减：营业成本	2	341127746.00	320660081.24
营业税金及附加	3	1023109.02	1063365.41
销售费用	4	4305926.93	4219808.39
管理费用	5	5919678.82	5740215.14
财务费用	6	-778254.62	2783200.00
资产减值损失	7	1383308.38	735723.11
加：公允价值变动收益（损失以 "-" 填列）	8	1602412.18	
投资收益（损失以 "-" 填列）	9	0.00	
其中：对联营企业和合营企业的投资收益	10	0.00	
二、营业利润（亏损以 "-" 填列）	11	63450897.65	46441206.71
加：营业外收入	12	0.00	
其中：非流动资产处置利得	13		
减：营业外支出	14	0.00	
其中：非流动资产处置损失	15	0.00	
三、利润总额（亏损总额以 "-" 号填列）	16	63450897.65	46441206.71
减：所得税费用	17	15528304.83	11610301.68
四、净利润（净亏损以 "-" 号填列）	18	47922592.82	34830905.03
五、其它综合收益的税后净额	19	0.00	0.00
（一）以后不能重分类进损益的其他综合收益	20		
1.重新计量设定受益计划净负债或净资产的变动			
2.权益法下在被投资单位不能重分类进损益的其他综合收益中享有的份额			
（二）以后将重分类进损益的其他综合收益	21		
1.权益法下在被投资单位以后将重分类进损益的其他综合收益中享有的份额			
2.可供出售金融资产公允价值变动损益			
3.持有至到期投资重分类为可供出售金融资产损益			
4.现金流经套期损益的有效部分			
5.外币财务报表折算差额			
六、综合收益总额	22	47922592.82	0.00
七、每股收益：	23		
（一）基本每股收益	24	0.48	0.35
（二）稀释每股收益	25	0.48	0.35

单位负责人 王伟丰　　　会计主管 赵伟峰　　　复核 李有为　　　制表 王珂玲

图 3.3　2016 年度利润表

3. 明细数填列

主营业务收入：根据底稿《主营业务收入明细表》（索引号：3411－2）（图3.4）的合计数，填列《营业收入审定表》（索引号：3411－1）中主营营业收入的期末未审数。

主营业务收入 明细表*

被审计单位：中泰纸业股份有限公司　　编制：王力文　　日期：2017-1-24　　索引号：3411-2

会计期间：2016年度　　复核：李青河　　日期：2017-1-30　　页次：

项目	1月	2月	3月	4月	5月	6月	7月	8月	9月	10月	11月	12月	合计	上期数	变动额	变动%
POS用纸	2660000	1400000	2100000	1400000	2100000	1890000	2380000	1820000	1820000	1400000	2520000	1960000	20300000.00	18900000	1400000.00	7.41%
传真纸	7420000	9100000	10360000	11200000	11620000	10090000	13380000	8005000	15430000	12510000	15150000	10660000	135415000.00	121770600	13644400.00	11.21%
压感打印纸	10950000	10500000	12150000	12750000	17400000	10515000	13575000	13020000	15675000	10740000	15000000	15450000	157725000.00	147843000	9882000.00	6.68%
ATM打印单	700000	3500000	2520000	1680000	2100000	2100000	2100000	2100000	1120000	1540000	1120000	1260000	21840000.00	20580000	1260000.00	6.12%
多联发票	750000		1125000	1200000		1800000		2250000		3000000		3000000	13125000.00	11700000	1425000.00	12.18%
彩票纸	2600000	6500000	6500000	5200000	1300000	1430000		3250000		2600000	1950000	1560000	32890000.00	32240000	650000.00	2.02%
电影票	2250000			2250000		3750000		3450000		3000000		3000000	17700000.00	15450000	2250000.00	14.56%
密码信封	700000			2800000		3050000	1400000	1820000	1120000	1400000	1400000	2100000	15820000.00	13160000	2660000.00	20.21%
																%
																%
																%
																%
																%
																%
合计	28030000.00	29740000.00	32865000.00	38480000.00	34620000.00	34645000.00	33335000.00	35715000.00	35165000.00	36190000.00	37140000.00	38990000.00	414815000.00	381643600.00	33171400.00	8.69%

审计说明：1、复核加计正确，并与明细账及合计数、总账数、未审报表数核对相符。2、主营业务收入调整分录见应收账款底稿。3、毛利率分析见3411-3。

图3.4　主营业务收入明细表（索引号：3411－2）

其他业务收入：查询2016年度其他业务收入总账（图3.5），根据本年累计数填列2016年度期末未审数。

点击返回主界面

委托方基本信息 | 受托方基本信息 | 财务报表 | 总账 | 明细账 | 日记账 | 记账凭证 | 科目汇总表 | 审计材料

总账

| 查询条件: | 总账科目 | 6051-其他业务收入 ▽ | 2016 ▽ 年 | ▽ 月 | 查阅 |

总账

科目:其他业务收入

年		凭证		摘要	借方 金额										贷方 金额										借或贷	余额									
月	日	种类	号数		亿	千	百	十	万	千	百	十	元	角	分	亿	千	百	十	万	千	百	十	元	角	分		亿	千	百	十	万	千	百	十	元	角	分
1	1	年初		上年结转																							平										0
1	31	月汇		本月合计									0											0			平										0
1	31	年汇		本年累计									0											0			平										0
2	28	月汇		本月合计									0											0			平										0
2	28	年汇		本年累计									0											0			平										0
3	31	月汇		本月合计									0											0			平										0
3	31	年汇		本年累计									0											0			平										0
4	30	月汇		本月合计									0											0			平										0
4	30	年汇		本年累计									0											0			平										0
5	31	月汇		本月合计									0											0			平										0
5	31	年汇		本年累计									0											0			平										0
6	30	月汇		本月合计									0											0			平										0
6	30	年汇		本年累计									0											0			平										0
7	31	月汇		本月合计									0											0			平										0
7	31	年汇		本年累计									0											0			平										0
8	31	月汇		本月合计									0											0			平										0
8	31	年汇		本年累计									0											0			平										0
9	30	月汇		本月合计									0											0			平										0
9	30	年汇		本年累计									0											0			平										0
10	31	月汇		本月合计									0											0			平										0
10	31	年汇		本年累计									0											0			平										0
11	30	月汇		本月合计									0											0			平										0
11	30	年汇		本年累计									0											0			平										0
12	31	汇		本期发生额				1	5	0	0	0	0						1	5	0	0	0	0			平										0
12	31	月汇		本月合计				1	5	0	0	0	0						1	5	0	0	0	0			平										0
12	31	年汇		本年累计				1	5	0	0	0	0						1	5	0	0	0	0			平										0
12	31	年结		结转下年																							平										0

图 3.5 其他业务收入总账查询

4. 账项调整数

由于被审计单位关联方武汉方汇达企业有限公司与被审计单位存在不具有商业实质的关联交易，需对该部分营业收入进行审计调整。结合 3113 – 1 号底稿的调整分录以及与武汉方汇达企业有限公司交易的销售单及发票，得知：

（1）应调整销售传真纸：– 133000 箱 × 155 元/箱 = – 20615000 元。

（2）应调整销售压感打印纸：– 113000 箱 × 165 元/箱 = – 18645000 元。

（3）应调收入 = – 20615000 + （– 18645000）= – 39260000（元）。

5. 核对合计数与明细账、总账

本底稿已给定上期数，变动额和变动百分比系统自动计算；填制完毕将合计数与明细账、总账进行核对。

方法 1：以 POS 用纸为例，查询主营业务收入——POS 用纸的明细账（图 3.6），根据每月的"本月合计数"填列底稿。

> 点击返回本界面
>
> 委托方基本信息｜受托方基本信息｜财务报表｜总账｜明细账｜日记账｜记账凭证｜科目汇总表｜审计材料
>
> **三栏式明细账**　　多栏式明细账　　数量金额式明细账
>
> 查询条件：　科目 [600101主营业务收入-POS用纸] [2016] 年 [ ] 月　[查 询]

明细账

科目：POS用纸

年月	日	种类	号数	摘要	借方金额	贷方金额	借或贷	余额
1	1	年初		上年结转			平	0
1	7	记	18	销售商品		4200000 00	贷	4200000 00
1	14	记	33	销售产品给武汉晨鸿贸易		21000000 00	贷	25200000 00
1	24	记	60	销售产品给河南晨鸣贸易		1400000 00	贷	26600000 00
1	31	记	72	结转本月收入	26600000 00		平	0
1	31	月汇		本月合计	26600000 00	26600000 00	平	0
1	31	年汇		本年累计	26600000 00	26600000 00	平	0
2	2	记	3	销售产品给武汉晨鸿贸易		1400000 00	贷	1400000 00
2	28	记	58	结转本月收入	1400000 00		平	0
2	28	月汇		本月合计	1400000 00	1400000 00	平	0
2	28	年汇		本年累计	28000000 00	28000000 00	平	0
3	2	记	3	销售产品给武汉晨鸿贸易		2100000 00	贷	2100000 00
3	31	记	52	结转本月收入	2100000 00		平	0

月	日	凭证字	号	摘要	借方	贷方	借或贷	余额
4	2	记	4	销售产品给武汉晨鸿贸易		70000000	贷	70000000
4	10	记	19	销售产品给河南晨鸣贸易		70000000	贷	140000000
4	30	记	53	结转本月收入	140000000		平	0
4	30	月汇		本月合计	140000000	140000000	平	0
4	30	年汇		本年累计	441000000	441000000	平	0
5	1	记	2	销售产品给武汉晨鸿贸易		70000000	贷	70000000
5	9	记	15	销售产品给陕西华源贸易		70000000	贷	140000000
5	15	记	24	销售产品给广西爱佳办公		70000000	贷	210000000
5	31	记	51	结转本月收入	210000000		平	0
5	31	月汇		本月合计	210000000	210000000	平	0
5	31	年汇		本年累计	651000000	651000000	平	0
6	2	记	3	销售产品给武汉晨鸿贸易		70000000	贷	70000000
6	10	记	16	销售产品给河南晨鸣贸易		56000000	贷	126000000
6	17	记	32	销售产品给广东正大贸易		63000000	贷	189000000
6	30	记	50	结转本月收入	189000000		平	0
6	30	月汇		本月合计	189000000	189000000	平	0
6	30	年汇		本年累计	840000000	840000000	平	0
7	9	记	20	销售产品给武汉晨鸿贸易		42000000	贷	42000000
7	9	记	21	销售产品给陕西华源贸易		42000000	贷	84000000
7	15	记	28	销售产品给广西爱佳办公		42000000	贷	126000000
7	17	记	39	销售产品给杭州天发办公		28000000	贷	154000000
7	21	记	43	销售产品给江西数字贸易		42000000	贷	196000000
7	27	记	48	销售产品给广东正大贸易		42000000	贷	238000000
7	31	记	60	结转本月收入	238000000		平	0
7	31	月汇		本月合计	238000000	238000000	平	0
7	31	年汇		本年累计	1078000000	1078000000	平	0
8	2	记	1	销售产品给武汉晨鸿贸易		42000000	贷	42000000
8	10	记	13	销售产品给河南晨鸣贸易		42000000	贷	84000000
8	17	记	29	销售产品给广东正大贸易		56000000	贷	140000000
8	28	记	37	销售产品给河北佳佳贸易		42000000	贷	182000000
8	31	记	48	结转本月收入	182000000		平	0
8	31	月汇		本月合计	182000000	182000000	平	0
8	31	年汇		本年累计	1260000000	1260000000	平	0
9	9	记	14	销售产品给武汉晨鸿贸易		42000000	贷	42000000
9	9	记	15	销售产品给陕西华源贸易		28000000	贷	70000000
9	15	记	21	销售产品给广西爱佳办公		28000000	贷	98000000
9	17	记	32	销售产品给杭州天发办公		28000000	贷	126000000
9	21	记	36	销售产品给江西数字贸易		28000000	贷	154000000
9	27	记	42	销售产品给广东正大贸易		28000000	贷	182000000
9	30	记	53	结转本月收入	182000000		平	0
9	30	月汇		本月合计	182000000	182000000	平	0
9	30	年汇		本年累计	1442000000	1442000000	平	0
10	4	记	1	销售产品给武汉晨鸿贸易		42000000	贷	42000000
10	10	记	15	销售产品给河南晨鸣贸易		42000000	贷	84000000
10	17	记	32	销售产品给南昌腾达贸易		28000000	贷	112000000

月	日	凭证	号数	摘要	借方	贷方	借或贷	余额
10	28	记	43	销售产品给河北佳佳贸易		2 8 0 0 0 0 0 0	贷	1 4 0 0 0 0 0 0
10	31	记	52	结转本月收入	1 4 0 0 0 0 0 0 0		平	0
10	31	月汇		本月合计	1 4 0 0 0 0 0 0 0	1 4 0 0 0 0 0 0 0	平	0
10	31	年汇		本年累计	1 5 8 2 0 0 0 0 0 0	1 5 8 2 0 0 0 0 0 0	平	0
11	9	记	13	销售产品给武汉晨鸿贸易		4 2 0 0 0 0 0 0	贷	4 2 0 0 0 0 0 0
11	9	记	14	销售产品给陕西华源贸易		4 2 0 0 0 0 0 0	贷	8 4 0 0 0 0 0 0
11	15	记	20	销售产品给广西爱佳办公		4 2 0 0 0 0 0 0	贷	1 2 6 0 0 0 0 0 0
11	17	记	32	销售产品给杭州天发办公		4 2 0 0 0 0 0 0	贷	1 6 8 0 0 0 0 0 0
11	21	记	36	销售产品给江西数字贸易		4 2 0 0 0 0 0 0	贷	2 1 0 0 0 0 0 0 0
11	27	记	41	销售产品给广东正大贸易		4 2 0 0 0 0 0 0	贷	2 5 2 0 0 0 0 0 0
11	30	记	53	结转本月收入	2 5 2 0 0 0 0 0 0		平	0
11	30	月汇		本月合计	2 5 2 0 0 0 0 0 0	2 5 2 0 0 0 0 0 0	平	0

图 3.6　主营业务收入——POS 用纸明细账

方法 2：查询 2016 年度每个月份的科目汇总表，找到主营业务收入下设的明细科目填列。查询 2016 年度 1 月份科目汇总表，找到主营业务收入明细科目（图 3.7）。其他月份参照填列。

审计计划阶段　》　风险评估阶段　》　控制测试阶段　》　实质性测试阶段

委托方基本信息 | 受托方基本信息 | 财务报表 | 总账 | 明细账 | 日记账 | 记账凭证 | 科目汇总 | 审计材料

编号	科目名称	借方	贷方
5301	研发支出		
600101	POS用纸	2660000.00	2660000.00
600102	传真纸	7420000.00	7420000.00
600103	压感打印纸	10950000.00	10950000.00
600104	ATM打印单	700000.00	700000.00
600105	多联发票	750000.00	750000.00
600106	彩票纸	2600000.00	2600000.00
600107	电影票	2250000.00	2250000.00
600108	密码信封	700000.00	700000.00

图 3.7　2016 年度 1 月科目汇总表

6. 填制底稿品种（大类）销售分析表

（1）主营业务收入和主营业务成本。

本底稿（图3.8）已给定上期数，变动幅度和合计数由系统自动计算。

以 POS 用纸为例，查询主营业务收入——POS 用纸明细账（图3.6），查询主营业务成本——POS 用纸的明细账（图3.9），根据"本年累计数"分别填列本期主营业务收入或主营业务成本的本期数。

品种（大类）销售分析表*

被审计单位: 中泰纸业股份有限公司　　编制: 王力文　　日期: 2017-1-24　　索引号: 3411-3

会计期间: 2016年度　　复核: 李清河　　日期: 2017-1-30　　页次:

项目（收入类别/产品名称）	本期数				上期数				变动幅度			
	数量	主营业务收入	主营业务成本	毛利率	数量	主营业务收入	主营业务成本	毛利率	数量	主营业务收入	主营业务成本	毛利率
pos用纸	145000	20300000.00	17195705.00	15.29 %	135000	18900000.00	16085786.00	14.89 %	7.41 %	7.41 %	6.90 %	2.69 %
传真纸	953000	135415000.00	113461690.00	16.21 %	869790	121770600.00	104540140.00	14.15 %	9.57 %	11.21 %	8.53 %	14.56 %
压感打印纸	1040200	157725000.00	122725626.00	22.19 %	985620	147843000.00	118999576.00	19.51 %	5.54 %	6.68 %	3.13 %	13.74 %
ATM打印单	156000	21840000.00	18782450.00	14.00 %	147000	20580000.00	17884846.00	13.10 %	6.12 %	6.12 %	5.02 %	6.87 %
多联发票	87500	13125000.00	10565315.00	19.50 %	78000	11700000.00	9491850.00	18.87 %	12.18 %	12.18 %	11.31 %	3.34 %
彩票纸	253000	32890000.00	30244450.00	8.04 %	248000	32240000.00	29738889.00	7.76 %	2.02 %	2.02 %	1.70 %	3.61 %
电影票	118000	17700000.00	14252710.00	19.48 %	103000	15450000.00	12418169.00	19.62 %	14.56 %	14.56 %	14.77 %	-0.71 %
密码信封	113000	15820000.00	13899800.00	12.14 %	94000	13160000.00	11500825.24	12.61 %	20.21 %	20.21 %	20.86 %	-3.73 %
				%				%	%	%	%	%
				%				%	%	%	%	%
				%				%	%	%	%	%
				%				%	%	%	%	%
				%				%	%	%	%	%
合计	2865700.0	414815000.00	341127746.00	17.76 %	2660410.	381643600.00	320660081.24	15.98 %	7.72 %	8.69 %	6.38 %	11.14 %
审计说明:	通过毛利率分析可以看出传真纸、压感打印纸毛利率变化较大，拟重点关注传真纸、压感打印纸。											

图3.8 品种（大类）销售分析表（索引号: 3411-3）

（2）毛利率。

以 POS 用纸为例，其本期毛利率 =（本期主营业务收入 - 本期主营业务成本）/本期主营业务收入 =（20300000.00 - 17195705.00）/20300000.00 = 15.29%。

委托方基本信息 | 受托方基本信息 | 财务报表 | 总账 | 明细账 | 日记账 | 记账凭证 | 科目汇总表 | 审计材料

三栏式明细账   多栏式明细账   数量金额式明细账

查询条件： 科目 [640101主营业务成本-POS用纸 ▾] [2016 ▾] 年 [　▾] 月   [查 阅]

明细账

科目：POS用纸

年 月	日	凭证 种类	号数	摘要	借方金额	贷方金额	借或贷	余额
1	1	年初		上年结转			平	0
1	31	记	69	结转本月销售产品成本	2183100000		借	2183100000
1	31	记	73	结转本月主营业务成本		2183100000	平	0
1	31	月汇		本月合计	2183100000	2183100000	平	0
1	31	年汇		本年累计	2183100000	2183100000	平	0
2	28	记	57	结转本月销售产品成本	1178200000		借	1178200000
2	28	记	59	结转本月成本		1178200000	平	0
2	28	月汇		本月合计	1178200000	1178200000	平	0
2	28	年汇		本年累计	2300920000	2300920000	平	0
3	31	记	50	结转本月销售产品成本	1798200000		借	1798200000
3	31	记	53	结转本月成本		1798200000	平	0
3	31	月汇		本月合计	1798200000	1798200000	平	0
3	31	年汇		本年累计	2480740000	2480740000	平	0
4	30	记	50	结转本月销售产品成本	1196100000		借	1196100000
4	30	记	54	结转本月成本		1196100000	平	0
4	30	月汇		本月合计	1196100000	1196100000	平	0
4	30	年汇		本年累计	3676840000	3676840000	平	0
5	31	记	50	结转本月销售产品成本	1796250000		借	1796250000
5	31	记	52	结转本月成本		1796250000	平	0
5	31	月汇		本月合计	1796250000	1796250000	平	0

月	日	凭证种类	凭证号	摘要	借方金额	贷方金额	方向	余额
6	30	记	47	结转本月销售产品成本	161527500		借	161527500
6	30	记	51	结转本月成本		161527500	平	0
6	30	月汇		本月合计	161527500	161527500	平	0
6	30	年汇		本年累计	708836500	708836500	平	0
7	31	记	57	结转本月销售产品成本	203779000		借	203779000
7	31	记	61	结转本月成本		203779000	平	0
7	31	月汇		本月合计	203779000	203779000	平	0
7	31	年汇		本年累计	912615500	912615500	平	0
8	31	记	45	结转本月销售产品成本	154856000		借	154856000
8	31	记	49	结转本月成本		154856000	平	0
8	31	月汇		本月合计	154856000	154856000	平	0
8	31	年汇		本年累计	1067471500	1067471500	平	0
9	30	记	52	结转本月销售产品成本	153205000		借	153205000
9	30	记	54	结转本月成本		153205000	平	0
9	30	月汇		本月合计	153205000	153205000	平	0
9	30	年汇		本年累计	1220676500	1220676500	平	0
10	31	记	51	结转本月销售产品成本	118580000		借	118580000
10	31	记	53	结转本月成本		118580000	平	0
10	31	月汇		本月合计	118580000	118580000	平	0
10	31	年汇		本年累计	1339256500	1339256500	平	0
11	30	记	50	结转本月销售产品成本	213462000		借	213462000
11	30	记	54	结转本月成本		213462000	平	0
11	30	月汇		本月合计	213462000	213462000	平	0
11	30	年汇		本年累计	1552718500	1552718500	平	0
12	31	记	58	结转本月销售产品成本	166852000		借	166852000
12	31	记	63	结转本月成本		166852000	平	0
12	31	月汇		本月合计	166852000	166852000	平	0
12	31	年汇		本年累计	1719570500	1719570500	平	0
12	31	年结		结转下年			平	0

图3.9 主营业务成本——POS用纸明细账

7. 核对数据并填制抽查表

本底稿（图3.10）已经列出需要抽查的凭证的日期及凭证号，故只需查找对应记账凭证，核对原始凭证内容完整、有无授权批准、财务处理及金额核对，并填写底稿。

抽查表*

| 被审计单位：中泰纸业股份有限公司 | | 编制：王力文 | | 日期：2017-1-24 | | | 索引号：3411-4 | | | | |
| 会计期间：2016年度 | | 复核：李清河 | | 日期：2017-1-30 | | | 页次： | | | | |

序号	凭证日期	凭证号	摘要	对应科目 方向	对应科目 名称	金额	核对情况（用"是"、"否"表示） 1	2	3	4	5	6	7	8	备注
1	2016-6-10	16#	销售产品给河南晨鸣贸易	借方	应收账款	4840000.00	是	是	是	是					
2	2016-11-3	4#	销售产品给武汉方汇达企	借方	应收账款	7950000.00	是	是	是	是					
3	2016-3-2	3#	销售产品给武汉晨鸿贸易	借方	应收账款	7020000.00	是	是	是	是					
4	2016-10-21	35#	销售产品给湖南省国家税	借方	应收账款	3750000.00	是	是	是	是					
5	2016-5-9	15#	销售产品给陕西华源贸易	借方	应收账款	3170000.00	是	是	是	是					
6	2016-7-28	49#	销售产品给交通银行郑州	借方	银行存款	6700000.00	是	是	是	是					
7	2016-12-13	23#	销售产品给广州好影像放	借方	应收账款	3000000.00	是	是	是	是					
8	2016-3-5	7#	销售产品给湖北省福利彩	借方	应收账款	6500000.00	是	是	是	是					
9	2016-12-4	6#	收到房租	借方	银行存款	15000.00	是	是	是	是					

核对内容说明：

1、原始凭证内容完整	5、
2、有无授权批准	6、
3、财务处理正确	7、
4、金额核对相符	8、

| 审计说明： | 经大额抽查，未见异常。 |

图3.10 营业收入凭证抽查表（索引号：3411-4）

查找记账凭证时可使用查询功能。以第一笔记账凭证为例：单击"查询凭证"→"查询"，然后找到对应的记账凭证（图3.11、图3.12），凭证下方附有原始单据，进行核对并填制底稿。本笔凭证中主营业务收入对应的应收账款金额为POS用纸、传真

纸、压感打印纸的销售金额（不含应交税费），即

$$560000.00 + 3080000.00 + 1200000.00 = 4840000.00(元)。$$

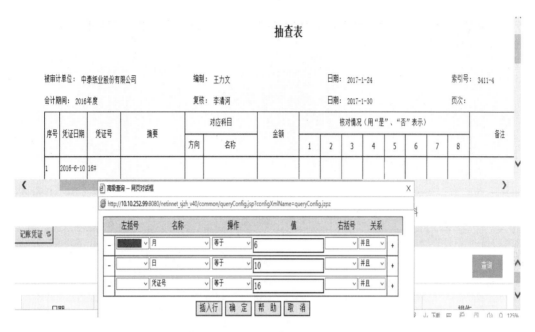

图3.11　凭证查询对话框（1）

			记　账　凭　证				

<table>
<tr><td colspan="3" align="center">2016 年 6 月 10 日</td><td colspan="2" align="right">记字第16　号</td></tr>
<tr><td rowspan="2">摘　要</td><td rowspan="2">总 账 科 目</td><td rowspan="2">明 细 科 目</td><td>借 方 金 额</td><td>贷 方 金 额</td></tr>
<tr><td>千百十万千百十元角分</td><td>千百十万千百十元角分</td></tr>
<tr><td>销售产品给河南晨鸣贸</td><td>应收账款</td><td>河南晨鸣贸易有限公司</td><td>5 6 6 2 8 0 0 0 0</td><td></td></tr>
<tr><td></td><td>主营业务收入</td><td>POS用纸</td><td></td><td>5 6 0 0 0 0 0 0</td></tr>
<tr><td></td><td>主营业务收入</td><td>传真纸</td><td></td><td>3 0 8 0 0 0 0 0 0</td></tr>
<tr><td></td><td>主营业务收入</td><td>压感打印纸</td><td></td><td>1 2 0 0 0 0 0 0 0</td></tr>
<tr><td></td><td>应交税费</td><td>应交增值税(销项税额)</td><td></td><td>8 2 2 8 0 0 0 0</td></tr>
<tr><td colspan="3" align="center">合　　　　　计</td><td>￥5 6 6 2 8 0 0 0 0</td><td>￥5 6 6 2 8 0 0 0 0</td></tr>
<tr><td colspan="5">财务主管: 赵伟峰　　记账: 王珂玲　　出纳: 　　审核: 李有为　　制单: 白建勇</td></tr>
</table>

附单据2张

图3.12　记账凭证（1）

8. 填制底稿主营业务收入截止测试（完整性）

本底稿（图3.13）已给定出库单的日期、号码，从资产负债表日前后的出库单追查至记账凭证和销售发票，来进行主营业务收入截止测试。分别以资产负债表日前后的第一笔出库单为例进行操作讲解。

主营业务收入截止测试*

被审计单位：中泰纸业股份有限公司　　编制：王力文　　　　　　日期：2017-1-24　　　　索引号：3411-4-1

会计期间：2016年度　　　　　　　　　　复核：李清河　　　　　　日期：2017-1-30　　　　页数：

截止日前

序号	出库单				记账凭证				发票					所载信息是否一致
	日期	号码	品名	数量	日期	编号	数量	金额	日期	品名	客户	数量	金额	
1	2016-12-17	321672	POS用纸	3000	2016-12-17	35#		420000.00	2016-12-17	POS用纸	南昌腾达贸易有限公司	3000	420000.00	是√否□
2	2016-12-3	321667	彩票纸	12000	2016-12-3	4#		1560000.00	2016-12-3	彩票纸	湖北省福利彩票中心	12000	1560000.00	是√否□
3	2016-12-28	321676	传真纸	10000	2016-12-28	47#		1400000.00	2016-12-28	传真纸	河北佳信贸易有限公司	10000	1400000.00	是√否□
														是□否□
														是□否□

截止日期：2016年12月31日

截止日后

序号	出库单				记账凭证				发票					所载信息是否一致
	日期	号码	品名	数量	日期	编号	数量	金额	日期	品名	客户	数量	金额	
1	2017-1-5	331703	POS用纸	5000	2017-1-5	13#		700000.00	2017-1-5	POS用纸	武汉晨鸿贸易有限公司	5000	700000.00	是√否□
2	2017-1-8	331705	压感打印纸	5000	2017-1-8	19#		750000.00	2017-1-8	压感打印纸	湖北爱得利用品有限公司	5000	750000.00	是√否□
3	2017-1-15	331708	传真纸	15000	2017-1-15	30#		2100000.00	2017-1-15	传真纸	广州妤影像放映有限公司	15000	2100000.00	是√否□
4	2017-1-17	331711	ATM打印单	7000	2017-1-17	39#		980000.00	2017-1-17	ATM打印单	交通银行郑州前浦支行	7000	980000.00	是√否□
														是□否□

审计说明：	经截止测试，未见异常。

图3.13　收入完整性截止测试（索引号：3411-4-1）

（1）资产负债表日前。

首先查询主营业务收入——POS用纸12月的明细账（图3.14）；找出与出库单日期（12月17号）一致的凭证（图3.15），根据记账凭证内容填列底稿；找出凭证后附的增值税专用发票填制底稿（图3.16），根据发票内容填列底稿。

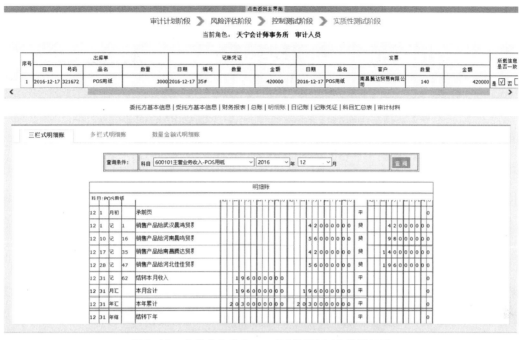

图 3.14 主营业务收入——POS 用纸 12 月明细账

图 3.15 记账凭证（2）

图 3.16 增值税专用发票（1）

采用凭证查询功能，查询 12 月份的结转本月销售产品成本的凭证（图 3.17），进而找到该笔凭证（第 58 号）及其后附的出库单（图 3.18、图 3.19），根据出库单中的 POS 用纸数量填列底稿。

图 3.17 凭证查询对话框（2）

委托方基本信息｜受托方基本信息｜财务报表｜总账｜明细账｜日记账｜记账凭证｜科目汇总表｜审计材料

【查看记账凭证】

<table>
<tr><td colspan="14" align="center">记 账 凭 证</td></tr>
<tr><td colspan="9" align="center">2016 年 12 月 31 日</td><td colspan="5" align="right">记 字第58 号1/4</td></tr>
<tr><td rowspan="2">摘　要</td><td rowspan="2">总 账 科 目</td><td rowspan="2">明 细 科 目</td><td colspan="5" align="center">借 方 金 额</td><td colspan="5" align="center">贷 方 金 额</td><td rowspan="2"></td></tr>
<tr><td>千 百 十 万 千 百 十 元 角 分</td><td></td><td></td><td></td><td></td><td>千 百 十 万 千 百 十 元 角 分</td><td></td><td></td><td></td><td></td></tr>
<tr><td>结转本月销售产品成本</td><td>主营业务成本</td><td>POS用纸</td><td colspan="5">1 6 6 8 5 2 0 0 0</td><td colspan="5"></td><td rowspan="6">附单据 12 张</td></tr>
<tr><td></td><td>主营业务成本</td><td>传真纸</td><td colspan="5">8 8 4 8 9 2 0 0 0</td><td colspan="5"></td></tr>
<tr><td></td><td>主营业务成本</td><td>彩票纸</td><td colspan="5">1 4 3 1 3 6 0 0 0</td><td colspan="5"></td></tr>
<tr><td></td><td>主营业务成本</td><td>电影票</td><td colspan="5">2 3 9 2 6 0 0 0 0</td><td colspan="5"></td></tr>
<tr><td></td><td>主营业务成本</td><td>ATM打印单</td><td colspan="5">1 0 8 2 7 0 0 0 0</td><td colspan="5"></td></tr>
<tr><td colspan="2" align="center">合　计</td><td></td><td colspan="5"></td><td colspan="5"></td></tr>
</table>

财务主管：赵伟峰　　记账：王珂玲　　出纳：　　审核：李有为　　制单：白建勇

第1页 **1 2 3 4** 共 4 页

查看经济业务详情

业务日期：	2016-12-31
业务摘要：	结转本月销售产品成本
业务内容：	结转本月销售产品成本。
文件附件：	查看

相关原始单据

出库单	详情
出库单	详情
出库单	详情
出库单	详情
出库单	详情
出库单	详情

图3.18　查看记账凭证（1）

出 库 单

出货单位：
中泰纸业股份有限公司　　2016 年 12 月 17日　　单号：321672

<table>
<tr><td>提货单位 或 领货部门</td><td colspan="2">南昌腾达贸易有限公司</td><td>销售单号</td><td></td><td>发出仓库</td><td>仓库</td><td>出库日期</td><td>2016-12-17</td></tr>
<tr><td rowspan="2">编 号</td><td rowspan="2" colspan="2">名 称 及 规 格</td><td rowspan="2">单位</td><td colspan="2">数　　量</td><td rowspan="2" colspan="2">单 价</td><td rowspan="2">金 额</td></tr>
<tr><td>应发</td><td>实发</td></tr>
<tr><td></td><td colspan="2">压感打印纸</td><td>箱</td><td>10000</td><td>10000</td><td colspan="2"></td><td></td></tr>
<tr><td></td><td colspan="2">POS用纸</td><td>箱</td><td>3000</td><td>3000</td><td colspan="2"></td><td></td></tr>
<tr><td></td><td colspan="2"></td><td></td><td></td><td></td><td colspan="2"></td><td></td></tr>
<tr><td colspan="3" align="center">合　　计</td><td></td><td></td><td></td><td colspan="2"></td><td></td></tr>
</table>

部门经理：陈美华　　会计：白建勇　　仓库：李大明　　经办人：游志轩

图3.19　出库单（1）

（2）资产负债表日后。

点击"审计材料"→"其他"→"报表日前后部分领料单和出库单"，根据已给定出库单的日期、号码，找出对应的出库单（图 3.20）；点击"报表日后部分销售"，找到对应的记账凭证及发票（图 3.21、图 3.22），据此填制工作底稿。

图 3.20 出库单（2）

销售凭证1

图 3.21 记账凭证（3）

9. 填制底稿主营业务收入截止测试

本底稿（图 3.23）已给定记账凭证的日期、号码，从资产负债表日前后记账凭证追查至出库单和销售发票，来进行主营业务收入截止测试。分别以资产负债表日前后的第一笔记账凭证为例进行操作讲解。

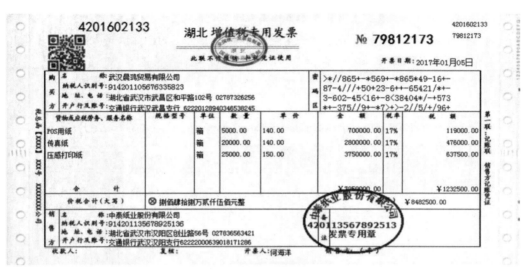

图 3.22 销售发票

主营业务收入截止测试[*]

被审计单位：中泰纸业股份有限公司	编制：王力文	日期：2017-1-24	索引号：3411-4-2
会计期间：2016年度	复核：李清河	日期：2017-1-30	页数：

序号	记账凭证				出库单				发票					所载信息是否一致
	日期	编号	数量	金额	日期	号码	品名	数量	日期	品名	客户	数量	金额	
1	2016-12-10	16#	/	1500000.00	2016-12-10	321669	压感打印纸	10000	2016-12-10	压感打印纸	河南晨鸣贸易有限公司	10000	1500000.00	是☑否☐
2	2016-12-21	37#	/	3000000.00	2016-12-21	321673	多联发票	20000	2016-12-21	多联发票	湖南省国家税务局	20000	3000000.00	是☑否☐
3	2016-12-27	46#	/	1400000.00	2016-12-27	321675	传真纸	10000	2016-12-27	传真纸	湖北爱得利用品有限公司	10000	1400000.00	是☑否☐
														是☐否☐
														是☐否☐

截止日前

截止日期：2016 年 12 月 31 日

截止日后

序号	记账凭证				出库单				发票					所载信息是否一致
	日期	编号	数量	金额	日期	号码	品名	数量	日期	品名	客户	数量	金额	
1	2017-1-6	16#	/	2600000.00	2017-1-6	331704	彩票纸	20000	2017-1-6	彩票纸	湖北省福利彩票中心	20000	2600000.00	是☑否☐
2	2017-1-12	24#	/	1950000.00	2017-1-12	331706	压感打印纸	13000	2017-1-12	压感打印纸	广西爱佳办公用品有限公司	13000	1950000.00	是☑否☐
3	2017-1-16	36#	/	700000.00	2017-1-16	331710	密码信封	5000	2017-1-16	密码信封	交通银行山西太原支行	5000	700000.00	是☑否☐
4	2017-1-4	8#	/	1960000.00	2017-1-4	331701	传真纸	14000	2017-1-4	传真纸	陕西华源贸易有限公司	14000	1960000.00	是☑否☐
														是☐否☐

审计说明：	经截止测试，未见异常。

图 3.23 主营业务收入发生截止测试（索引号：3411-4-2）

（1）资产负债表日前。

首先根据日期和凭证号查询凭证（图 3.24）；找出对应的记账凭证及后附的增值税专用发票（图 3.25、图 3.26），根据发票内容填列底稿。

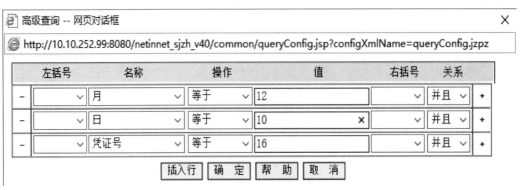

图 3.24 凭证查询对话框（3）

委托方基本信息 | 受托方基本信息 | 财务报表 | 总账 | 明细账 | 日记账 | 记账凭证 | 科目汇总表 | 审计材料

【查看记账凭证】

记 账 凭 证

2016 年 12 月 10 日　　记字第 16 号

摘　要	总 账 科 目	明 细 科 目	借 方 金 额	贷 方 金 额
			千百十万千百十元角分	千百十万千百十元角分
销售产品给河南晨鸣贸	应收账款	河南晨鸣贸易有限公司	4 7 0 3 4 0 0 0 0	
	主营业务收入	POS用纸		5 6 0 0 0 0 0 0
	主营业务收入	传真纸		1 9 6 0 0 0 0 0
	主营业务收入	压感打印纸		1 5 0 0 0 0 0 0
	应交税费	应交增值税(销项税额)		6 8 3 4 0 0 0 0
合　　　计			￥ 4 7 0 3 4 0 0 0 0	￥ 4 7 0 3 4 0 0 0 0

附单据 2 张

财务主管：赵伟峰　　记账：王珂玲　　出纳：　　审核：李有为　　制单：白建勇

查看经济业务详情

业务日期：　2016-12-10

业务摘要：　销售产品给河南晨鸣贸易有限公司

业务内容：　销售产品给河南晨鸣贸易有限公司，货款未收。

文件附件：　没有上传附件

相关原始单据

销售单　　　　　　　　　　　　　　　　　　　　　　　　　　详情

图 3.25 查看记账凭证（2）

图 3.26 增值税专用发票（2）

采用凭证查询功能，查询 12 月份的结转本月销售产品成本的凭证，找到该笔凭证后附的出库单（图 3.27），根据出库单的单号和压感打印纸数量填列底稿。

出 库 单

出货单位：
中泰纸业股份有限公司　　　　　　　　2016 年 12 月 10 日　　　　单号：321669

提货单位或领货部门	名称及规格	销售单号	单位	数量		发出仓库	单价	出库日期	金额
河南晨鸣贸易有限公司				仓库			2016-12-10		
编号	名称及规格		单位	应发	实发		单价		金额
	压感打印纸		箱	10000	10000				
	传真纸		箱	14000	14000				
	POS用纸		箱	4000	4000				
合　　计									

部门经理：陈美华　　　会计：白建勇　　　仓库：李大明　　　经办人：游志轩

图 3.27 出库单（3）

（2）资产负债表日后。

点击"审计材料"→"其他"→"报表日后部分销售"，根据已给定记账凭证的日期、号码，找出对应的记账凭证及后附的发票（图3.28、图3.29），据此填制工作底稿。

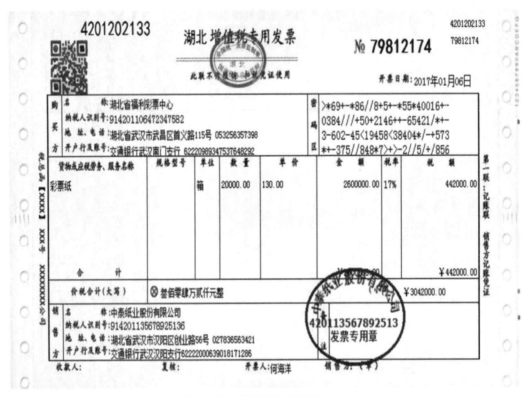

图3.28　记账凭证（4）

图3.29　增值税专用发票（3）

点击"审计材料"→"其他"→"报表日前后部分领料单和出库单",根据已给定记账日期和发票上的相关信息,找出对应的出库单(图3.30),并据此填制工作底稿。

出 库 单

出货单位:中泰纸业股份有限公司		2017 年 01 月 6 日				单号:321704		
提货单位或领货部门	湖北省福利彩票中心	销售单号			发出仓库 仓库	出库日期 2017-01-6		
编 号	名 称 及 规 格	单 位	数 量		单 价	金 额		
			应发	实发				
	彩票纸	箱	20000	20000				
	合 计							

部门经理:陈美华   会计:白建勇   仓库:李大明   经办人:游志轩

图3.30 出库单(4)

最后,注册会计师根据已执行的营业收入审计程序及上述营业收入审计底稿及相关资料,填制《营业收入审定表》底稿(图3.31)。

营业收入审定表*

被审计单位:中泰纸业股份有限公司　　编制:王力文　　日期:2017-1-24　　索引号:3411-1

会计期间:2016年度　　复核:李清河　　日期:2017-1-30　　页次:

项目	期末未审数	账项调整		期末审定数	上期末审定数	索引号
		借方	贷方			
报表数:	414830000.00		-39260000.00	375570000.00	381643600.00	
明细数:	414830000.00		-39260000.00	375570000.00	381643600.00	3411-2
其中:						
主营业务收入:						
POS用纸	20300000.00			20300000.00	18900000.00	
传真纸	135415000.00		-20615000	114800000.00	121770600.00	
压感打印纸	157725000.00		-18645000	139080000.00	147843000.00	
ATM打印单	21840000.00			21840000.00	20580000.00	
多联发票	13125000.00			13125000.00	11700000.00	
彩票纸	32890000.00			32890000.00	32240000.00	
电影票	17700000.00			17700000.00	15450000.00	
密码信封	15820000.00			15820000.00	13160000.00	
其他业务收入:						
出租房产收入	15000.00			15000.00	0.00	
审计说明:	1、审计调整分录见3113-1。					

图3.31 营业收入审定表(索引号:3411-1)(2)

第四节　应收账款审计*

应收账款余额一般包括应收账款账面余额和相应的坏账准备两部分。应收账款指企业因销售商品、提供劳务而形成的现时收款权利，即由于企业销售商品、提供劳务等原因，应向购货客户或接受劳务的客户收取的款项。坏账是指企业无法收回或收回可能性极小的应收款项（包括应收票据、应收账款、预付款项、其他应收款和长期应收款等）。由于发生坏账而产生的损失称为坏账损失。企业通常应采用备抵法按期估计坏账损失。企业通常应当于资产负债表日评估应收款项的信用风险，合理预计各项应收款项可能发生的坏账，相应计提坏账准备。

企业的应收账款是在销售交易或提供劳务过程中产生的。因此，应收账款的审计需要结合销售交易的审计来进行。一方面，收入的发生认定直接影响应收账款的存在认定；另一方面，由于应收账款代表了尚未收回货款的收入，通过审计应收账款获取的审计证据也能够为收入提供审计证据。

一、应收账款的审计目标

应收账款的审计目标一般包括：

（1）确定资产负债表中记录的应收账款是否存在（存在认定）。

（2）确定所有应当记录的应收账款是否均已记录（完整性认定）。

（3）确定记录的应收账款是否由被审计单位拥有或控制（权利和义务认定）。

（4）确定应收账款是否可收回，坏账准备的计提方法和比例是否恰当，计提是否充分（计价和分摊认定）。

（5）确定应收账款及其坏账准备是否已按照《企业会计准则》的规定在财务报表中做出恰当列报。

二、应收账款的实质性程序

针对应收账款的实质性程序通常有以下几种。

1. 取得应收账款明细表

（1）复核加计正确，并与总账数和明细账合计数核对是否相符；结合坏账准备科目与报表数核对是否相符。应收账款报表数反映企业因销售商品、提供劳务等应向购买单位收取的各种款项，减去已计提的相应的坏账准备后的净额。

（2）检查非记账本位币应收账款的折算汇率及折算是否正确。对于用非记账本位币（通常为外币）结算的应收账款，注册会计师检查被审计单位外币应收账款的增减变动是否采用交易发生日的即期汇率将外币金额折算为记账本位币金额，或者采用按照系统合理的方法确定的、与交易发生日即期汇率近似的汇率折算，选择采用汇率的方法前后各期是否一致；期末外币应收账款余额是否采用期末即期汇率折合为记账本位币金额；折算差额的会计处理是否正确。

（3）分析有贷方余额的项目，查明原因，必要时建议做重分类调整。

（4）结合其他应收账款、预收款项等往来项目的明细余额，调查有无同一客户多处挂账、异常余额或与销售无关的其他款项（如代销账户、关联方账户或员工账户），必要时提出调整建议。

2. 分析与应收账款相关的财务指标

（1）复核应收账款借方累计发生额与主营业务收入关系是否合理，并将当期应收账款借方发生额占销售收入净额的百分比与管理层考核指标和被审计单位相关除销政策比较，如存在异常，查明原因。

（2）计算应收账款周转率、应收账款周转天数等指标，并与被审计单位相关除销政策、被审计单位以前年度指标、同行业同期相关指标对比，分析是否存在重大异常并查明原因。

3. 检查应收账款账龄分析是否正确

（1）获取应收账款账龄分析表。被审计单位通常会编制应收账款账龄分析报告，以监控货款回收情况、及时识别可能无法收回的应收账款并作为计提坏账准备的依据之一。注册会计师可以通过查看应收账款账龄分析表了解和评估应收账款的可收回性。

（2）测试应收账款账龄分析表计算的准确性，并将应收账款账龄分析表中的合计数与应收账款总分类账余额相比较，并调查重大调节项目。

（3）从账龄分析表中抽取一定数量的项目，追查至相关销售原始凭证，测试账龄划分的准确性。

4. 对应收账款实施函证程序

函证应收账款的目的在于证实应收账款账户余额是否真实准确。通过第三方提供的函证回复，可以比较有效地证明被询证者的存在和被审计单位记录的可靠性。注册会计师根据被审计单位的经营环境、内部控制的有效性、应收账款账户的性质、被询证者处理询证函的习惯做法及回函的可能性等，确定应收账款函证的范围、对象、方式和时间。

（1）函证决策。除非有充分证据表明应收账款对被审计单位财务报表而言是不重要的，或者函证很可能是无效的，否则，注册会计师应当对应收账款进行函证。如果注册会计师不对应收账款进行函证，应当在审计工作底稿中说明理由。如果认为函证很可能是无效的，注册会计师应当实施替代审计程序，获取相关、可靠的审计证据。

（2）函证的范围和对象。函证范围是由诸多因素决定的，主要有：①应收账款在全部资产中的重要程度。若应收账款在全部资产中所占的比重较大，则函证的范围应相应大一些。②被审计单位内部控制的有效性。若相关内部控制有效，则可以相应减小函证范围；反之，则扩大函证范围。③以前期间的函证结果。若以前期间函证中发现过重大差异，或欠款纠纷较多，则函证范围应相应扩大一些。

注册会计师选择函证项目时，除了考虑金额较大的项目，也需要考虑风险较高的项目，如账龄较长的项目、与债务人发生纠纷的项目、重大关联方项目、主要客户（包括关系密切的客户）项目、新增客户项目、交易频繁但期末余额较小甚至余额为零的项目、可能产生重大错报或舞弊的非正常的项目。这种基于一定的标准选取样本的方法具有针对性，比较适用于应收账款余额金额和性质差异较大的情况。如果应收账款余额由大量金额较小且性质类似的项目构成，则注册会计师通常采用抽样技术选取函证样本。

（3）函证的方式。注册会计师可采用积极的或消极的函证方式实施函证，也可将两种方式结合使用。由于应收账款通常存在高估风险，且与之相关的收入确认存在舞弊风险假定，因此，实务中通常对应收账款采用积极的函证方式。

（4）函证时间的选择。注册会计师通常以资产负债表日为截止日，在资产负债表日后适当时间内实施函证。如果重大错报风险评估为低水平，注册会计师可选择资产负债表日前适当日期为截止日实施函证，并对所函证项目自该截止日起至资产负债表日止发生的变动实施其他实质性程序。

（5）函证的控制。注册会计师通常利用被审计单位提供的应收账款明细账户名称及客户地址等资料编制询证函，但注册会计师应当对函证全过程保持控制，并对确定需要确认或填列的信息、选择适当的被询证者、设计询证函以及发出和跟进（包括收回）询证函保持控制。注册会计师可通过函证结果汇总表的方式对询证函的收回情况加以汇总。

（6）对不符事项的处理。对回函中出现的不符事项，注册会计师需要调查核实原因，确定其是否构成错报。注册会计师不能仅通过询问被审计单位相关人员对不符事项的性质和原因就得出结论，而是要在询问原因的基础上，检查相关的原始凭证和文件资料予以证实。必要时与被询证方联系，获取相关信息和解释。对应收账款而言，因登记入账的时间不同而产生的不符事项主要表现为：①客户已经付款，被审计单位尚未收到货款；②被审计单位的货物已经发出并已做销售记录，但货物仍在途中，客户尚未收到货物；③客户由于某种原因将货物退回，而被审计单位尚未收到；④客户对收到的货物的数量、质量及价格等方面有异议而全部或部分拒付货款等。

（7）对未回函项目实施替代程序。如果未收到被询证方的回函，注册会计师应当实施替代审计程序，如：①检查资产负债表日后收回的货款。值得注意的是，注册会计师不能仅查看应收账款的贷方发生额，还要查看相关的收款单据，以证实付款方确为该客户且函与资产负债表日的应收账款相关。②检查相关的销售合同、销售单、发运凭证等文件。注册会计师需要根据被审计单位的收入确认条件和时点，确定能够证明收入发生的凭证。③检查被审计单位与客户之间的往来邮件，如有关发货、对账、催款等事宜的邮件。在某些情况下，注册会计师可能认为取得积极式函证回函是获取充分、适当的审计证据的必要程序，尤其是识别出有关收入确认的舞弊风险，导致注册会计师不能信赖从被审计单位取得的审计证据，则替代程序不能提供注册会计师需要的审计证据。在这种情况下，如果未获取回函，注册会计师应当确定其对审计工作和审计意见的影响。

需要指出的是，注册会计师应当将询证函回函作为审计证据，纳入审计工作底稿管理，询证函回函的所有权归属所在会计师事务所。

5. 对应收账款余额实施函证以外的细节测试

在未实施应收账款函证的情况下（如实施函证不可行），注册会计师需要实施其他审计程序以获取有关应收账款的审计证据。这种程序通常与上述未收到回函情况下实施的替代程序相似。

6. 检查坏账的冲销和转回

首先，注册会计师检查有无债务人破产或者死亡的，以及破产或以遗产清偿后仍无法收回的，或者债务人长期未履行清偿义务的应收账款；其次，应检查被审计单位坏账的处理是否经授权批准，有关会计处理是否正确。

7. 确定应收账款的列报是否恰当

除了《企业会计准则》要求的披露之外，如果被审计单位为上市公司，注册会计师还要评价其披露是否符合证券监管部门的特别规定。

三、坏账准备的实质性程序

应收账款属于以摊余成本计量的金融资产，企业应当以预期信用损失为基础，对其进行减值会计处理并确认损失准备。以下阐述坏账准备审计常用的实质性程序。

（1）取得坏账准备明细表，复核加计是否正确，与坏账准备总账数、明细账合计数核对是否相符。

（2）将应收账款坏账准备本期计提数与资产减值损失相应明细项目的发生额核对是否相符。

（3）检查应收账款坏账准备计提和核销的批准程序，取得书面报告等证明文件，结合应收账款函证回函结果，评价计提坏账准备所依据的资料、假设及方法。企业应合理预计信用损失并计提坏账准备，不得多提或少提，否则应视为滥用会计估计，按照前期差错更正的方法进行会计处理。

（4）实际发生坏账损失的，检查转销依据是否符合有关规定，会计处理是否正确。对于被审计单位在被审计期间内发生的坏账损失，注册会计师应检查其原因是否清楚，是否符合有关规定，有无授权批准，有无已做坏账处理后又重新收回的应收账款，相应的会计处理是否正确。对有确凿证据表明确实无法收回的应收账款，如债务单位已撤销、破产、资不抵债、现金流量严重不足等，企业应根据管理权限，经股东会或董事会，或经理（厂长）办公会或类似机构批准作为坏账损失，冲销提取的坏账准备。

（5）已经确认并转销的坏账重新收回的，检查其会计处理是否正确。

（6）确定应收账款坏账准备的披露是否恰当。企业应当在财务报表附注中清晰地说明坏账的确认标准、坏账准备的计提方法和计提比例。

实验：填制审计综合实习平台索引号为 3113 –1 的底稿（图 3.32）。

应收账款 审定表

被审计单位：1 　　　　　　编制：1 　　　　日期：1 　　　　索引号：1

会计期间：1 　　　　　　复核：1 　　　　日期：1 　　　　页次：1

项目	期末未审数	账项调整		重分类调整		期末审定数	上期末审定数	索引号
		借方	贷方	借方	贷方			
报表数：								
明细数：								
其中：								
账面余额合计								
1年以内								
1–2年								
2–3年								
3–4年								
坏账准备合计								
1年以内								
1–2年								
2–3年								
3–4年								
审计说明：								
审计结论：								

图 3.32　应收账款审定表（索引号：3113 –1）

填制说明：

1. 本底稿在完成其他应收账款底稿之后填制

《应收账款审定表》是应收账款科目底稿的总结性底稿，涉及账项调整、重分类调整、明细数填写等内容；这些内容是需要以明细表、抽查表、企业询证函及其汇总表等其他底稿结果为依据进行填写汇总。所以，此表填写顺序应当放在应收账款科目的最后进行填写汇总，此时能获知调整事项等其他信息。

2. 报表数填列

打开中泰纸业股份有限公司2016年12月31日资产负债表（图3.33），其中应收账款的期末余额（98561736.00）就是2016年度期末未审数，期初余额（30779625.38）为上期末审定数，并在审计资料中查询《上年度审定资产负债表》，核对金额是否一致。

点击返回主界面

委托方基本信息 | 受托方基本信息 | 财务报表 | 总账 | 明细账 | 日记账 | 记账凭证 | 科目汇总表 | 审计材料

财务报表 | 资产负债表

资产负债表

2016 年12月31日

会企01表
单位：元

编制单位：中泰纸业股份有限公司

资产	行次	期末余额	年初余额	负债和所有者权益(或股东权益)	行次	期末余额	年初余额
流动资产：				流动负债：			
货币资金	1	174672935.49	186478696.25	短期借款	32	0.00	20000000.00
以公允价值计量且其变动计入当期损益的金融资产	2	0.00	0.00	以公允价值计量且其变动计入当期损益的金融负债	33	0.00	0.00
应收票据	3	0.00	692569.78	应付票据	34	13104000.00	5968566.54
应收账款	4	98561736.00	30779625.38	应付账款	35	38688390.00	6331984.83
预付款项	5	0.00	12636000.00	预收款项	36	0.00	0.00
应收利息	6	0.00	0.00	应付职工薪酬	37	519282.00	455226.00
应收股利	7	0.00	0.00	应交税费	38	3393447.58	1218104.92
其他应收款	8	47000.00	54500.00	应付利息	39	0.00	0.00
存货	9	85012633.62	55131141.08	应付股利	40	0.00	0.00
一年内到期的非流动资产	10	0.00	0.00	其他应付款	41	-26951.40	-26951.40
其他流动资产	11	0.00	0.00	一年内到期的非流动负债	42	0.00	0.00
流动资产合计	12	358294305.11	285772532.49	其他流动负债	43	0.00	0.00
非流动资产：				流动负债合计	44	55678168.18	33946930.89
可供出售金融资产	13	0.00	0.00	非流动负债：			
持有至到期投资	14	0.00	0.00	长期借款	45	0.00	0.00
长期应收款	15	0.00	0.00	应付债券	46	0.00	0.00
长期股权投资	16	0.00	0.00	长期应付款	47	0.00	0.00
投资性房地产	17	2000000.00	0.00	专项应付款	48	0.00	0.00
固定资产	18	34307406.65	34092221.91	预计负债	49	0.00	0.00
在建工程	19	0.00	4088000.00	递延收益	50	0.00	0.00
工程物资	20	0.00	0.00	递延所得税负债	51	0.00	0.00
固定资产清理	21	0.00	0.00	其他非流动负债	52	0.00	0.00
生产性生物资产	22	0.00	0.00	非流动负债合计	53	0.00	0.00
油气资产	23	0.00	0.00	负债合计	54	55678168.18	33946930.89
无形资产	24	18502173.16	19831720.00	所有者权益(或股东权益)：			
开发支出	25	0.00	0.00	实收资本(或股本)	55	100000000.00	100000000.00
商誉	26	0.00	0.00	资本公积	56	155000000.00	155000000.00
长期待摊费用	27	0.00	0.00	减：库存股	57	0.00	0.00
递延所得税资产	28	502866.00	168446.41	其它综合收益	58	0.00	0.00
其他非流动资产	29	0.00	0.00	盈余公积	59	10463832.16	5671572.88
非流动资产合计	30	55312445.81	58180388.32	未分配利润	60	92464750.58	49334417.04
				所有者权益(或股东权益)合计	61	357928582.74	310005989.92
资产合计	31	413606750.92	343952920.81	负债和所有者权益(或股东权益)合计	62	413606750.92	343952920.81

单位负责人：王伟丰　　　　会计主管：赵伟峰　　　　复核：李有为　　　　制表：王珂玲

图3.33　2016年度资产负债表

3. 明细数填列

账面余额：根据底稿《应收账款明细表》（索引号：3113－2）（图3.34）的期初余额和期末余额，分别填列《应收账款审定表》（索引号：3113－1）中应收账款的上期末审定数及期末未审数。

坏账准备：按期末余额的2%计提。坏账准备的期末未审数＝100573200×2%＝2011464；坏账准备的上期末审定数＝31407781.00×2%＝628155.62。

账项调整数：基于获取的北京市高级人民法院的判决文书，我们获悉第二大客户武汉方汇达企业有限公司与被审计单位存在关联方关系，故进行审计调整。调整分录如图3.35，并据此填制账项调整数，其中资产减值损失计提金额＝39260000×2%＝785200。

应收账款 明细表*

被审计单位：中泰纸业股份有限公司　　　　编制：王力文　　　　日期：2017-01-16　　　　索引号：3113-2

会计期间：2016年度　　　　复核：李清河　　　　日期：2017-01-22　　　　页次：

项目	期初余额	本期借方	本期贷方	期末余额	调整数	重分类	审定数	期末审定数账龄分析			
								1年以内	1-2年	2-3年	3-4年
武汉方汇达企业有限	0.00	45934200.00		45934200.00	-39260000.00		6674200.00	6674200.00			
武汉晨鸿贸易有限公	5632532.54	93085200.00	91440332.54	7277400.00			7277400.00	7277400.00			
湖北省福利彩票中心	1359867.32	38481300.00	38015967.32	1825200.00			1825200.00	1825200.00			
广州好影像放映有限	853255.32	26676000.00	24019255.32	3510000.00			3510000.00	3510000.00			
交通银行郑州前诵支	955324.56	9289800.00	7893424.56	2351700.00			2351700.00	2351700.00			
广西爱佳办公用品有	-237857.25	26500500.00	22378242.75	3884400.00			3884400.00	3884400.00			
湖南省国家税务局	965873.56	24646050.00	20873423.56	4738500.00			4738500.00	4738500.00			
交通银行山西太原支	1236356.86	32830200.00	29854556.86	4212000.00			4212000.00	4212000.00			
河南晨鸣贸易有限公	5321663.63	39756600.00	40374863.63	4703400.00			4703400.00	4703400.00			
湖北爱得利用品有限	2532567.54	31303350.00	30618417.54	3217500.00			3217500.00	3217500.00			
江西数宇贸易有限公	1863633.43	14215500.00	12370233.43	3708900.00			3708900.00	3708900.00			
河北佳佳贸易有限公	1824563.45	19024200.00	16800563.45	4048200.00			4048200.00	4048200.00			
湖北浓荫贸易有限公	1438905.76		1438905.76	0.00			0.00				
湖南网玲贸易有限公	1447532.56		1447532.56	0.00			0.00				
广东正大贸易有限公	0.00	7429500.00	3708900.00	3720600.00			3720600.00	3720600.00			
陕西华源贸易有限公	0.00	14976000.00	11091600.00	3884400.00			3884400.00	3884400.00			
北京吉吉号贸易有限	1480406.96		1480406.96	0.00			0.00				
北京东方贸易有限公	1265612.10		1265612.10	0.00			0.00				
中国工商银行北京东	1500139.13		1500139.13	0.00			0.00				
杭州天发办公用品有	0.00	14976000.00	11419200.00	3556800.00			3556800.00	3556800.00			
北京创伟贸易有限公	1218133.88		1218133.88	0.00			0.00				
济南国家税务局	749269.65		749269.65	0.00			0.00				
合计	31407781.00	439124400.00	369958981.00	100573200.00	-39260000.00		61313200.00	61313200.00			

审计说明：1、复核加计正确，并与明细账及合计数、总账数、未审报表数核对相符；年初数与上年审定数相符。

图3.34　应收账款明细表（索引号：3113－2）

调整原因说明	报表项目	借方金额	贷方金额
调整相关收入	应收账款	-39260000.00	
	营业收入		-39260000.00
调整坏账准备	资产减值损失	-785200.00	
	应收账款		-785200.00

图 3.35　2016 年度审计调整

4. 填制底稿应收账款明细表

以"应收账款—武汉方汇达企业有限公司"项目为例。查询明细账，查询条件选择科目：1122 应收账款—武汉方汇达企业有限公司（图 3.36）。据此填制期初余额、本期借方、本期贷方和期末余额，账项调整数参照调整分录，审定数和合计数由系统自动计算。

委托方基本信息 | 受托方基本信息 | 财务报表 | 总账 | 明细账 | 日记账 | 记账凭证 | 科目汇总表 | 审计材料

三栏式明细账　　多栏式明细账　　数量金额式明细账

查询条件：　科目 [112201应收账款-武汉方汇达企业有限公司] [2016] 年 [ ] 月　[查阅]

明细账

科目：武汉方汇达企业有限公司

年月	日	凭证种类	号数	摘要	借方金额 亿千百十万千百十元角分	贷方金额 亿千百十万千百十元角分	借或贷	余额 亿千百十万千百十元角分
1	1	年初		上年结转			平	0
1	31	月汇		本月合计	0	0	平	0
1	31	年汇		本年累计	0	0	平	0
2	28	月汇		本月合计	0	0	平	0
2	28	年汇		本年累计	0	0	平	0
3	31	月汇		本月合计	0	0	平	0
3	31	年汇		本年累计	0	0	平	0
4	30	月汇		本月合计	0	0	平	0
4	30	年汇		本年累计	0	0	平	0
5	31	月汇		本月合计	0	0	平	0
5	31	年汇		本年累计	0	0	平	0
6	30	月汇		本月合计	0	0	平	0
6	30	年汇		本年累计	0	0	平	0
7	3	记	4	销售产品给武汉方汇达	6522750.00		借	6522750.00
7	31	月汇		本月合计	6522750.00	0	借	6522750.00
7	31	年汇		本年累计	6522750.00	0	借	6522750.00
8	14	记	17	销售产品给武汉方汇达	5469750.00		借	11992500.00
8	31	月汇		本月合计	5469750.00	0	借	11992500.00
8	31	年汇		本年累计	11992500.00	0	借	11992500.00

月	日	凭证	号	摘要	借方	贷方	借/贷	余额
9	3	记	2	销售产品给武汉方汇达…	10266750000		借	22259250000
9	30	月汇		本月合计	10266750000	0	借	22259250000
9	30	年汇		本年累计	22259250000	0	借	22259250000
10	14	记	19	销售产品给武汉方汇达…	6885450000		借	29144700000
10	31	月汇		本月合计	6885450000	0	借	29144700000
10	31	年汇		本年累计	29144700000	0	借	29144700000
11	3	记	4	销售产品给武汉方汇达…	9301500000		借	38446200000
11	30	月汇		本月合计	9301500000	0	借	38446200000
11	30	年汇		本年累计	38446200000	0	借	38446200000
12	14	记	20	销售产品给武汉方汇达…	7488000000		借	45934200000
12	31	月汇		本月合计	7488000000	0	借	45934200000
12	31	年汇		本年累计	45934200000	0	借	45934200000
12	31	年结		结转下年			借	45934200000

图 3.36 应收账款明细账查询（1）

期末审定数账龄分析：查询审计材料→供产销档案及资料→账龄分析报告（图3.37）。

点击返回主界面

审计计划阶段 ▶ 风险评估阶段 ▶ 控制测试阶段 ▶ 实质性测试阶段

委托方基本信息 | 受托方基本信息 | 财务报表 | 总账 | 明细账 | 日记账 | 记账凭证 | 科目汇总表 | 审计材料

审计材料 ◇ | 账龄分析报告 ◇✕

应收账款账龄分析表

项目	期末余额	期末审定数账龄分析			
		半年以内	0.5-1年	1-2年	2-3年
武汉方汇达企业有限公司	45934200.00	45934200.00			
武汉晨鸿贸易有限公司	7277400.00	7277400.00			
湖北省福利彩票中心	1825200.00	1825200.00			
广州好影像放映有限公司	3510000.00	3510000.00			
交通银行郑州前浦支行	2351700.00	2351700.00			
广西爱佳办公用品有限公司	3884400.00	3884400.00			
湖南省国家税务局	4738500.00	4738500.00			
交通银行山西太原支行	4212000.00	4212000.00			
河南晨鸣贸易有限公司	4703400.00	4703400.00			
湖北爱得利用品有限公司	3217500.00	3217500.00			
江西数字贸易有限公司	3708900.00	3708900.00			
河北佳佳贸易有限公司	4048200.00	4048200.00			
广东正大贸易有限公司	3720600.00	3720600.00			
陕西华源贸易有限公司	3884400.00	3884400.00			
杭州天发办公用品有限公司	3556800.00	3556800.00			

编制人：赵伟峰

图 3.37 2016 年度应收账款账龄分析报告

最后通过期初余额＋本期借方－本期贷方＝期末余额的公式计算检查期末余额的准确性。并把期末余额与企业询证函回函结果核对。同理，填列底稿中应收账款其他项目的数据，将明细账的合计数与总账、报表数核对。

5. 填制底稿应收账款凭证抽查表[*]

系统底稿（图3.38）中已经列出需要抽查的凭证的日期及凭证号，故只需查找对应记账凭证，核对原始凭证内容完整、有无授权批准、财务处理及金额核对，并填写底稿。

点击返回主界面

审计计划阶段　➤　风险评估阶段　➤　控制测试阶段　➤　实质性测试阶段

【编制工作底稿】【编制调整分录】【返回上一页】

抽查表

被审计单位：中泰纸业股份有限公司　　　编制：王力文　　　　日期：2017-01-16　　　索引号：3113-3
会计期间：2016年度　　　　　　　　　复核：李清河　　　　日期：2017-01-22　　　页次：

序号	凭证日期	凭证号	摘要	对应科目 方向	对应科目 名称	金额	核对情况（用"是"、"否"表示） 1	2	3	4	5	6	7	8	备注
1	2016-9-3	2#	销售产品给武汉方汇达企业	贷方	主营业务收入/应交税	10266750.00	是	是	是	是					
2	2016-10-4	1#	销售产品给武汉晨鸿贸易	贷方	主营业务收入/应交税	5522400.00	是	是	是	是					
3	2016-12-13	23#	销售产品给广州好影像放映	贷方	主营业务收入/应交税	3510000.00	是	是	是	是					
4	2016-11-15	20#	销售产品给广西爱佳办公用	贷方	主营业务收入/应交税	3884400.00	是	是	是	是					
5	2016-12-21	37#	销售产品给湖南省国家税	贷方	主营业务收入/应交税	4738500.00	是	是	是	是					
6	2016-12-24	45#	收到前欠货款	借方	银行存款	3556800.00	是	是	是	是					
7	2016-12-10	16#	销售产品给河南晨鸣贸易	贷方	主营业务收入/应交税	4703400.00	是	是	是	是					
8	2016-12-25	47#	销售产品给河北佳佳贸易	贷方	主营业务收入/应交税	4048200.00	是	是	是	是					
9	2016-12-11	18#	收到前欠货款	借方	银行存款	10611900.00	是	是	是	是					
10	2016-11-9	14#	销售产品给陕西华源贸易	贷方	主营业务收入/应交税	3884400.00	是	是	是	是					

核对内容说明：

1、原始凭证内容完整　　　　　5、

2、有无授权批准　　　　　　　6、

3、财务处理正确　　　　　　　7、

4、金额核对相符　　　　　　　8、

审计说明：　经大额抽查，未存在重大差异。

图3.38　应收账款凭证抽查表（索引号：3113-3）

查找记账凭证时可使用查询功能。以第一笔记账凭证为例：单击"查询凭证"→"查询"→"高级查询"对话框（图3.39）。然后找到对应的记账凭证（图3.40），凭证下方附有原始单据，进行核对并填制底稿。

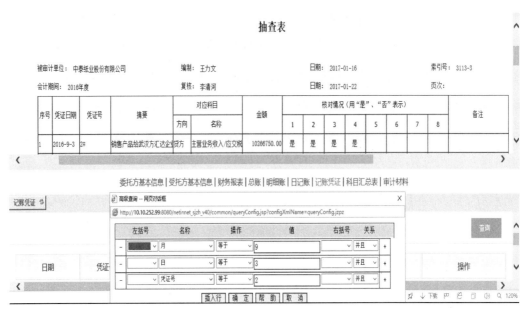

图3.39 凭证查询对话框（4）

图3.40 记账凭证（5）

6. 填制企业询证函*

本底稿（图3.41）需要填写的内容包括收函企业名称、金额所属期间或时间、函证金额等。有三种方法找到应函证的金额。

企业询证函

编号：TN001

武汉方汇达企业有限公司　　　（公司）：

　　本公司聘请的湖北天宁　　会计师事务所正在对本公司2016年度财务报表进行审计，按照中国注册会计师审计准则的要求，应当询证本公司与贵公司的往来帐项等事项。请列示截止2016年12月31日贵公司与本公司往来款项余额。回函请直接寄至湖北天宁　　会计师事务所。

回函地址：湖北省武汉市建设西路27号

邮编：430012　　　电话：027-82398876　　　传真：027-82398877　　联系人：李清河

　　本函仅为复核账目之用，并非催款结算。若款项在上述日期之后已经付清，仍请及时函复为盼。

（公司盖章）

年　月　日

1.贵公司与本公司的往来账项列示如下：

单位：元

截止日期	贵公司欠	欠贵公司	备　注
2016-12-31	45934200.00		

2.其他事项。

（公司盖章）

年　月　日

经办人：

图3.41　企业询证函（武汉方汇达企业有限公司）（索引号：3113-4）

　　方法1：查询2016年12月的科目汇总表（图3.42），根据期末余额填写企业方记录的应收账款年末余额。

　　方法2：查询2016年年末应收账款—武汉方汇达企业有限公司明细账（图3.43），根据期末余额填写企业方记录的应收账款年末余额。

　　方法3：查询"审计材料—供产销档案及资料—往来单位对账单"，找到与武汉方汇达企业有限公司的对账单。

委托方基本信息 | 受托方基本信息 | 财务报表 | 总账 | 明细账 | 日记账 | 记账凭证 | 科目汇总表 | 审计材料

【科目汇总表】

2018 ∨ 年 12 ∨ 月 查询

科目代码	科目名称	期初余额		本期发生额		期末余额	
		借方	贷方	借方	贷方	借方	贷方
1001	库存现金	15173.58		20000.00	10777.00	24396.58	
100201	交通银行武汉汉阳支行	186070493.10		34617919.09	52656635.96	168031776.23	
100202	中国工商银行武汉汉阳支行	64681.77		80.91		64762.68	
101201	外埠存款						
100201	交通银行武汉汉阳支行	186070493.10		34617919.09	52656635.96	168031776.23	
100202	中国工商银行武汉汉阳支行	64681.77		80.91		64762.68	
101201	外埠存款						
101202	银行本票存款						
101203	银行汇票存款						
101204	信用卡存款						
101205	信用证保证金存款						
101206	存出投资款						
101207	银行承兑汇票保证金	6552000.00				6552000.00	
1101	交易性金融资产						
112101	河南晨鸣贸易有限公司						
112102	湖北盈得利用品有限公司						
112201	武汉方汇达企业有限公司	38446200.00		7488000.00		45934200.00	
112202	武汉晨鸿贸易有限公司	7277400.00		7277400.00	7277400.00	7277400.00	
112203	湖北省福利彩票中心	2281500.00		1825200.00	2281500.00	1825200.00	
112204	广州好影像放映有限公司	3510000.00		3510000.00	3510000.00	3510000.00	
112205	交通银行郑州前浦支行			2351700.00		2351700.00	
112206	广西盛佳办公用品有限公司	3884400.00				3884400.00	
112207	湖南省国家税务局	4387500.00		4738500.00	4387500.00	4738500.00	
112208	交通银行山西太原支行	3556800.00		4212000.00	3556800.00	4212000.00	
112209	河南晨鸣贸易有限公司	4282200.00		4703400.00	4282200.00	4703400.00	
112210	湖北盈得利用品有限公司	3334500.00		3217500.00	3334500.00	3217500.00	
112211	江西数字贸易有限公司	3708900.00				3708900.00	
112212	河北佳佳贸易有限公司	3486600.00		4048200.00	3486600.00	4048200.00	
112213	湖北浓荫贸易有限公司						
112214	湖南网玲贸易有限公司						
112215	广东正大贸易有限公司	3720600.00				3720600.00	
112216	陕西华源贸易有限公司	3884400.00				3884400.00	
112217	北京壶吉号贸易有限公司						
112218	北京东方贸易有限公司						
112219	中国工商银行北京东城支行						
112220	杭州天发办公用品有限公司	3556800.00				3556800.00	
112221	北京创伟贸易有限公司						
112222	南昌腾达贸易有限公司						
112223	济南国家税务局						

图 3.42　应收账款科目汇总表

委托方基本信息 | 受托方基本信息 | 财务报表 | 总账 | 明细账 | 日记账 | 记账凭证 | 科目汇总表 | 审计材料

三栏式明细账　　多栏式明细账　　数量金额式明细账

查询条件：　科目 [112201应收账款-武汉方汇达企业有限公司]　[2016] 年 [　] 月　　[查询]

明细账

科目：武汉方汇达企业有限公司

年 月	日	凭证 种类	号数	摘要	借方金额	贷方金额	借或贷	余额
1	1	年初		上年结转			平	0
1	31	月汇		本月合计	0	0	平	0
1	31	年汇		本年累计	0	0	平	0
2	28	月汇		本月合计	0	0	平	0
2	28	年汇		本年累计	0	0	平	0
3	31	月汇		本月合计	0	0	平	0
3	31	年汇		本年累计	0	0	平	0
4	30	月汇		本月合计	0	0	平	0
4	30	年汇		本年累计	0	0	平	0
5	31	月汇		本月合计	0	0	平	0
5	31	年汇		本年累计	0	0	平	0
6	30	月汇		本月合计	0	0	平	0
6	30	年汇		本年累计	0	0	平	0
7	3	记	4	销售产品给武汉方汇达亻	6 5 2 2 7 5 0 0 0		借	6 5 2 2 7 5 0 0 0
7	31	月汇		本月合计	6 5 2 2 7 5 0 0 0	0	借	6 5 2 2 7 5 0 0 0
7	31	年汇		本年累计	6 5 2 2 7 5 0 0 0	0	借	6 5 2 2 7 5 0 0 0
8	14	记	17	销售产品给武汉方汇达亻	5 4 6 9 7 5 0 0 0		借	1 1 9 9 2 5 0 0 0 0
8	31	月汇		本月合计	5 4 6 9 7 5 0 0 0	0	借	1 1 9 9 2 5 0 0 0 0
8	31	年汇		本年累计	1 1 9 9 2 5 0 0 0 0		借	1 1 9 9 2 5 0 0 0 0
9	3	记	2	销售产品给武汉方汇达亻	1 0 2 6 6 7 5 0 0 0		借	2 2 2 5 9 2 5 0 0 0
9	30	月汇		本月合计	1 0 2 6 6 7 5 0 0 0	0	借	2 2 2 5 9 2 5 0 0 0
9	30	年汇		本年累计	2 2 2 5 9 2 5 0 0 0	0	借	2 2 2 5 9 2 5 0 0 0
10	14	记	19	销售产品给武汉方汇达亻	6 8 8 5 4 5 0 0 0		借	2 9 1 4 4 7 0 0 0 0
10	31	月汇		本月合计	6 8 8 5 4 5 0 0 0	0	借	2 9 1 4 4 7 0 0 0 0
10	31	年汇		本年累计	2 9 1 4 4 7 0 0 0 0	0	借	2 9 1 4 4 7 0 0 0 0
11	3	记	4	销售产品给武汉方汇达亻	9 3 0 1 5 0 0 0 0		借	3 8 4 4 6 2 0 0 0 0
11	30	月汇		本月合计	9 3 0 1 5 0 0 0 0	0	借	3 8 4 4 6 2 0 0 0 0
11	30	年汇		本年累计	3 8 4 4 6 2 0 0 0 0	0	借	3 8 4 4 6 2 0 0 0 0
12	14	记	20	销售产品给武汉方汇达亻	7 4 8 8 0 0 0 0 0		借	4 5 9 3 4 2 0 0 0 0
12	31	月汇		本月合计	7 4 8 8 0 0 0 0 0	0	借	4 5 9 3 4 2 0 0 0 0
12	31	年汇		本年累计	4 5 9 3 4 2 0 0 0 0	0	借	4 5 9 3 4 2 0 0 0 0
12	31	年结		结转下年			借	4 5 9 3 4 2 0 0 0 0

图 3.43　应收账款明细账查询（2）

7. 填制底稿往来款函证汇总表

本工作底稿已给定回函资料，该表（图3.44）仅需填列比例栏。以武汉方汇达企业有限公司为例，该公司比例＝武汉方汇达企业有限公司账面余额（45934200.00）／发函企业账面余额总额（45934200.00 ＋ 3510000.00 ＋ 3884400.00 ＋ 4738500.00 ＋ 4212000.00 ＋ 4703400.00 ＋ 4048200.00 ＋ 3720600.00 ＋ 3884400.00 ＋ 7277400.00）＝53.47%。

点击返回主界面

审计计划阶段　风险评估阶段　控制测试阶段　实质性测试阶段

往来款函证汇总表*

被审计单位：中泰纸业股份有限公司	编制：王力文	日期：2017-1-31	索引号：3113-5
会计期间：2016年度	复核：李清河	日期：2017-1-31	页数：

单位名称	询证函编号	函证方式	函证日期		回函日期	账面金额	比例	回函金额	经调节后是否存在差异	调节表索引号
			第一次	第二次						
武汉方汇达企业有限公司	TN001	邮寄	2017-1-17	2016-1-26		45934200.00	53.47%			
广州好影像放映有限公司	TN002	邮寄	2017-1-17		2017-1-26	3510000.00	4.09%	3510000.00		
广西爱佳办公用品有限公司	TN003	邮寄	2017-1-17		2017-1-31	3884400.00	4.52%	3884400.00		
湖南省国家税务局	TN004	邮寄	2017-1-17		2017-1-27	4738500.00	5.52%	4738500.00		
交通银行山西太原支行	TN005	邮寄	2017-1-17		2017-1-31	4212000.00	4.90%	4212000.00		
河南晨鸣贸易有限公司	TN006	邮寄	2017-1-17		2017-1-31	4703400.00	5.47%	4703400.00		
河北佳佳贸易有限公司	TN007	邮寄	2017-1-17		2017-1-31	4048200.00	4.71%	4048200.00		
广东正大贸易有限公司	TN008	邮寄	2017-1-17		2017-1-29	3720600.00	4.33%	3720600.00		
陕西华源贸易有限公司	TN009	邮寄	2017-1-17		2017-1-29	3884400.00	4.52%	3884400.00		
武汉晨鸿贸易有限公司	TN010	邮寄	2017-1-17		2017-1-30	7277400.00	8.47%	7277400.00		
							%			
							%			
审计说明：	发函询证10户计85913100元，回函确认9户计39978900元。									

保存　余下设定为　全部清空

图3.44　往来款函证汇总表（索引号：3113-5）

最后，注册会计师根据已执行的应收账款审计程序及上述应收账款审计底稿及相关资料，填制《应收账款审定表》底稿（图3.45）。

应收账款 审定表[*]

被审计单位: 中泰纸业股份有限公司　　　编制: 王力文　　　日期: 2017-01-16　　　索引号: 3113-1

会计期间: 2016年度　　　复核: 李清河　　　日期: 2017-01-22　　　页次:

项目	期末未审数	账项调整		重分类调整		期末审定数	上期末审定数	索引号
		借方	贷方	借方	贷方			
报表数:	98561736.00	-39260000.00	-785200.00			60086936.00	30779625.38	
明细数:	98561736.00	-39260000.00	-785200.00			60086936.00	30779625.38	3113-2
其中:								
账面余额合计	100573200.00	-39260000.00				61313200.00	31407781.00	
1年以内	100573200.00	-39260000.00				61313200.00	31407781.00	
1-2年								
2-3年								
3-4年								
坏账准备合计	2011464.00		-785200.00			1226264.00	628155.62	
1年以内	2011464.00		-785200.00			1226264.00	628155.62	
1-2年								
2-3年								
3-4年								
审计说明:	1、上年未对本项目进行审计调整,年初余额与上年审定数核对一致。2、根据存货监盘报告表表明武汉方汇达企业有限公司系中泰公司关联单位,且货物并未实际发出,应调整其期末余额。3、应收账款账龄在半年以内的,坏账准备按期末余额的2%计提。坏账准备期末余额=100573200.00*2%=2011464.00。4、调整分录如下,调整关联方交易收入,借: 应收账款 -39260000.00　贷: 营业收入 -39260000.00　借: 资产减值损失-785200　贷: 应收账款-785200							
审计结论:	经审计调整,期末余额可予以确认。							

图3.45　应收账款审定表（索引号: 3113-1）

【本章小结】

本章介绍了销售与收款循环的主要业务活动,该循环涉及的主要凭证和会计记录、销售与收款循环相关的关键内部控制和相应的控制测试。营业收入和应收账款审计的概况及目标,本章重点介绍营业收入和应收账款审计中常见的几种实质性程序。另外,本章还讲解了在审计实训平台中,与销售与收款循环相关的审计模拟操作和底稿填制方法，其中品种（大类）销售分析表和两个科目所涉及账项调整金额计算比较重要。

【思政案例】

瑞幸咖啡财务造假案例

瑞幸咖啡于 2017 年 6 月成立，2017 年 10 月开始运营，总部位于厦门。截至 2019 年底，瑞幸咖啡直营门店达到了 4507 家，超越了星巴克在中国的门店数量，是中国最大的连锁咖啡品牌。2019 年 5 月 17 日，瑞幸咖啡登陆美国纳斯达克，融资 6.95 亿美元，成为世界范围内从公司成立到 IPO 最快的公司。

2020 年 2 月 1 日，以做空闻名的研究机构浑水研究发布了一份针对瑞幸咖啡长达 89 页的做空报告，其中包括 92 名全职员工和 1418 名兼职员工对 1832 家瑞幸咖啡门店的现场监控，记录外卖和到店销售情况。收集的 25000 多张小票和长达 11260 小时的门店流量监控视频显示，瑞幸咖啡从 2019 年第三季度开始捏造运营和财务数据，每家门店每天的销量分别至少夸大了 69% 和 88%，从而营造出盈利的假象。

2020 年 4 月 2 日，瑞幸咖啡向美国证券交易委员会提交公告，承认财务舞弊，公司在 2019 年第二季度至第四季度期间虚增了 22 亿元人民币交易额，相关的费用和支出也相应虚增。4 月 3 日，中国证监会表示高度关注瑞幸咖啡财务造假事件，对该公司财务造假行为表示强烈的谴责。4 月 7 日，美股开盘前夕，瑞幸咖啡停牌，国务院金融稳定发展委员会召开第二十五次会议指出：坚决打击各种造假和欺诈行为。

2020 年 4 月 27 日，银保监会副主席曹宇表示，瑞幸咖啡财务造假事件性质恶劣、教训深刻，银保监会将坚决支持、积极配合主管部门依法严厉惩处，对财务造假行为始终保持零容忍的态度，共同维护好良好的市场环境。

2020 年 4 月 29 日，瑞幸咖啡发布公告称由于疫情和造假事件影响无法准时出具 2019 年年报。据道·琼斯报道，知情人士称美国证券交易委员会正在对瑞幸咖啡披露的 22 亿元业绩造假一事展开调查。

2020 年 5 月 15 日，瑞幸咖啡收到纳斯达克交易所的退市通知。

（资料来源：根据相关资料综合编写。）

案例讨论及思考：

1. 审计人员如何利用浑水研究报告所显示的调查结果？又如何应用审计程序验证其所调查数据的真实性，从而调查出瑞幸咖啡收入造假的过程？

2. 安永华明会计师事务所为瑞幸咖啡 IPO 签发审计报告，审计期间为 2017 年 6 月 16 日（成立日）至 2018 年 12 月 31 日。安永华明要对瑞幸咖啡造假负责吗？从审计独立性和审计信息保密性的角度进行分析。

第四章 采购与付款循环的审计

【学习目标】

1. 了解采购与付款循环的主要业务活动及涉及的主要凭证、记录与账户。
2. 熟悉采购与付款循环内部控制目标、关键内部控制和审计测试方法。
3. 掌握应付账款审计的目标，掌握并熟练应用应付账款审计中常见的实质性程序。
4. 掌握固定资产审计的目标，掌握并熟练应用固定资产审计中常见的实质性程序。

【知识结构】（图4.1）

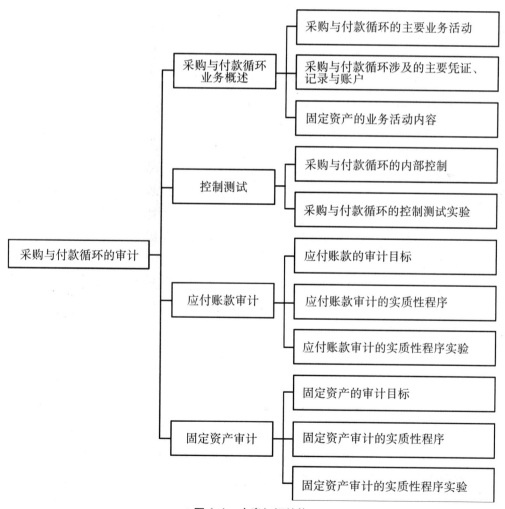

图4.1 本章知识结构

【引导案例】

美国巨人零售公司审计案

美国巨人零售公司（以下简称巨人公司）是一家大型零售折扣店，于1959年建立，总部设立在马萨诸塞州的詹姆斯福特。至1972年，巨人公司已经拥有了112家零售批发商店。但就在那一年，巨人公司的管理部门面临着历史上第一次重大经营损失。为了掩盖这一真相，他们决定篡改公司的会计记录。行政管理当局把1971年发生的250万美元的经营损失，篡改成了150万美元的收益，并且提高了与之有关的流动比率和周转率。1973年8月，巨人公司向波士顿法院提交破产申请，两年后法庭宣布该公司破产，该公司的有关人员则被判有罪。

据法庭查证事实，巨人公司蓄意调整1972年1月29日结束的会计年度应付账款余额（表4.1）。

表4.1 巨人公司对应付账款的蓄意调整

相关方	应付账款减少金额	应付账款减少的理由
1100家广告商	\$ 300000	以前未入账的预付广告费用
米尔布鲁克公司	\$ 257000	商品退回、总购量折扣、折扣优惠
罗斯盖尔公司	\$ 130000	商品退回
各个供应商	\$ 170000	以前购进货物进价过高
健身器材公司	\$ 163000	商品退回

巨人公司舞弊行为与塔奇罗斯会计师事务所（以下简称塔奇罗斯）审计行为列示如下：

（1）巨人公司总裁和财务主管命令下属广告部门的经理，准备了一份14页的备忘录，虚构了大约1100家的广告商名单，记载巨人公司以前曾向他们预付过广告费，但并未入账。

塔奇罗斯为了验证这些预付的广告费是否属实，抽取了24个样本，向其中4个广告商发函询证，并且要求巨人公司为另外20笔未入账的费用提供证明文件。虽然4个广告商的回函指出预付广告费是错误的，但审计师并没有进一步追查，反而根据巨人公司提供的证明文件及发出的询证函确认了预付的30万美元广告费。

（2）巨人公司的财务副总裁伪造了28个假的贷项通知单（红字发票），以此来抵减外发的应付给米尔布鲁克公司的账款25.7万美元。

当审计师注意到这些贷项通知单并询问公司职员时，先后得到了三个不同的解释。为证实这一事项，审计师要求向米尔布鲁克公司的高级行政人员求证此事。巨人公司的财务副总裁当着审计师的面，打电话给一个听起来像是米尔布鲁克公司总裁的人，他口头上证实了这一事项，并且同意递交塔奇罗斯一份书面证明。但几天后，米尔布鲁克公司的总裁改变了签发书面证明的主意，为此审计师写了一份备忘录附在工作底稿当中，对贷项通知单的真实性提出质疑。然而，负责巨人公司审计工作的事务所合伙人却认为已经搜集到充分的证据，可以证实贷项通知单的真实性，就不再深入追查此事了。

（3）巨人公司通过发出 35 份造假贷项通知单，蓄意减少 13 万美元应付给供应商罗斯盖尔公司的账款。

在审阅这些贷项通知单后，审计师打电话给罗斯盖尔公司的一位会计人员，询问他有关这些商品退回的问题，回答是并无任何商品曾被巨人公司退回过。巨人公司的副总裁以两家公司即将发生法律诉讼为由，拒绝塔奇罗斯与罗斯盖尔公司联系。最终，塔奇罗斯合伙人由于收到了信件证实这批由巨人公司收到的，然后又退给罗斯盖尔公司的有争议的货物确实"存在"，从而接受了巨人公司对此批贷项通知单的解释。

（4）巨人公司虚构了几百个曾被供应商索价过高的赊购事项，减少应付账款 17 万美元。

审计师为调查这些问题，从巨人公司提供的名单中，随意抽取几个供应商，然后给他们打电话，求证进价过高是否真实。然而，在 15 个电话求证过程中，审计师居然允许巨人公司先同供应商联系并通知此事，接着再打电话询问此事。塔奇罗斯据此有限的测试接受了因索价过高而抵减应付账款的理由。

（5）巨人公司假造了发给健美产品制造商的贷款通知单，用根本没被确认的商品退回，来减少应付账款。很明显，这些产品的退回从来没有发生过。

1978 年，巨人公司的 4 位管理者被陪审团以舞弊罪名起诉，经联邦法院审判后被定为有罪。根据调查结果，美国证券交易委员会严厉谴责了塔奇罗斯，并暂停负责该公司审计的合伙人执业 5 个月。证券交易委员会同时要求：由独立专家中的一位陪审员，对塔奇罗斯的审计程序进行一次大规模的检查。

案例思考：企业财务舞弊除了表现在高估收入上，也常表现在低估负债上。作为一名审计师，该如何保持应有的职业谨慎，合理查找未入账的负债？

（资料来源：李若山：《巨人零售公司审计案例——会计师事务所因屈服客户压力而执行了许多无效的审计程序，注册会计师难辞其咎的审计案例》，《注册会计师通讯》1998 年第 11 期，第 40～44 页，有改动。）

第一节　采购与付款循环业务概述*

一、采购与付款循环的主要业务活动

以一般制造型企业为例，采购与付款循环涉及的主要业务活动通常包括：编制需求计划和采购计划、请购商品和劳务、选择供应商、确定采购价格、订立框架协议或采购合同、管理供应过程、验收商品、退货、付款、会计控制等环节。

1. 编制需求计划和采购计划

采购业务从计划（或预算）开始，包括需求计划和采购计划。在企业实务中，需求部门一般根据生产经营需要向采购部门提出物资需求计划，采购部门根据需求计划归类汇总平衡现有库存物资后，统筹安排采购计划，并按规定的权限和程序审批后执行。

2. 请购商品和劳务

经授权的职员通过填制请购单对商品和劳务提出请购要求，它可能是由车间或仓库对原材料提出的请购，也可能是办公室或车间对修理配件提出的请购，还可能是由负责财产和设备管理的部门对保险提出的请购。许多企业还根据各种商品和劳务的预设再订货点，使用计算机自动生成请购单。

企业内不少部门都可以填列请购单，不便事先编号，为加强控制，每张请购单必须经过对这类支出预算负责的主管人员签字批准。请购单是证明采购交易的发生认定的凭据之一。

3. 选择供应商

选择供应商也就是确定采购渠道，它是企业采购业务流程中非常重要的环节。

4. 确定采购价格

如何以最优性价比采购到符合需求的物资，是采购部门的永恒主题。企业要健全采购定价机制，采取协议采购、招标采购、动态竞价采购等多种方式，科学合理地确定采购价格。

5. 订立框架协议或采购合同

框架协议是企业与供应商之间为建立长期物资购销关系而做出的一种约定。采购合同是指企业根据采购需要、确定的供应商、采购方式、采购价格等情况与供应商签订的具有法律约束力的协议。该协议对双方的权利、义务和违约责任等情况做出了明确规定，如企业按约定的结算方式向供应商支付合同规定的金额，供应商按照约定时间、期

限、数量与质量、规格交付物资给采购方。

6. 管理供应过程

管理供应过程主要是指企业建立严格的采购合同跟踪制度，科学评价供应商的供货情况，并根据合理选择的运输工具和运输方式，办理运输、投保等事宜，实时掌握物资采购供应过程的情况。

7. 验收商品

企业从供应商处收到商品和劳务是采购和付款循环中的重要一环，因为绝大多数企业此时开始在账户中确认采购和相关的负债。验收部门首先应比较所收商品与订购单上的要求是否相符，如商品的品名、说明、数量、到货时间等，然后再盘点商品并检查商品有无损坏。验收后，验收部门应对已收货的每张订购单编制一式多联、预先编号的验收单，作为验收和检验商品的依据。验收人员将商品送交仓库或其他请购部门时，应取得经过签字的收据，或要求其在验收单的副联上签收，以确立他们对所采购的资产应负的保管责任。验收人员还应将其中的一联验收单送交应付凭单部门。

验收单是支持资产或费用以及与采购有关的负债的存在或发生认定的重要凭证。

8. 退货

对于验收过程中发现的异常情况，如无采购合同或超大额采购合同的物资、超采购预算采购的物资、毁损的物资等，验收机构或人员应当立即向企业有权管理的相关机构报告，相关机构应当查明原因并及时处理。对于不合格物资，采购部门依据检验结果办理让步接收、退货、索赔等事宜。对延迟交货造成生产建设损失的，采购部门要按照合同约定索赔。

9. 付款

在记录采购交易和付款之前，应由应付凭单部门编制预先编号的付款凭单。由被授权人员在凭单上签字批准后，才能照此凭单向供应商支付款项。所有未付凭单的副联应保存在未付凭单档案中，以待日后付款。

经适当批准和有预先编号的凭单为记录采购交易提供了依据，因此，这项控制与"存在""发生""完整性""权利和义务"和"计价和分摊"等认定有关。

10. 会计控制

企业应设置相应的总账、明细账以及日记账等，记录购货与付款循环的有关业务，以发挥会计系统的控制作用。其具体做法是：加强对购买、验收、付款业务的会计系统的控制，详细记录供应商、采购申请、采购合同、采购通知、验收证明、入库凭证、退货情况、商业票据、款项支付等情况，做好采购业务各环节的记录，确保会计、采购与仓储记录核对一致。指定专人通过函证等方式，定期向供应商寄发对账函，核对应付账款、应付票据、预付账款等往来款项，对供应商提出的异议及时查明原因，报有权管理的部门或人员批准后，做相应调整。会计控制与多项认定有关，为审计工作提供了大量的资料证据。

二、采购与付款循环涉及的主要凭证、记录与账户

从上述业务活动的介绍可以看出，采购与付款循环涉及的主要凭证和会计记录如表4.2所示。

表4.2　采购与付款循环涉及的主要凭证和会计记录

业务活动	涉及的主要凭证和会计记录
请购	采购申请单（请购单）
选择供应商	供应商清单
确定采购价格	采购价格数据库
订立框架协议或采购合同	框架协议、采购合同
管理供应过程	购货合同、购货发票、监造合同、监造报告、有关记账凭证、相关总账及明细账
验收	验收单、有关记账凭证、相关总账及明细账
退货	退货单、有关记账凭证、相关总账及明细账
付款	付款凭单、有关记账凭证、相关总账及明细账

三、固定资产的业务活动内容

企业应当根据固定资产的特点，分析、归纳、设计合理的业务流程，查找管理的薄弱环节，健全全面风险管控措施，保证固定资产安全、完整、高效运行。固定资产的业务主要包括以下方面。

1. 固定资产的取得

固定资产的取得涉及外购、自行建造、非货币性资产交换换入等方式。生产设备、运输工具、房屋建筑物、办公家具和办公设备等不同类型固定资产有不同的验收程序和技术要求，同一类固定资产也会因其标准化程度、技术难度等的不同而对验收工作提出不同的要求。

2. 资产登记造册

企业取得每项固定资产后均需要进行详细的登记，编制固定资产目录，建立固定资产卡片，便于固定资产的统计、检查和后续管理。

3. 固定资产运行维护

固定资产的日常运行维护由固定资产的使用部门、使用人员和固定资产的管理部门负责，当然他们的维护任务各有侧重。

4. 固定资产升级改造

企业需要定期或不定期对固定资产进行升级改造，以便不断提高产品质量，开发新品种，降低能源、资源消耗，保证生产的安全环保。固定资产更新有部分更新与整体更新两种情形：部分更新的目的通常包括局部改造、更换高性能部件、增加新功能等方面，需权衡更新活动的成本与效益进行综合决策；整体更新主要指对陈旧设备的淘汰与全面升级，更侧重于资产技术的先进性，整体更新应符合企业的整体发展战略。

5. 资产清查

企业应当建立资产清查制度，至少每年全面清查，保证固定资产账实相符，及时掌握资产的盈利能力和市场价值。对于固定资产清查中发现的问题，应当查明原因，追究责任，妥善处理。

6. 抵押和质押

抵押是指债务人或者第三人不转移对财产的占有权，而将该财产抵押作为债权的担保，当债务人不履行债务时，债权人有权依法以抵押财产折价或以拍卖、变卖抵押财产的价款优先受偿。质押也称质权，就是债务人或第三人将其动产移交债权人占有，将该动产作为债权的担保，当债务人不履行债务时，债权人有权依法就该动产卖得价款优先受偿。企业有时因资金周转等原因，以其固定资产作抵押物或质押物向银行等金融机构借款，如到期不能归还借款，银行则有权依法以该固定资产折价或拍卖。

7. 固定资产的处置

固定资产的处置一般包括固定资产的出售、转让、报废或毁损、对外投资、非货币性资产交换、债务重组等。

第二节　控制测试*

一、采购与付款循环的内部控制

在采购与付款循环审计中，验证"应付账款""固定资产"及"有关费用"等账户通常费时费力。如果注册会计师能够通过控制测试验证与采购和付款循环相关的内部控制是健全有效的，可以减少相关账户余额的细节测试，将大大节省审计时间和成本。因此，在组织良好的审计活动中，通常对采购与付款循环的控制测试给予极大的关注，尤其是对内部控制健全的被审计单位而言。采购交易的内部控制目标、关键内部控制和审计测试一览如表4.3所示。

表4.3　采购交易的内部控制目标、关键内部控制和审计测试一览

内部控制目标	关键内部控制	常用的控制测试	常用的实质性程序
所记录的采购都确已收到商品或已接受劳务（存在）	请购单、订货单、验收单和卖方发票一应俱全，并附在付款凭单后；采购经过适当级别批准；注销凭证以防止重复使用；对卖方发票、验收单、订货单和请购单做内部核查	查验付款凭单后是否附有完整的相关单据；检查批准采购的标记；检查注销凭证的标记；检查内部核查的标记	复核采购明细账、总账及应付账款明细账，注意是否有大额或不正常的金额；检查卖方发票、验收单、订货单和请购单的合理性和真实性；追查存货的采购至存货永续盘存记录；检查取得的固定资产
已发生的采购交易均已记录（完整性）	订购单均经事先连续编号并已完成的采购登记入账；验收单均经事先连续编号并已完成的采购登记入账；付款凭单均经事先连续编号并已完成的采购登记入账	检查订购单连续编号的完整性；检查验收单连续编号的完整性；检查付款凭单连续编号的完整性	从验收单追查至采购明细账；从卖方发票追查至采购明细账
所记录的采购交易估价正确（准确性、计价和分摊）	对计算准确性进行内部查核；采购价格和折扣的批准	检查内部核查的标记；检查批准采购价格和折扣的标记	将采购明细账中记录的交易同卖方发票、验收单和其他证明文件比较；复算包括折扣和运费在内的卖方发票金额的准确性
采购交易被正确计入应付账款和存货等明细账中，并被正确汇总（准确性）	应付账款明细账内容的内部核查	检查内部核查的标记	通过加计采购明细账，追查过入采购总账和应付账款、存货明细账的数额是否准确，来测试过账和汇总的准确性
采购交易的分类正确（分类）	采用适当的会计科目表；分类的内部核查	检查工作手册和会计科目表；检查有关凭证上内部核查的标记	参照卖方发票，比较会计科目表上的分类
采购交易按正确的日期记录（截止）	要求收到商品和接受劳务后及时记录采购交易；内部核查	检查工作手册并观察有无未记录的卖方发票存在；检查内部核查的标记	将验收单和卖方发票上的日期与采购明细账中的日期进行比较

续表4.3

内部控制目标	关键内部控制	常用的控制测试	常用的实质性程序
采购交易被正确计入应付账款和存货等明细账中，并被正确汇总（准确性、计价和分摊）	应付账款明细账内容的内部核查	检查内部核查的标记	通过加计采购明细账，追查过入采购总账和应付账款、存货明细账的数额是否准确，来测试过账和汇总的准确性

二、采购与付款循环的控制测试实验

实验：填制实训平台索引号为2101的控制测试相关底稿（图4.2至图4.5）。*

控制测试导引表

被审计单位： 中泰纸业股份有限公司　　编制： 张媛　　日期： 2017-1-14　　索引号： 2101-1

会计期间： 2016年度　　复核： 李清河　　日期： 2017-1-16　　页次：

项目： 采购与付款循环

测试本循环控制运行有效性的工作包括：
1. 针对了解的被审计单位采购与付款循环的控制活动，确定拟进行测试的控制活动。
2. 测试控制运行的有效性，记录测试过程和结论。
3. 根据测试结论，确定对实质性程序的性质、时间和范围的影响。

测试本循环控制运行有效性形成下列审计工作底稿：
1. 控制测试汇总表
2. 控制测试程序
3. 控制测试过程

编制要求或参考
本审计工作底稿用以记录下列内容：
　(1) 汇总对本循环内部控制运行有效性进行测试的主要内容和结论；
　(2) 记录控制测试程序；
　(3) 记录控制测试过程。

图4.2　控制测试导引表（索引号2101-1）

控制测试汇总表

被审计单位：中泰纸业股份有限公司　　编制：张媛　　　日期：2017-1-14　　索引号：2101-2

会计期间：2016年度　　　　　　　　复核：李清河　　　日期：2017-1-16　　页　次：

项目：采购与付款

1.了解内部控制的初步结论

(1)控制设计合理，并得到执行	☑
(2)控制设计合理，未得到执行	☐
(3)控制设计无效或缺乏必要的控制	☐

2.控制测试结论

控制目标	被审计单位的控制活动	控制活动对实现控制目标是否有效（是/否）	控制活动是否得到执行（是/否）	控制活动是否有效运行（是/否）	控制测试结果是否支持风险评估结论（支持/不支持）
采购经过适当审批	金额在人民币50万元以下的请购单由生产副总负责审批；金额在人民币50万元至100万元的请购单由总经理负责审批；金额超过人民币100万元的请购单需经董事会审批。	是	是	是	支持
采购合同经过适当审批和签署	采购合同经采购经理复核后提交总经理签署并加盖公章。	是	是	是	支持
录入的采购订单信息准确	采购经理审核和批准信息管理员录入系统的采购合同信息，系统自动生成连续编号的采购订单。	是	是	是	支持
采购合同均已恰当录入系统	每周，采购经理从系统中导出包含本周所有采购订单的采购信息报告，复核并确认录入系统的采购订单和生成的采购订单是否存在跳号/重号的情况。如采购合同已全部恰当录入系统，采购经理即在采购信息报告上签字作为复核的证据。	是	是	是	支持
应付账款得到准确、及时记录	原材料经验收入库无误后，仓管员将入库单等信息录入系统，经仓储经理审核录入信息无误后在系统中进行批准，系统将采购订单状态由"待处理"更新为"已收货"，系统自动生成原材料明细账。	是	是	是	支持
根据实际发生的采购完整记录应付账款	每周，仓储经理复核系统生成的入库信息报告，确认入库单录入没有跳号/重号的例外情况。	是	是	是	支持
已确认的应付账款记录准确	收到供应商开具的发票后，应付账款记账员将发票所载信息与采购订单、入库单等进行核对。如有差异，应付账款记账员联系仓储经理和采购经理进行进一步调查和处理。核对一致后，应付账款记账员在发票上加盖"相符"印戳，并更新系统信息。	是	是	是	支持

| 款项的支付经过恰当审批和记录 | 在采购合同约定的付款日期到期前，采购员编制付款申请单，经采购经理复核后提交财务部审批。财务部应付账款记账员将付款申请单与系统中的采购订单、入库信息和供应商发票进行核对无误后，在系统中编制付款凭证并提交会计主管复核。在完成对付款凭证及相关单证的复核后，会计主管在系统中批准付款凭证。 | 是 | 是 | 是 | 支持 |
| 定期与供应商对账以及时发现错误 | 每月选取供应商进行对账，如有差异，应付账款记账员联系采购经理进行进一步调查。经会计主管复核对账报告后，应付账款记账员进行必要的账务处理。 | 是 | 是 | 是 | 支持 |

3.相关交易和帐户余额的总体审计方案

（1）对未进行测试的控制目标的汇总

根据计划实施的控制测试，我们未对下述控制目标、相关的交易和帐户余额及其认定进行测试。

业务循环	主要业务活动	控制目标	相关交易和帐户余额及其认定	原因

（2）对未达到控制目标的主要业务活动的汇总

根据控制测试的结果，我们确定下述控制运行无效，在审计过程中不予信赖，拟实施实质性程序获取充分、适当的审计证据。

业务循环	主要业务活动	控制目标	相关交易和帐户余额及其认定	原因

（3）对相关交易和帐户余额的审计方案

根据控制测试的结果，制定下列审计方案：

受影响的交易、帐户余额	完整性（控制测试结果／需从实质性程序中获取的保证程度）	发生／存在（控制测试结果／需从实质性程序中获取的保证程度）	准确性／计价和分摊（控制测试结果／需从实质性程序中获取的保证程度）	截止（控制测试结果／需从实质性程序中获取的保证程度）	权利和义务（控制测试结果／需从实质性程序中获取的保证程度）	分类（控制测试结果／需从实质性程序中获取的保证程度）	列报（控制测试结果／需从实质性程序中获取的保证程度）
应付账款	高	中	低	不适用	低	不适用	高
管理费用	高	中	低	高	不适用	低	高

（注：由于假定收入存在舞弊风险，虽然控制测试的结果表明控制活动可以缓解该特别风险，我们仍拟从实质性程序中就收入的完整性、发生认定中获取中等保证程度。）

4.沟通事项

是否需要就已识别的内部控制设计、执行以及运行方面的重大缺陷，与适当层次的管理层或治理层进行沟通？

事项编号	事项记录	与治理层的沟通	与管理层的沟通
无			

编制说明：
1. 本审计工作底稿记录注册会计师测试的控制活动及结论。
2. 如果注册会计师不拟对与某些控制目标相关的控制活动实施控制测试，则应直接执行实质性程序，对相关交易和账户余额的认定进行测试，以获取足够的保证程度。

图4.3　控制测试汇总表（索引号2101－2）

控制测试程序

项目:采购与付款循环

被审计单位: 中泰纸业股份有限公司	编制: 张媛	日期:2017-1-15	索引号: 2101-3
会计期间: 2016年度	复核: 李清河	日期:2017-1-16	页数:

业务活动一:	材料采购

(1)询问程序

通过实施询问程序,被审计单位已确定下列事项:本年度未发现任何特殊情况、错报和异常项目;财务或采购部门的人员在未得到授权的情况下无法访问或修改系统内数据;本年度未发现下列控制活动未得到执行;本年度未发现下列控制活动发生变化。

(2)其他测试程序

控制目标	被审计单位的控制活动	控制测试程序	执行控制的频率	所测试的项目数量	索引号
采购经过适当审批	金额在人民币50万元以下的请购单由生产副总负责审批;金额在人民币50万元至100万元的请购单由总经理负责审批;金额超过人民币100万元的请购单需经董事会审批。	抽取请购单并检查是否得到适当审批	每日执行多次	3	2101-4
录入的采购订单信息准确	采购经理审核和批准信息管理员录入系统的采购合同信息,系统自动生成连续编号的采购订单。	核对系统产生的采购订单与采购合同的一致性	每周执行一次	3	2101-4

业务活动二:	记录应付账款

(1)询问程序

通过实施询问程序,被审计单位已确定下列事项:本年度未发现任何特殊情况、错报和异常项目;财务或采购部门的人员在未得到授权的情况下无法访问或修改系统内数据;本年度未发现下列控制活动未得到执行;本年度未发现下列控制活动发生变化。

(2)其他测试程序

控制目标	被审计单位的控制活动	控制测试程序	执行控制的频率	所测试的项目数量	索引号
应付账款得到准确、及时记录	原材料经验收入库等无误后,仓管员将入库单等信息录入系统,经仓储经理审核录入信息无误后在系统中进行批准,系统将采购订单状态由"待处理"更新为"已收货",系统自动生成原材料明细账。	询问仓储经理如何复核入库单。核对系统录入信息和生成分录与入库单的一致性。	每周执行一次	3	2101-4
已确认的应付账款记录准确	收到供应商开具的发票后,应付账款记账员将发票所载信息与采购订单、入库单等进行核对。如有差异,应付账款记账员联系仓储经理和采购经理进行进一步调查和处理。	检查相关单证上所载信息。	每周执行一次	3	2101-4

业务活动三:	付款

(1)询问程序

通过实施询问程序,被审计单位已确定下列事项:本年度未发现任何特殊情况、错报和异常项目;财务或采购部门的人员在未得到授权的情况下无法访问或修改系统内数据;本年度未发现下列控制活动未得到执行;本年度未发现下列控制活动发生变化。

(2)其他测试程序

控制目标	被审计单位的控制活动	控制测试程序	执行控制的频率	所测试的项目数量	索引号
款项的支付经过恰当审批和记录	在采购合同约定的付款日期到期前,采购员编制付款申请单,经采购经理审核后提交财务部审批。财务部付款记账员将付款申请单与系统中的采购订单、入库信息和供应商发票进行核对无误后,在系统中编制付款凭证并提交会计主管复核。在完成对付款凭证及相关单证的复核后,会计主管在系统中批准付款凭证。	询问记账员如何核对及处理不符情况。检查会计主管付款凭证。检查相关单证上是否加盖"相符"印章。	每周执行一次	3	2101-4

业务活动四:	对账与调节

(1)询问程序

通过实施询问程序,被审计单位已确定下列事项:本年度未发现任何特殊情况、错报和异常项目;财务或采购部门的人员在未得到授权的情况下无法访问或修改系统内数据;本年度未发现下列控制活动未得到执行;本年度未发现下列控制活动发生变化。

(2)其他测试程序

控制目标	被审计单位的控制活动	控制测试程序	执行控制的频率	所测试的项目数量	索引号
定期与供应商对账以及及时发现错误	每月选取供应商进行对账,如有差异,应付账款记账员联系采购经理进行进一步调查。经会计主管复核对账报告后,应付账款记账员进行必要的账务处理。	检查每月份供应商对账报告、应付账款调节表及供应商对账回复。	每月执行一次	3	2101-4

图4.4 控制测试程序 (索引号2101-3)

控制测试过程——采购与付款

被审计单位：中泰纸业股份有限公司　　　编制：张嫒　　日期：2017-1-15　　索引号：2101-4

会计期间：2016年度　　　　　　　　　复核：李清河　　日期：2017-1-16　　页　次：

项目：采购与付款循环

1.与采购材料有关的业务活动的控制

主要业务活动	测试内容	测试项目1	测试项目2	测试项目3	测试项目4	测试项目5	测试项目6
采购	请购单编号#(日期)	20160105#（2016-1-3）	20160132#（2016-5-4）	20160172#（2016-11-14）			
	请购内容	采购小麦淀粉	购买热敏原纸	购买未涂布原纸			
	请购单是否得到适当的审批(是/否)	是	是	是			
	采购订单编号#(日期)	10001204#（2016-1-3）	10001232#（2016-5-4）	10001272#（2016-11-14）			
记录应付账款	供应商发票编号#(日期)	60924532#（2016-1-3）	60562875#（2016-5-4）	60649845#（2016-11-14）			
	验收单编号#	125465#（2016-1-4）	125492#（2016-5-5）	125532#（2016-11-14）			
	供应商发票所载内容与采购订单、验收单的内容是否相符(是/否)	是	是	是			
	发票上是否加盖"相符"章(是/否)	否	否	否			
	转账凭证编号#(日期)	1-13#（2016-1-4）	5-9#（2016-5-5）	11-19#（2016-11-14）			
	是否记入应付账款贷方(是/否)	是	是	是			
付款	付款凭证编号#(日期)	1-28/2-18#（2016-1-11/2-11）	6-7#（2016-6-7）	12-10#（2016-12-8）			
	付款凭证是否得到会计主管的适当审批(是/否)	是	是	是			
	有关支持性文件上是否加盖"核销"章(是/否)	否	否	否			
	支票编号#/信用证编号#(日期)	09773075/09733094#（2016-1-11/2-11）	09733190#（2016-6-7）	23537865#（2016-12-8）			
	收款人名称	湖南汾远化工有限公司	河南诚毅纸业有限公司	湖北台芳纸业有限公司			
	支票/信用证是否已支付给恰当的供应商(是/否)	是	是	是			

2.与费用有关的业务活动的控制

主要业务活动	测试内容	测试项目1	测试项目2	测试项目3	测试项目4	测试项目5	测试项目6
请购	费用申请单编号#(日期)	2016-2-16	2016-8-14	2016-12-14			
	申请内容	报销招待费	支付广告费	支付广告费			
	费用申请单是否得到适当审批(是/否)	是	是	是			
	供应商名称	武汉柳桃大酒店	武汉天弘广告有限公司	武汉天弘广告有限公司			

记录应付账款	发票编号#(日期)	06512753# (2016-2-16)	63022952# (2016-8-14)	60972570# (2016-12-14)		
	发票是否得到适当审批(是/否)	是	是	是		
	费用申请单、发票与其他支持性文件所载内容是否相符(是/否)	是	是	是		
	发票上是否加盖"相符"章(是/否)	否	否	否		
	转账凭证编号#(日期)	2-37# (2016-2-16)	8-16# (2016-8-14)	12-19# (2016-12-14)		
	是否记入应付账款贷方(是/否)	否	否	否		
付款	付款凭证编号#(日期)	2-37# (2016-2-16)	8-16# (2016-8-14)	12-19# (2016-12-14)		
	付款凭证是否得到会计主管的适当审批(是/否)	是	是	是		
	有关支持性文件上是否加盖"核销"章(是/否)	否	否	否		
	支票编号#/信用证编号#(日期)	(2016-2-16)	23537844# (2016-8-14)	23537866# (2016-12-14)		
	收款人名称	武汉柳桃大酒店	武汉天弘广告有限公司	武汉天弘广告有限公司		
	支票/信用证是否已支付给恰当的供应商(是/否)	是	是	是		

3.比较采购信息报告与相关文件(请购单)是否相符有关的业务活动的控制

序号	选择的采购信息报告期间	应付账款记账员是否已复核采购信息报告(是/否)	采购订单是否连续编号(是/否)	如有不符,是否已进行调查(是/否)	对不符事项是否已进行处理(是/否)
1	2016年度2月份	是	是	/	/
2	2016年度6月份	是	是	/	/
3	2016年度9月份	是	是	/	/

4.与应付账款调节表有关的业务活动的控制

序号	供应商名称	应付账款调节表号码#(日期)	是否与支持文件相符(是/否)	是否经过适当审批(是/否)	是否已调节应付账款(是/否)
本期无调整	/	/	/	/	/

5.与供应商档案更改记录有关的业务活动的控制

序号	更改申请表号码	更改申请表是否经过适当审批(是/否)	是否包含在月度供应商信息更改报告中(是/否)	月度供应商信息更改报告是否经适当复核(是/否)	更改申请表号码是否包含在编号记录表中(是/否)	编号记录表是否经适当复核(是/否)
本期无更改	/	/	/	/	/	/

6.与供应商档案及时维护有关的业务活动的控制

序号	供应商名称	档案编号	最近一次与公司发生交易的时间	是否已按照规定对供应商档案进行维护(是/否)
1	湖北冶芳纸业有限公司	01#	2016-12-17	是
2	湖北德隆纸业有限公司	03#	2016-12-14	是

图4.5　控制测试过程（索引号2101-4）

填制方法：以测试项目 1 为例，系统底稿中已经列出需要测试凭证的日期及凭证号，查找对应记账凭证，核对相关信息是否一致，并填写底稿。

查找记账凭证时可使用查询功能，在记账凭证栏目点击"查询"。

在弹出的查询框中，设定第一个凭证的搜索条件："月"等于 1，点击"并且"后面的"＋"号设定第二个凭证的搜索条件："凭证号"等于 13，点击"确定"。

点开搜索出的记账凭证，凭证下方附有原始单据，进行核对并填制底稿。

其他测试项目同理。

第三节　应付账款审计*

应付账款是企业在正常经营过程中，因赊购商品或劳务等引起的短期债务，如采取赊购方式购买商品、原料、固定资产及其他办公用品等形成的短期债务。可见，应付账款业务是随着企业赊购交易的发生而发生的。因此，注册会计师应结合购货业务进行应付账款的审计。

一、应付账款的审计目标

应付账款的审计目标包括：

（1）确定应付账款是否存在；

（2）确定应付账款的发生和偿还记录是否完整；

（3）确定应付账款确实是被审计单位应负偿还义务；

（4）确定应付账款的期末余额是否正确；

（5）确定应付账款在财务报表上的披露是否恰当。

二、应付账款审计的实质性程序

1. 编制应付账款明细表

注册会计师应向被审计单位索取或自行编制结算日全部应付账款明细账户余额明细表。其中应列明债权人姓名、交易日期、购货数量、价格和应付账款金额。这首先是为了确定被审计单位资产负债表上应付账款的数额与其明细记录是否相符；其次是作为应付账款实质性程序的起点，注册会计师将从凭单或应付账款清单中选择一定数量的样本，并作详细审核。

具有众多应付账款的大公司通常可提供电脑编制的明细表，应付账款数量较少的公司可提供人工编制的应付账款清单。无论何种情况，对于被审计单位提供的应付账款明细表，注册会计师都应验证明细表中加总和个别金额的正确性。

如果个别项目的明细表总额与总账不相符，则须检查差异的原因。大多数情况下，注册会计师将安排由被审计单位的职员寻找这类错误并做出必要的调整。总账与应付账款明细表的相符，并不能绝对地证明债务额的完全正确。因为接近结算日期所收到的发票可能既不列入总账，又不记录入明细账，同时，或许会有使各账户仍然平衡的其他类似的错误。

2. 核对应付账款账簿与相关凭证

确定被审计单位所编制的应付账款明细试算表是否有效的证实方法是选择某些债权人账户的余额，然后核对有关凭单、供应商发票、订货单和验收报告等单据。

很多企业采用付款凭单制度，在这种情况下，抽查并审查样本的原始凭证，最好在结算日进行，因为那时它们全在未付凭单卷宗内。未付凭单的内容逐日变动，凭单付讫，应立即从卷宗中取出并归入按名称排列的供应商卷宗内。

若注册会计师不能在结算日到达现场，应要求被审计单位编制决算日应付凭单明细表，列出每份凭单的充分资料，使数周后仍能调卷查阅。年终应付凭单明细表应揭示供应单位名称、凭单号码、日期和金额。

3. 实施分析程序

根据被审计单位的实际情况，注册会计师可以选择以下指标进行分析：

（1）对本期期末应付账款余额与上期期末余额进行比较分析，分析其波动原因。

（2）分析长期挂账的应付账款，要求被审计单位做出解释，判断被审计单位是否缺乏偿债能力或利用应付账款隐瞒利润。

（3）计算应付账款对存货的比率、应付账款对流动负债的比率，并与以前期间对比分析，评价应付账款整体的合理性。

（4）根据存货、主营业务收入和主营业务成本的增减变动幅度，判断应付账款增减变动的合理性。

4. 函证应付账款

一般情况下，应付账款不需要函证，这是因为函证不能保证查出未记录的应付账款，况且注册会计师能够取得购货发票等外部凭证来证实应付账款的余额。但如果控制风险较高，某应付账款账户金额较大或被审计单位处于经济困难阶段，则应进行应付账款的函证。进行函证时，注册会计师应注意以下事项：

（1）函证对象。注册会计师所选取的函证对象应包括：较大金额的债权人；在资产负债表日金额很小、甚至为零，但是对企业重要的供货商；上一年度有业务往来而本年度没有业务往来的主要供货商；没有按时寄送对账单和存在关联方交易的债权人。

（2）函证方式。函证最好采用积极方式，并说明具体应付金额。

（3）函证的控制与评价。同应收账款的函证一样，注册会计师必须对函证的过程进行控制，要求债权人直接回函，并根据回函情况编制与分析函证结果汇总表；对未回函的，应考虑是否再次函证。如果存在未回函的重大项目，注册会计师应采用替代审计程序。例如，可以检查决算日后应付账款明细账及库存现金和银行存款日记账，核实其是否已支付，同时检查该笔债务的相关凭证资料，核实交易事项的真实性。

5. 查找未入账的应付账款

为了防止企业低估负债，确认应付账款的完整性，注册会计师应检查被审计单位有无故意漏记应付账款行为。

（1）结合存货监盘，检查被审计单位在资产负债表日是否存在有材料入库凭证但未收到购货发票的经济业务。

（2）检查资产负债表日后收到的购货发票，关注购货发票的日期，确认其入账时间是否正确。

（3）检查资产负债表日后应付账款明细账贷方发生额的相应凭证，确认其入账时间是否正确。

（4）检查时，注册会计师还可以通过询问被审计单位的会计和采购人员，查阅资本预算、工作通知单和基建合同来进行。

如果注册会计师通过这些审计程序发现某些未入账的应付账款，应将有关情况详细记入审计工作底稿，然后根据其重要性确定是否建议被审计单位进行相应的调整。

6. 审查债权人对账单

在良好的控制情况下，被审计单位应每月从债权人处取得对账单，并按时对应付账款各明细账户进行调节。如果注册会计师对这项控制的控制测试已获得满意的结果，可以直接依据和利用。但如果被审计单位职员未调节或没有完全调节，则注册会计师必须进行这方面的审查。在应付账款内部控制不甚健全时，注册会计师应控制寄来的函件，以便可以立即掌握卖方寄交被审计单位的对账单。调节卖方对账单时，常发现的差异为：卖方已入账的交运货品而被审计单位既未收到，也未记账。正常的会计程序则是等收到商品、发票才记作负债。因此，在途商品应分行列表，并根据其重要性确定是否应予记入账册。注册会计师执行这一程序的另一个目的是确保应付账款截止期的正确性。应付账款的截止期与年终存货购买截止期密切相关。因此，审计存货验收单的号码，据以确定结账日最后一张供应商发票及其应付账款分录，从而核实它们是否已正确地包括在应付账款之内或正确地排除在外。

三、应付账款审计的实质性程序实验

实验：填制审计实训平台存货审计索引号为 3213 的底稿（图 4.6 至图 4.16）。*

审定表

被审计单位：中泰纸业股份有限公司　　　编制：张暖　　　日期：2017-1-26　　　索引号：3213-1

会计期间：2016年度　　　复核：李清河　　　日期：2017-1-31　　　页次：

项目	期末未审数	账项调整		重分类调整		期末审定数	上期末审定数	索引号
		借方	贷方	借方	贷方			
报表数：								
明细数：						0.00		
其中：								
湖北冶芳纸业有限公司								
河南靖宇纸业有限公司								
上海家健生物技术有限								
浙江成鸿化学制品有限								
河南诚毅纸业有限公司								
广东华氏造纸助剂有限								
郑州百合胺粘剂有限公								
南宁正德科技有限公司								
湖南汾远化工有限公司								
湖北柯泰制造有限公司								
湖北德隆纸业有限公司								
山西正远化工有限公司								
山东立华化工有限公司								
湖北泰达物流有限公司								
审计说明：								
审计结论：								

图 4.6　应付账款审定表（索引号 3213 - 1）

填制说明：《应付账款审定表》是应付账款科目底稿的总结性底稿，涉及账项调整、重分类调整、明细数填写等内容；这些内容需要以明细表、抽查表、截止测试表等其他底稿结果为依据进行填写汇总。所以，此表填写顺序应当放在应付账款科目的最后进行填写汇总，此时能获知调整事项等其他信息。

检查企业 2016 年 12 月 31 日资产负债表（图 4.7），期末余额就是本年期末未审数；根据表中列示的年初余额填写上年期末审定的数据，并在审计资料中查询"上年度审定资产负债表"，核对金额是否一致。

| 财务报表 ≫ | 资产负债表 ≫× | | | | | | |

资产负债表

2016　年12月31日

会企01表
单位：元

编制单位：中泰纸业股份有限公司

资产	行次	期末余额	年初余额	负债和所有者权益（或股东权益）	行次	期末余额	年初余额
流动资产：				流动负债：			
货币资金	1	174672935.49	186478696.25	短期借款	32	0.00	20000000.00
以公允价值计量且其变动计入当期损益的金融资产	2	0.00	0.00	以公允价值计量且其变动计入当期损益的金融负债	33	0.00	0.00
应收票据	3	0.00	692569.78	应付票据	34	13104000.00	5968566.54
应收账款	4	98561736.00	30779625.38	应付账款	35	38688390.00	6331984.83
预付款项	5	0.00	12636000.00	预收款项	36	0.00	0.00
应收利息	6	0.00	0.00	应付职工薪酬	37	519282.00	455226.00
应收股利	7	0.00	0.00	应交税费	38	3393447.58	1218104.92
其他应收款	8	47000.00	54500.00	应付利息	39	0.00	0.00
存货	9	85012633.62	55131141.08	应付股利	40	0.00	0.00
一年内到期的非流动资产	10	0.00	0.00	其他应付款	41	-26951.40	-26951.40
其他流动资产	11	0.00	0.00	一年内到期的非流动负债	42	0.00	0.00
流动资产合计	12	358294305.11	285772532.49	其他流动负债	43	0.00	0.00
非流动资产：				流动负债合计	44	55678168.18	33946930.89
可供出售金融资产	13	0.00	0.00	非流动负债：			
持有至到期投资	14	0.00	0.00	长期借款	45	0.00	0.00
长期应收款	15	0.00	0.00	应付债券	46	0.00	0.00
长期股权投资	16	0.00	0.00	长期应付款	47	0.00	0.00
投资性房地产	17	2000000.00	0.00	专项应付款	48	0.00	0.00
固定资产	18	34307406.65	34092221.91	预计负债	49	0.00	0.00
在建工程	19	0.00	4088000.00	递延收益	50	0.00	0.00
工程物资	20	0.00	0.00	递延所得税负债	51	0.00	0.00
固定资产清理	21	0.00	0.00	其他非流动负债	52	0.00	0.00
生产性生物资产	22	0.00	0.00	非流动负债合计	53	0.00	0.00
油气资产	23	0.00	0.00	负债合计	54	55678168.18	33946930.89
无形资产	24	18502173.16	19831720.00	所有者权益（或股东权益）：			
开发支出	25	0.00	0.00	实收资本（或股本）	55	100000000.00	100000000.00
商誉	26	0.00	0.00	资本公积	56	155000000.00	155000000.00
长期待摊费用	27	0.00	0.00	减：库存股	57	0.00	0.00
递延所得税资产	28	502866.00	168446.41	其它综合收益	58	0.00	0.00
其他非流动资产	29	0.00	0.00	盈余公积	59	10463832.16	5671572.88
非流动资产合计	30	55312445.81	58180388.32	未分配利润	60	92464750.58	49334417.04
				所有者权益（或股东权益）合计	61	357928582.74	310005989.92
资产合计	31	413606750.92	343952920.81	负债和所有者权益（或股东权益）合计	62	413606750.92	343952920.81

单位负责人　王伟丰　　　　　　会计主管　赵伟峰　　　　　　复核　李有为　　　　　　制表　王珂玲

图 4.7　资产负债表

根据底稿《应付账款明细表》（索引号：3213 - 2）（图 4.8）的期初余额和期末余额，分别填列《应付账款审定表》（索引号：3213 - 1）中各个项目的上年末审定数及期末未审数。

应付账款 明细表

被审计单位：中泰纸业股份有限公司　　编制：张媛　　日期：2017-1-26　　索引号：3213-2

会计期间：2016年度　　复核：李清河　　日期：2017-1-31　　页次：

项目	期初余额	本期借方	本期贷方	期末余额	调整数	重分类	审定数	期末审定数账龄分析			
								1年以内	1-2年	2-3年	3-4年
湖北冶芳纸业有限公司	-849526.55	81050473.45	91728000.00	9828000.00			9828000.00	9828000.00			
河南靖宇纸业有限公	2464322.56	15100322.56	12636000.00	0.00			0.00	0.00			
上海家健生物技术有	352456.35	1984606.35	1807650.00	175500.00			175500.00	175500.00			
浙江成鸿化学制品有	246784.75	1980724.75	2098980.00	365040.00			365040.00	365040.00			
河南诚麟纸业有限公	2324684.98	50341484.98	48016800.00	0.00			0.00	0.00			
广东华氏造纸助剂有	247742.34	4366142.34	4586400.00	468000.00			468000.00	468000.00			
郑州百合胺粘剂有限	78538.54	2285158.54	3597750.00	1391130.00			1391130.00	1391130.00			
南宁正德科技有限公	213784.75	443338.75	383994.00	154440.00			154440.00	154440.00			
湖南汾远化工有限公	254936.76	56765936.76	61425000.00	4914000.00			4914000.00	4914000.00			
山东立华化工有限公	532536.74	5037036.74	4504500.00	0.00			0.00	0.00			
湖北柯泰制造有限公	33257.96	2427077.96	4270500.00	1876680.00			1876680.00	1876680.00			
湖北德隆纸业有限公	0.00	113724000.00	132678000.00	18954000.00			18954000.00	18954000.00			
山西正远化工有限公	0.00	2714400.00	3276000.00	561600.00			561600.00	561600.00			
湖北泰达物流有限公	432465.65	742155.65	309690.00	0.00			0.00	0.00			
合计	6331984.83	338962858.83	371319264.00	38688390.00			38688390.00	38688390.00			

审计说明：
1、经审计，复核加计正确，并与明细账、总账、报表数核对相符。
2、对期末余额大额部分进行函证。

图4.8　应付账款明细表（索引号3213-2）

填制方法：以"应付账款—湖北冶芳纸业有限公司"项目为例，打开明细账，查询条件选择科目：220201应付账款—湖北冶芳纸业有限公司（图4.9）。

委托方基本信息｜受托方基本信息｜财务报表｜总账｜明细账｜日记账｜记账凭证｜科目汇总表｜审计材料

查询条件：　科目 220201应付账款-湖北冶芳纸业有限 ▼　2016 ▼ 年　　▼ 月　　　查询

明细账

科目：湖北冶芳纸业有限公司

年		凭证		摘要	借方金额	贷方金额	借或贷	余额
月	日	种类	号数		亿千百十万千百十元角分	亿千百十万千百十元角分		亿千百十万千百十元角分
1	1	年初		上年结转			贷	-849526 55
1	8	记	22	以银行承兑汇票支付货款	2426473 45		借	3276000 00
1	13	记	30	采购未涂布原纸		3276000 00	平	0
1	31	月汇		本月合计	2426473 45	3276000 00	平	0

图4.9　应付账款明细账查询（1）

其中的1月期初余额-849526.55，也就是2016年的年初余额，填列到应付账款明细表"应付账款—湖北冶芳纸业有限公司"项目对应的期初余额栏目中。

根据明细表中本年累计项目的借贷方及余额数据，填写应付账款明细表对应的本期借方、本期贷方、期末余额栏目（图4.10）。

委托方基本信息 | 受托方基本信息 | 财务报表 | 总账 | 明细账 | 日记账 | 记账凭证 | 科目汇总表 | 审计材料

月	日	凭证类型	凭证号	摘要	借方	贷方	方向	余额
11	30	月汇		本月合计	26208000.00	6552000.00	贷	6552000.00
11	30	年汇		本年累计	74498473.45	81900000.00	贷	6552000.00
12	8	记	10	支付货款	6552000.00		平	0
12	17	记	36	购买未涂布原纸		9828000.00	贷	9828000.00
12	31	月汇		本月合计	6552000.00	9828000.00	贷	9828000.00
12	31	年汇		本年累计	81050473.45	91728000.00	贷	9828000.00
12	31	年结		结转下年			贷	9828000.00

图4.10 应付账款明细账查询（2）

通过"应付账款的期初余额（-849526.55）+本期贷方（91728000.00）-本期借方（81050473.45）=期末余额（9828000.00）"的公式计算检查期末余额的准确性。

同理，填列出底稿中的其他项目各数据，将明细账的合计数与总账、报表数核对。

系统底稿（图4.11）中已经列出需要抽查的凭证的日期及凭证号，查找对应记账凭证，核对原始凭证、授权批准、财务处理及金额，填写底稿。

抽查表

被审计单位：中泰纸业股份有限公司　编制：张缓　日期：2017-1-26　索引号：3213-3
会计期间：2016年度　复核：李清河　日期：2017-1-31　页次：

序号	凭证日期	凭证号	摘要	对应科目 方向	对应科目 名称	金额	核对情况（用"是"、"否"表示） 1	2	3	4	5	6	7	8	备注
1	2016-12-17	36#	购买未涂布原纸	借方	原材料/应交税费	9828000.00	是	是	是	是					
2	2016-9-5	9#	支付货款	贷方	银行存款	19656000.00	是	是	是	是					
3	2016-6-7	7#	支付货款	贷方	银行存款	25728300.00	是	是	是	是					
4	2016-12-14	22#	购买小麦淀粉	借方	原材料/应交税费	4914000.00	是	是	是	是					
5	2016-7-8	13#	以银行承兑汇票支付货款	贷方	应付票据	13104000.00	是	是	是	是					

核对内容说明：

1、原始凭证内容完整	5、
2、有无授权批准	6、
3、财务处理正确	7、
4、金额核对相符	8、

审计说明：经大额抽查，未见差异。

表4.11 应付账款凭证抽查表（索引号3213-3）

查找记账凭证时可使用查询功能，以第一个记账凭证为例，在凭证栏目点击"查询"，在弹出的查询框中，设定第一个凭证的搜索条件："月"等于 12，点击"并且"后面的"＋"号设定第二个凭证的搜索条件："凭证号"等于 36，点击"确定"（图 4.12）。点开搜索出的记账凭证，凭证下方附有原始单据，进行核对并填制底稿。

表 4.12　凭证查询

在明细账中查询湖北冶芳纸业有限公司 2016 年 12 月 31 日应付账款累计余额，并填写询证函相关空格（图 4.13）。其他企业询证函同理（图 4.14）。

图 4.13　企业询证函

企业询证函

编号：TN012

郑州百合胶粘剂有限公司　　　　　　（公司）：

　　本公司聘请的湖北天宁　　会计师事务所正在对本公司2016 年度财务报表进行审计，按照中国注册会计师审计准则的要求，应当询证本公司与贵公司的往来帐项等事项。请列示截止2016 年12 月31 日贵公司与本公司往来款项余额。回函请直接寄至湖北天宁　　会计师事务所。

　　回函地址：湖北省武汉市建设西路27号

　　邮编：430012　　　　电话：027-82398876　　　传真：027-82398879

　　本函仅为复核账目之用，并非催款结算。若款项在上述日期之后已经付清，仍请及时函复为盼。

（公司盖章）

年　　月　　日

1.贵公司与本公司的往来账项列示如下：

单位：元

截止日期	贵公司欠	欠贵公司	备　注
2016-12-31		1391130.00	

2.其他事项。

（公司盖章）

企业询证函

编号：TN013

湖南汾远化工有限公司　　　　　　（公司）：

　　本公司聘请的湖北天宁　　会计师事务所正在对本公司2016 年度财务报表进行审计，按照中国注册会计师审计准则的要求，应当询证本公司与贵公司的往来帐项等事项。请列示截止2016 年12 月31 日贵公司与本公司往来款项余额。回函请直接寄至湖北天宁　　会计师事务所。

　　回函地址：湖北省武汉市建设西路27号

　　邮编：430012　　　　电话：027-82398876　　　传真：027-82398879

　　本函仅为复核账目之用，并非催款结算。若款项在上述日期之后已经付清，仍请及时函复为盼。

（公司盖章）

年　　月　　日

1.贵公司与本公司的往来账项列示如下：

单位：元

截止日期	贵公司欠	欠贵公司	备　注
2016-12-31		4914000.00	

2.其他事项。

（公司盖章）

企业询证函

编号：TN014

湖北德隆纸业有限公司　　　　　　（公司）：

　　本公司聘请的湖北天宁　　　会计师事务所正在对本公司 2016 年度财务报表进行审计，按照中国注册会计师审计准则的要求，应当询证本公司与贵公司的往来帐项等事项。请列示截止 2016 年 12 月 31 日贵公司与本公司往来款项余额。回函请直接寄至湖北天宁　　　会计师事务所。

回函地址：湖北省武汉市建设西路27号

邮编：430012　　　　电话:027-82398876　　　传真:027-8239　　　　联系人：李青河

　　本函仅为复核账目之用，并非催款结算。若款项在上述日期之后已经付清，仍请及时函复为盼。

（公司签章）

年　月　日

1.贵公司与本公司的往来账项列示如下：

单位：元

截止日期	贵公司欠	欠贵公司	备注
2016-12-31		18954000.00	

2.其他事项。

（公司盖章）

图4.14　其他企业询证函

　　在往来款函证汇总表（图4.15）中，要求填写的函证比例 = 被询证公司函证金额数/所有被询证公司函证金额合计数，发函询证 4 户共计 35087130 元，回函确认 4 户共计 35087130 元。

往来款函证汇总表

被审计单位：中泰纸业股份有限公司　　　编制：张媛　　　日期：2017-1-31　　　索引号：3213-5

会计期间：2016年度　　　复核：李青河　　　日期：2017-1-31　　　页数：

单位名称	询证函编号	函证方式	函证日期		回函日期	账面金额	比例	回函金额	经调节后是否存在差异	调节表索引号
			第一次	第二次						
湖北台芳纸业有限公司	TN011	邮寄	2017-1-20		2017-1-24	9828000.00	28.01%	9828000.00		
郑州百合胶粘剂有限公司	TN012	邮寄	2017-1-20		2017-1-29	1391130.00	3.96%	1391130.00		
湖南汾远化工有限公司	TN013	邮寄	2017-1-20		2017-1-27	4914000.00	14.01%	4914000.00		
湖北德隆纸业有限公司	TN014	邮寄	2017-1-20		2017-1-28	18954000.00	54.02%	18954000.00		
							%			
							%			
							%			
							%			
							%			
							%			
							%			
							%			

发函询证4户计35087130元，回函确认4户计35087130元。

图4.15　往来款函证汇总表

最后，注册会计师根据已执行的应付账款审计程序及上述有关应付账款审计底稿及相关资料，填制《应付账款审定表》底稿（图4.16）。

应付账款审定表

被审计单位:中泰纸业股份有限公司　　　编制:张媛　　　日期:2017-1-26　　　索引号:3213-1

会计期间:2016年度　　　　　　　　　复核:李清河　　　日期:2017-1-31　　　页次:

项目	期末未审数	账项调整		重分类调整		期末审定数	上期末审定数	索引号
		借方	贷方	借方	贷方			
报表数:	38688390.00					38688390.00	6331984.83	
明细数:	38688390.00					38688390.00	6331984.83	3213-2
其中:								
湖北台芳纸业有限公司	9828000.00					9828000.00	-849526.55	
河南靖宇纸业有限公司	0.00					0.00	2464322.56	
上海家健生物技术有限	175500.00					175500.00	352456.35	
浙江成鸿化学制品有限	365040.00					365040.00	246784.75	
河南诚懿纸业有限公司	0.00					0.00	2324684.98	
广东华氏造纸助剂有限	468000.00					468000.00	247742.34	
郑州百合胶粘剂有限公司	1391130.00					1391130.00	78538.54	
南宁正德科技有限公司	154440.00					154440.00	213784.75	
湖南汾远化工有限公司	4914000.00					4914000.00	254936.76	
湖北柯泰制造有限公司	1876680.00					1876680.00	33257.96	
湖北德隆纸业有限公司	18954000.00					18954000.00	0.00	
山西正远化工有限公司	561600.00					561600.00	0.00	
山东立华化工有限公司	0.00					0.00	532536.74	
湖北泰达物流有限公司	0.00					0.00	432465.65	

审计说明:
1、经审计，复核加计正确，并与明细账、总账、报表数核对相符。2、对期末大额金额进行函证。3、期初数与上年数核对相符。

审计结论:
经审计，期末余额可予以确认。

图4.16　应付账款审定表（索引号3213-1）(2)

填制说明：根据底稿《应付账款明细表》（索引号：3213-2）的期初余额和期末余额，分别填列《应付账款审定表》（索引号：3213-1）中各个项目的上年末审定数及期末未审数。

第四节　固定资产审计*

一、固定资产的审计目标

固定资产的审计目标一般包括：

（1）确定固定资产是否存在。

（2）确定固定资产是否归被审计单位所有。

（3）确定固定资产增减变动的记录是否完整。

（4）确定固定资产的计价是否恰当。

（5）确定固定资产期末余额是否正确。

（6）确定固定资产在财务报表上的披露是否恰当。

二、固定资产审计的实质性程序

1. 编制固定资产分析表

固定资产分析表又称固定资产及累计折旧汇总表，其内容包括固定资产的增减变动情况、固定资产折旧的计提情况等。注册会计师索取或编制固定资产分析表主要是为了分析固定资产账户余额的变动，并为固定资产的取得、处置和出售等提供进一步的证据。

2. 获取或编制累计折旧分类汇总表

（1）核对上年度审计工作底稿，确定期初余额，如果是初次审计，则要追查至开账日进行详细分析。

（2）比较固定资产明细账或分类账的累计折旧合计是否等于总分类账户累计折旧的期末余额。

3. 实施分析程序

注册会计师应根据情况，选择以下方法对累计折旧实施分析程序：

（1）对折旧计提的总体合理性进行复核，是测试折旧正确与否的一个有效办法。计算、复核的方法是用应计提折旧的固定资产账面价值乘以本期的折旧率。计算之前，注册会计师当然应对本期增加和减少的固定资产、使用年限长短不一的固定资产和折旧方法不同的固定资产做适当调整。如果总的计算结果和被审计单位的折旧总额相近，且固定资产及累计折旧的内部控制较健全时，就可以适当减少累计折旧和折旧费用的其他实质性程序的工作量。

（2）计算本期计提折旧额占固定资产原值的比率，并与上期比较，分析本期折旧计提额的合理性和准确性。

（3）计算累计折旧额占固定资产原值的比率，评估固定资产的老化率，并估计因闲置、报废等原因可能发生的固定资产损失，结合固定资产减值准备，分析其是否合理。

4. 查验本期折旧费用的计提和分配是否正确

（1）复核本期与上期所使用的折旧率是否一致，如有差异应查明原因。

（2）检查固定资产预计使用年限和预计净残值是否符合有关规定，在当时情况下是否合理。

（3）注意固定资产增减变化时，有关折旧的会计处理是否符合规定，检查通过更新改造、接受捐赠或融资租入而增加的固定资产的折旧费用计算是否正确。

（4）检查折旧费用的分配是否合理，与上期分配方法是否一致。

（5）检查有无已提足折旧的固定资产继续超提折旧的情况和应计提折旧的固定资产不提或少提折旧的情况。

（6）将"累计折旧"账户贷方的本期计提折旧额与相应的成本费用中的折旧费用明细账户的借方相比较，以查明所计提折旧金额是否已全部摊入本期产品成本或费用。一旦发现差异，应及时追查原因，并考虑是否应建议做适当调整。

三、固定资产审计的实质性程序实验

实验：填制审计实训平台存货审计索引号为 3118 的底稿（图 4. 17 至图 4. 26）。

固定资产审定表

被审计单位：中泰纸业股份有限公司　　　　编制：张媛　　　　日期：2017-1-19　　　　索引号：3118-1

会计期间：2016年度　　　　　　　　　　复核：李清河　　　　日期：2017-1-22　　　　页次：

项目名称	期末未审数	账项调整		重分类调整		期末审定数	上期末审定数
		借方	贷方	借方	贷方		
一、固定资产原价合计						0.00	
其中：房屋、建筑物							
机械设备							
运输工具							
办公设备							
二、累计折旧合计						0.00	
其中：房屋、建筑物							
机械设备							
运输工具							
办公设备							

三、减值准备合计						0.00	
其中：房屋、建筑物							
机械设备							
运输工具							
办公设备							
四、账面价值合计	0.00	0.00	0.00	0.00	0.00	0.00	0.00
其中：房屋、建筑物						0.00	
机械设备						0.00	
运输工具						0.00	
办公设备						0.00	
						0.00	
审计结论：							

图 4.17　固定资产审定表（索引号 3118 – 1）

填制说明：《固定资产审定表》是固定资产科目底稿的总结性底稿，涉及账项调整、重分类调整、明细数填写等内容；这些内容是需要以明细表（图 4.18）、抽查表、截止测试表等其他底稿结果为依据进行填写汇总。所以，此表填写顺序应当放在固定资产科目的最后进行填写汇总，此时能获知调整事项等其他信息。

被审计单位：中泰纸业股份有限公司　　编制：张媛　　日期：2017-1-19　　索引号：3118-2

会计期间：2016年度　　复核：李清河　　日期：2017-1-22　　页次：

项目名称	期初余额	本期借方	本期贷方	期末余额	备注
一、固定资产原价合计	63480580.00	5838000.00	457326.00	68861254.00	
其中：房屋、建筑物	12057580.00	5838000.00	457326.00	17438254.00	
机械设备	50058000.00			50058000.00	
运输工具	800000.00			800000.00	
办公设备	565000.00			565000.00	
二、累计折旧合计	29388358.09	59738.18	5225227.44	34553847.35	
其中：房屋、建筑物	1312517.80	59738.18	286367.52	1539147.14	
机械设备	27344181.81		4755509.88	32099691.69	
运输工具	436999.77		75999.96	512999.73	
办公设备	294658.71		107350.08	402008.79	

三、减值准备合计				
其中：房屋、建筑物				
机械设备				
运输工具				
办公设备				
四、账面价值合计	34092221.91	5897738.18	5682553.44	34307406.65
其中：房屋、建筑物	10745062.20	5897738.18	743693.52	15899106.86
机械设备	22713818.19		4755509.88	17958308.31
运输工具	363000.23		75999.96	287000.27
办公设备	270341.29		107350.08	162991.21
审计说明：	1、经审计，复核加计正确，并与明细账、总账、报表数相符。2、审计调整事项见审定表。			

图 4.18 固定资产、累计折旧及减值准备明细表（3118 -2）

填制方法：以"固定资产—房屋及建筑物"项目为例，打开明细账，查询条件选择科目：160101 固定资产—房屋及建筑物（图 4.19）。

委托方基本信息 | 受托方基本信息 | 财务报表 | 总账 | 明细账 | 日记账 | 记账凭证 | 科目汇总表 | 审计材料

量金额式明细账

查询条件： 科目 160101固定资产-房屋及建筑物 ∨ 2016 ∨ 年 ∨ 月 查阅

			明细账				
科目：房屋及建筑物							
年	凭证		摘要	借方 金 额 亿千百十万千百十元角分	贷方 金 额 亿千百十万千百十元角分	借或贷	余额 亿千百十万千百十元角分
月 日	种类	号数					
1 1	年初		上年结转			借	1 2 0 5 7 5 8 0 0
1 31	月汇		本月合计	0	0	借	1 2 0 5 7 5 8 0 0
1 31	年汇		本年累计	0	0	借	1 2 0 5 7 5 8 0 0
2 28	月汇		本月合计	0	0	借	1 2 0 5 7 5 8 0 0
2 28	年汇		本年累计	0	0	借	1 2 0 5 7 5 8 0 0

图 4.19 固定资产查询

其中的 1 月期初余额 12057580.00，也就是 2016 年的年初余额，填列到固定资产、累计折旧及减值准备明细表"固定资产—房屋及建筑物"项目对应的期初余额栏目中。

根据明细表中本年累计项目的借贷方及余额数据，填写应付账款明细表对应的本期借方、本期贷方、期末余额栏目（图4.20）。

			委托方基本信息｜受托方基本信息｜财务报表｜总账｜明细账｜日记账｜记账凭证｜科目汇总表｜审计材料

图4.20　填写应付账款明细表

通过"固定资产的期初余额（12057580.00）+ 本期借方（5838000.00）- 本期贷方（457326.00）= 期末余额（17438254.00）"的公式计算检查期末余额的准确性。

同理，填列出底稿中的其他项目各数据。

系统底稿（图4.21）中已经列出需要抽查的凭证的日期及凭证号，查找对应记账凭证，核对原始凭证、授权批准、财务处理及金额，填写底稿。

抽查表

被审计单位：中泰纸业股份有限公司		编制：张嫒			日期：2017-1-26							索引号：3118-3	
会计期间：2016年度		复核：李清河			日期：2017-1-30							页次：	

序号	凭证日期	凭证号	摘要	对应科目方向	对应科目名称	金额	核对情况（用"是"、"否"表示） 1	2	3	4	5	6	7	8	备注
1	2016-12-3	5#	自用房产转为投资性房产	借方	投资性房地产/累计折	457326.00	是	是	否	是					
2	2016-12-31	48#	在建工程转入固定资产	贷方	在建工程	5838000.00	是	是	否	是					
3	2016-9-30	47#	计提本月份固定资产折旧	借方	销售费用/管理费用/	435435.62	是	是	是	是					

核对内容说明：

1、原始凭证内容完整	5、
2、有无授权批准	6、
3、财务处理正确	7、
4、金额核对相符	8、

经抽查，企业账务处理错误，应调整分录。具体调整分录见公允价值变动损益审定表。

审计说明：

图4.21　固定资产凭证抽查表（索引号3118-3）

查找记账凭证时可使用查询功能。以第一个记账凭证为例，在凭证栏目点击"查询"，在弹出的查询框中，设定第一个凭证的搜索条件："月"等于12；点击"并且"后面的"＋"号设定第二个凭证的搜索条件："凭证号"等于5；点击"确定"（图4.22）。点开搜索出的记账凭证，凭证下方附有原始单据，进行核对并填制底稿。

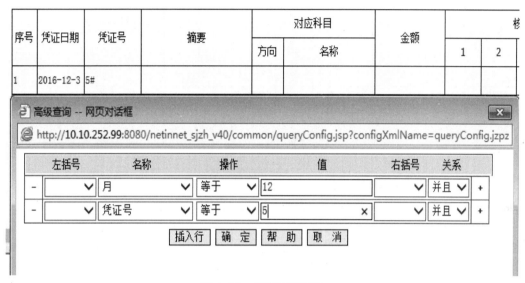

序号	凭证日期	凭证号	摘要	对应科目		金额	核	
				方向	名称		1	2
1	2016-12-3	5#						

图 4.22　查询记账凭证

3118-4号底稿（图4.23）需要填写各项固定资产的累计折旧期初余额、本期应提折旧和本期已提折旧。

折旧计算检查表

被审计单位：中泰纸业股份有限公司　　编制：张媛　　日期：2017-1-19　　索引号：3118-4-1
会计期间：2016年度　　　　　　　　　复核：李清河　　日期：2017-1-22　　页次：

固定资产名称	取得时间	使用年限	固定资产原值	残值率	累计折旧期初余额	减值准备期初余额	本期应提折旧	本期已提折旧	差异
激光粒度分布仪	2010-3-1	10	10000.00	5%	5462.73		950.00	950.04	-0.04
分光密度仪	2010-3-31	10	24000.00	5%	13110.00		2280.00	2280.00	0.00
平滑度仪	2010-3-31	10	22000.00	5%	12017.73		2090.00	2090.04	-0.04
圆盘剥离实验机	2010-3-31	10	44000.00	5%	24034.77		4180.00	4179.96	0.04
摩擦实验机	2010-3-31	10	24000.00	5%	13110.00		2280.00	2280.00	0.00
张力控制器	2010-3-31	10	9000.00	5%	4916.25		855.00	855.00	0.00
纠偏机	2010-3-31	10	8000.00	5%	4369.77		760.00	759.96	0.04
白度仪	2010-3-31	10	30000.00	5%	16387.50		2850.00	2850.00	0.00
显微镜	2010-3-31	10	22000.00	5%	12017.73		2090.00	2090.04	-0.04
D65-标准光源	2010-3-31	10	12000.00	5%	6555.00		1140.00	1140.00	0.00
可勃吸收专用取料	2010-3-31	10	9000.00	5%	4916.25		855.00	855.00	0.00
频闪仪	2010-3-31	10	14000.00	5%	7647.27		1330.00	1329.96	0.04
静态发色仪	2010-3-31	10	32000.00	5%	17479.77		3040.00	3039.96	0.04
动态发色仪	2010-3-31	10	32000.00	5%	17479.77		3040.00	3039.96	0.04
粘度计	2010-3-31	10	12000.00	5%	6555.00		1140.00	1140.00	0.00
分散仪	2010-3-31	10	5000.00	5%	2731.02		475.00	474.96	0.04

实验压光机	2010-3-31	10	15000.00	5%	8193.75		1425.00	1425.00	0.00
纸张强度检测仪	2010-3-31	10	50000.00	5%	27312.27		4750.00	4749.96	0.04
纸张显色在线检测	2010-3-31	10	854000.00	5%	466497.27		81130.00	81129.96	0.04
小型涂布机	2010-3-31	10	3800000.00	5%	2075749.77		361000.00	360999.96	0.04
DCS在线监测系统	2010-3-31	10	450000.00	5%	245812.50		42750.00	42750.00	0.00
小型轮转印刷机	2010-3-31	10	500000.00	5%	273124.77		47500.00	47499.96	0.04
可变数据打印机	2010-3-31	10	300000.00	5%	163875.00		28500.00	28500.00	0.00
BMB涂布机（1600）	2010-3-31	10	4500000.00	5%	2458125.00		427500.00	427500.00	0.00
LX1656柔印机	2010-3-31	10	1600000.00	5%	874000.23		152000.00	152000.04	-0.04
分切机	2010-3-31	10	2400000.00	5%	1311000.00		228000.00	228000.00	0.00
商业表格印刷机	2010-3-31	10	3000000.00	5%	1638750.00		285000.00	285000.00	0.00
涂料制备设备	2010-3-31	10	1000000.00	5%	546250.23		95000.00	95000.04	-0.04
打孔机	2010-3-31	10	1400000.00	5%	764749.77		133000.00	132999.96	0.04
复卷机	2010-3-31	10	1000000.00	5%	546250.23		95000.00	95000.04	-0.04
合计	----	----	21178000.00	----	11568481.35		2011910.00	2011909.80	0.20

1、对于应提与已提小数点差异部分，不进行审计调整。

折旧计算检查表

被审计单位：中泰纸业股份有限公司　　编制：张嫒　　　日期：2017-1-19　　　索引号：3118-4-2
会计期间：2016年度　　　　　　　　复核：李清河　　　日期：2017-1-22　　　页次：

固定资产名称	取得时间	使用年限	固定资产原值	残值率	累计折旧期初余额	减值准备期初余额	本期应提折旧	本期已提折旧	差异
配页机	2010-3-31	10	2800000.00	5%	1529500.23		266000.00	266000.04	-0.04
在线自动检测仪	2010-3-31	10	250000.00	5%	136562.73		23750.00	23750.04	-0.04
票证传真分切机	2010-3-31	10	900000.00	5%	491625.00		85500.00	85500.00	0.00
日本宫腰表格印码	2010-3-31	10	200000.00	5%	109249.77		19000.00	18999.96	0.04
半封闭低温机组	2010-3-31	10	200000.00	5%	109249.77		19000.00	18999.96	0.04
卷开平机	2010-3-31	10	200000.00	5%	109249.77		19000.00	18999.96	0.04
静止图像监测系统	2010-3-31	10	150000.00	5%	81937.50		14250.00	14250.00	0.00
多功能胶印机	2010-3-31	10	480000.00	5%	262200.00		45600.00	45600.00	0.00
美国BST保明丽图	2010-3-31	10	100000.00	5%	54625.23		9500.00	9500.04	-0.04
NCR号码专用机	2010-3-31	10	100000.00	5%	54625.23		9500.00	9500.04	-0.04
涂布机	2010-3-31	10	14000000.00	5%	7647499.77		1330000.00	1329999.96	0.04
涂料制备系统	2010-3-31	10	4000000.00	5%	2185000.23		380000.00	380000.04	-0.04
在线监测系统	2010-3-31	10	1500000.00	5%	819375.00		142500.00	142500.00	0.00
污水处理设备	2010-3-31	10	4000000.00	5%	2185000.23		380000.00	380000.04	-0.04
配送车	2010-3-31	10	200000.00	5%	109249.77		19000.00	18999.96	0.04
空调	2014-5-20	5	250000.00	5%	75208.27		47500.00	47499.96	0.04
电脑（研发部）	2012-4-30	5	52500.00	5%	36575.00		9975.00	9975.00	0.00
电脑（管理部）	2012-4-30	5	192500.00	5%	134108.48		36575.00	36575.04	-0.04
电脑（销售部）	2012-4-30	5	17500.00	5%	12191.52		3325.00	3324.96	0.04
电脑（生产部）	2012-4-30	5	24500.00	5%	17068.48		4655.00	4655.04	-0.04
打印机	2012-4-30	5	14000.00	5%	9753.48		2660.00	2660.04	-0.04
复印机	2012-4-30	5	14000.00	5%	9753.48		2660.00	2660.04	-0.04
轿车（管理部）	2010-3-31	10	300000.00	5%	163875.00		28500.00	28500.00	0.00
轿车（销售部）	2010-3-31	10	300000.00	5%	163875.00		28500.00	28500.00	0.00
厂房	2011-5-31	40	7484320.00	5%	814699.60		177752.60	177752.64	-0.04
办公楼01	2011-5-31	40	4573260.00	5%	497818.20		108614.93	108614.88	0.05
办公楼02	2016-12-31	40	5838000.00	5%	0.00		57771.88	0.00	57771.88
合计	----	----	48140580.00	----	17819876.74		3271089.41	3213317.64	57771.77

（1）对于应提与已提小数点差异微小部分，不进行审计调整。（2）办公楼02在7月份时就已经竣工验收，但是企业在12月份时才转入固定资产，不符，应在竣工时转入固定资产并在次月计提折旧。固办公楼02本年度应计提折旧＝（5838000*95%/（40*12））*5=57771.88。

审计说明：

图4.23　折旧计算检查表（索引号3118-4）

以第一项固定资产为例，查找 2016 年 1 月 31 日计提本月固定资产折旧费用的凭证，查看后附的折旧计算表（图 4.24），折旧计算表中“上月累计折旧计算值”即累计折旧期初余额；本期应提折旧通过年限平均法计算得出，即本期应提折旧 = 10000 × 95%/10 = 950；本期已提折旧 = 实际月折旧额 × 12 个月 = 79.17 × 12 = 950.04；差额系统自动计算。对于应提与已提小数点差异微小部分，不进行审计调整。但办公楼 02 在 7 月份时就已经竣工验收，而企业在 12 月份时才转入固定资产，不符合规定，应在竣工时转入固定资产并在次月计提折旧。因此，办公楼 02 本年度应提折旧 = ［5838000 × 95%/（40 × 12）］ × 5 = 57771.88。

固定资产折旧计算表

称：中泰纸业股份有限公司

2016年1月31日　　折旧方法：　年限平均法　　单位：元

名称	设备类型	使用部门	入账日期	单位	数量	原币单价	购进原值	使用年限	残值率%	预计净残值	已使用月份	本月折旧	累计折旧	净值	月折旧额	实际计算截止日期	累计折旧计算值	上月累计折旧计算值
设备合计						47946580.00	63480580.00			3174029.00		435435.62	29823793.71	33656786.29	435435.62		29823793.71	29388358.09
激光粒度分布仪	机械设备	研发部	2010/3/1	台	1	10000.00	10000.00	10	5%	500.00	70	79.17	5541.90	4458.10	79.17	2016/1/31	5541.90	5462.73
分光测色仪	机械设备	研发部	2010/3/31	台	2	12000.00	24000.00	10	5%	1200.00	70	190.00	13300.00	10700.00	190.00	2016/1/31	13300.00	13110.00
平滑度仪	机械设备	研发部	2010/3/31	台	2	11000.00	22000.00	10	5%	1100.00	70	174.17	12191.90	9808.10	174.17	2016/1/31	12191.90	12017.73
圆盘剥离实验机	机械设备	研发部	2010/3/31	台	2	22000.00	44000.00	10	5%	2200.00	70	348.33	24383.10	19616.90	348.33	2016/1/31	24383.10	24034.77
摩擦实验机	机械设备	研发部	2010/3/31	台	2	12000.00	24000.00	10	5%	1200.00	70	190.00	13300.00	10700.00	190.00	2016/1/31	13300.00	13110.00
张力控制器	机械设备	研发部	2010/3/31	台	1	9000.00	9000.00	10	5%	450.00	70	71.25	4987.50	4012.50	71.25	2016/1/31	4987.50	4916.25
纠偏机	机械设备	研发部	2010/3/31	台	1	8000.00	8000.00	10	5%	400.00	70	63.33	4433.10	3566.90	63.33	2016/1/31	4433.10	4369.77
白度仪	机械设备	研发部	2010/3/31	台	2	15000.00	30000.00	10	5%	1500.00	70	237.50	16625.00	13375.00	237.50	2016/1/31	16625.00	16387.50
显微镜	机械设备	研发部	2010/3/31	台	2	11000.00	22000.00	10	5%	1100.00	70	174.17	12191.90	9808.10	174.17	2016/1/31	12191.90	12017.73
D65-标准光源	机械设备	研发部	2010/3/31	台	1	12000.00	12000.00	10	5%	600.00	70	95.00	6650.00	5350.00	95.00	2016/1/31	6650.00	6555.00
可剥离胶专用取样器	机械设备	研发部	2010/3/31	台	1	9000.00	9000.00	10	5%	450.00	70	71.25	4987.50	4012.50	71.25	2016/1/31	4987.50	4916.25
雾度仪	机械设备	研发部	2010/3/31	台	2	7000.00	14000.00	10	5%	700.00	70	110.83	7758.10	6241.90	110.83	2016/1/31	7758.10	7647.27
静态发色仪	机械设备	研发部	2010/3/31	台	2	16000.00	32000.00	10	5%	1600.00	70	253.33	17733.10	14266.90	253.33	2016/1/31	17733.10	17479.77
动态发色仪	机械设备	研发部	2010/3/31	台	2	16000.00	32000.00	10	5%	1600.00	70	253.33	17733.10	14266.90	253.33	2016/1/31	17733.10	17479.77
粘度计	机械设备	研发部	2010/3/31	台	2	6000.00	12000.00	10	5%	600.00	70	95.00	6650.00	5350.00	95.00	2016/1/31	6650.00	6555.00
分散仪	机械设备	研发部	2010/3/31	台	1	5000.00	5000.00	10	5%	250.00	70	39.58	2770.60	2229.40	39.58	2016/1/31	2770.60	2731.02
实验压光机	机械设备	研发部	2010/3/31	台	1	15000.00	15000.00	10	5%	750.00	70	118.75	8312.50	6687.50	118.75	2016/1/31	8312.50	8193.75
纸张挺度检测仪	机械设备	研发部	2010/3/31	台	2	25000.00	50000.00	10	5%	2500.00	70	395.83	27708.10	22291.90	395.83	2016/1/31	27708.10	27312.27
纸张颜色在线检测	机械设备	研发部	2010/3/31	台	2	427000.00	854000.00	10	5%	42700.00	70	6760.83	473258.10	380741.90	6760.83	2016/1/31	473258.10	466497.27
小型涂布机	机械设备	研发部	2010/3/31	台	1	3800000.00	3800000.00	10	5%	190000.00	70	30083.33	2105833.10	1694166.90	30083.33	2016/1/31	2105833.10	2075749.77
DCS在线监测系统	机械设备	研发部	2010/3/31	台	1	450000.00	450000.00	10	5%	22500.00	70	3562.50	249375.00	200625.00	3562.50	2016/1/31	249375.00	245812.50
小型轮转印刷机	机械设备	研发部	2010/3/31	台	1	500000.00	500000.00	10	5%	25000.00	70	3958.33	277083.10	222916.90	3958.33	2016/1/31	277083.10	273124.77
可变数据打印机	机械设备	研发部	2010/3/31	台	1	300000.00	300000.00	10	5%	15000.00	70	2375.00	166250.00	133750.00	2375.00	2016/1/31	166250.00	163875.00
SMS涂布机（1600M）	机械设备	生产部	2010/3/31	台	1	4500000.00	4500000.00	10	5%	225000.00	70	35625.00	2493750.00	2006250.00	35625.00	2016/1/31	2493750.00	2458125.00
[illegible]	机械设备	生产部	2010/3/31	台	1	[illegible]	[illegible]	10	5%	[illegible]	70	[illegible]	[illegible]	[illegible]	[illegible]	2016/1/31	[illegible]	[illegible]

图 4.24　固定资产折旧计算表

由于办公楼 02 在 7 月份时就已经竣工验收，而企业在 12 月份时才转入固定资产，不符合规定，应当在竣工时转入固定资产，并在次月计提折旧。即企业推迟了固定资产的入账时间，所以应调整固定资产入账时间，并计提相应的折旧（图 4.25）。

固定资产增加检查表

被审计单位：中泰纸业股份有限公司　　编制：张媛　　日期：2017-1-19　　索引号：3118-5

会计期间：2016年度　　复核：李清河　　日期：2017-1-22　　页次：

固定资产名称	取得日期	取得方式	固定资产类别	增加情况		凭证号	核对内容						
				数量	原价		1	2	3	4	5	6	7
办公楼	2016-07-14	自建	房屋及建筑物	1	5838000.00	48#	是	是	是	否			

核对内容说明：

1、与发票是否一致；	5、
2、审批手续是否齐全；	6、
3、与付款单据是否一致；	7、
4、会计处理是否正确；	8、

1、企业推迟固定资产的入账时间，应调整，并计提相应的折旧。2、审计调整分录见固定资产审定表。

图 4.25　固定资产增加检查表（索引号 3118 - 5）

最后，注册会计师根据已执行的固定资产审计程序及上述有关固定资产审计底稿及相关资料，填制《固定资产审定表》底稿（图4.26）。

固定资产审定表

被审计单位：中泰纸业股份有限公司　　　编制：张媛　　　日期：2017-1-19　　　索引号：3118-1

会计期间：2016年度　　　复核：李清河　　　日期：2017-1-22　　　页次：

项目名称	期末未审数	账项调整		重分类调整		期末审定数	上期末审定数
		借方	贷方	借方	贷方		
一、固定资产原价合计	68861254.00					68861254.00	63480580.00
其中：房屋、建筑物	17438254.00					17438254.00	12057580.00
机械设备	50058000.00					50058000.00	50058000.00
运输工具	800000.00					800000.00	800000.00
办公设备	565000.00					565000.00	565000.00
二、累计折旧合计	34553847.35		57771.88			34611619.23	29388358.09
其中：房屋、建筑物	1539147.14		57771.88			1596919.02	1312517.80
机械设备	32099691.69					32099691.69	27344181.81
运输工具	512999.73					512999.73	436999.77
办公设备	402008.79					402008.79	294658.71
三、减值准备合计							
其中：房屋、建筑物							
机械设备							
运输工具							
办公设备							
四、账面价值合计	34307406.65		57771.88			34249634.77	34092221.9
其中：房屋、建筑物	15899106.86		57771.88			15841334.98	10745062.2
机械设备	17958308.31					17958308.31	22713818.1
运输工具	287000.27					287000.27	363000.2
办公设备	162991.21					162991.21	270341.2
审计结论：	经审计调整，期末余额可予以确认。						

图4.26　固定资产审定表（索引号3118-1）

根据底稿《固定资产、累计折旧及减值准备明细表》（索引号：3118-2）的期初余额和期末余额，分别填列《固定资产审定表》（索引号：3118-1）中各个项目的上年末审定数及期末未审数。

由于办公楼 02 在 7 月份时就已经竣工验收，但是企业在 12 月份时才转入固定资产，不符合规定，而应当在 7 月份竣工时转入固定资产并在次月计提折旧。因此，办公楼 02 本年度应提折旧 ＝ ［5838000×95%／（40×12）］×5 ＝ 57771.8，已计提 0，差异 ＝ 57771.88 － 0 ＝ 57771.88，需补提折旧 57771.88，故房屋、建筑物累计折旧的贷方调增 57771.88。

【本章小结】

本章介绍了采购与付款循环的主要业务活动，以及该循环涉及的主要凭证和会计记录，采购与付款的内部控制目标、关键的内部控制和审计测试的关系。对于应付账款的审计，重点介绍了应付账款审计的目标和常见的实质性程序。对于固定资产审计，重点介绍了固定资产审计的目标和常见的实质性程序。另外，本章还讲解了在审计综合实训平台中，采购与付款循环相关的审计模拟操作和审计底稿填制方法。

【思政案例】

锦州港审计案例

1998 年和 1999 年，锦州港股份有限公司（以下简称锦州港）在上海证券交易所分别上市 B 股和 A 股。境内审计工作委托给毕马威华振会计师事务所（以下简称毕马威华振），境外审计由毕马威香港会计师行完成，历年审计报告均被出具标准无保留意见。1998 年以来公司一直有巨额投资性现金流出。固定资产和银行借款急剧增加，导致折旧费和财务费用也急剧增加，直接导致当期利润显著下降。截至 2001 年末，锦州港总资产周转率 0.11 次，而同行业平均总资产周转率为 0.28 次，明显高于锦州港；同行平均固定资产周转率为 0.52 次，而锦州港只有 0.21 次。锦州港这一个小港口的资产居然超过天津港的资产，而天津港有 10 亿元的销售额，锦州港只有 3 亿元的规模。锦州港经营活动产生的现金流量完全满足不了在建工程的新增投资，其进行固定资产投资的资金来源只能依靠筹资活动产生的现金流作为保障。锦州港或许是虚增收益的同时虚增了固定资产。截至 1999 年末，该公司账面货币资金只有 45693 万元，其中有 21367 万元是虚构的。锦州港意识到这种造假手段不保险，从 2000 年开始，有意填补银行存款巨额窟窿，假账主要从固定资产和在建工程走。

处理结果如下：2002 年锦州港停牌，锦州港的大股东东方集团的股价随之下跌 5.7%。2001 年 9 月至 12 月，财政部对公司 2000 年以前年度执行《会计法》的情况进行了检查。2002 年锦州港公布了整改报告，对 2000 年及以前年度会计报告进行了追溯调整。2003 年 4 月 8 日，锦州港发布风险提示公告称，毕马威华振拟对其 2002 年度财务会计报表做较大调整，可能会将公司净利润调至微利甚至亏损，股东权益合计低于公司注册资本。毕马威华振对锦州港 2002 年报出具"拒绝表示意见"的审计意见,理由是在对锦州港会计报表进行审计时,由于审计范围受到严重限制,会计师无法获取必要的审计证据,从而不能确定其对会计报表整体反映的影响程度。

(资料来源:莫菲顾、万江:《锦州港造假案牵出毕马威 内地收费最多事务所遭遇信任危机》,《21 世纪经济报道》2003 年 2 月 17 日第 9 版,有改动。)

案例讨论及思考:

1. 毕马威因涉嫌在锦州港虚假陈述案中负有连带责任,成为国际四大会计师事务所在中国被投资者起诉的第一家。请阐述毕马威审计失败的原因,并提出自己的思考和建议。

2. 针对毕马威审计失败案例的来龙去脉,请从社会主义核心价值观及审计职业道德角度阐述你的观点。

第五章　生产与存货循环的审计

【学习目标】

1. 了解生产与存货循环的主要业务活动及涉及的主要凭证、记录与账户。
2. 熟悉生产与存货循环内部控制目标、关键内部控制和审计测试方法。
3. 掌握存货审计的目标，掌握并熟练应用存货审计中常见的实质性程序。

【知识结构】（图5.1）

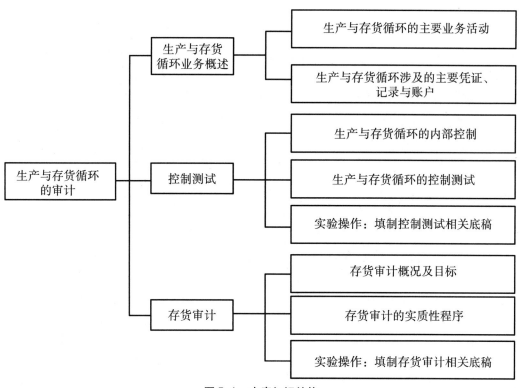

图 5.1　本章知识结构

【引导案例】

北京证监局关于存货审计的风险提示

北京证监局对证监会及各地证监局对辖区证券资格审计与评估机构下发的行政处罚、行政监管措施、检查意见书等指出的审计与评估机构存在的突出问题进行了汇总并发布风险提示，提示各审计与评估机构重点关注。其中，关于存货审计风险的提示如下：

（1）存货监盘程序不到位。对大额库存商品监盘时，未获取盘点计划，未制定监盘计划，未说明仅对部分存货实施监盘的理由，未充分关注存货盘点过程中的存货收发控制措施安排，未对存货监盘日与资产负债表日之间的存货变动情况实施进一步审计程序，相关审计证据不充分、审计工作底稿不完善。

（2）存货细节测试程序不到位。未说明存货抽样标准与依据；未充分关注大额、异常的存货明细，未对部分余额大的存货明细科目进行细节测试；未充分关注大量领料单无审批人、部分存货发运凭证和收货证明缺失的情况，存货实质性程序不充分。

（资料来源：http://www.csrc.gov.cn/beijing/c100277/c1257027/content.shtml.）

第一节 生产与存货循环业务概述*

一、生产与存货循环的主要业务活动

以一般制造型企业为例，生产和存货循环涉及的主要业务活动通常包括：计划和安排生产、发出原材料、生产产品、核算成本、产成品入库及储存、发出产成品等。涉及的部门通常包括：生产计划部门、仓储部门、生产部门、销售部门、会计部门。

1. 计划和安排生产

企业的生产计划部门根据客户订购单或者销售预测和产品需求分析来决定生产授权，如果决定授权生产，则签发并记录预先连续编号的生产通知单。此外，生产计划部门还需要编制材料需求报告，列示需要的材料和零件，预测生产工时和产品成本，编制生产进度计划表。

2. 发出原材料

生产部门根据生产任务通知单由专人填制领料单，领料单通常一式三联，形式可以

一料一单，多料一单。生产部门填制好的领料单发给仓储部门，仓储部门根据领料单发料，将一联领料单连同材料交给领料部门，一联领料单留在仓库用于登记材料明细账，另一联交会计部门用于材料收发和成本核算。

3. 生产产品

生产部门执行生产任务，完工的产成品先由生产部门统计人员查点，然后交检验员验收并办理入库手续；或者将完成的半成品移交给下一个部门，进行后续加工。

4. 核算成本

为了正确核算并有效控制产品成本，生产过程中的各种记录例如生产通知单、领料单、产量记录表、工时记录表、入库单等等都要汇集到会计部门，会计部门检查核对这些记录，并设计相应的会计账户，准确记录材料、人工和间接费用分配与归集的情况。

5. 产成品入库及储存

仓库部门对即将入库的产品进行点验和检查，对验收部门的工作进行验证，检验无误后签收入库并通知会计部门实际入库数量。对入库的产成品，仓库部门应根据其品质特征分类存放，并填制标签。

6. 发出产成品

企业应设置独立的发运部门负责发出产成品，根据经核准的发运通知书装运产成品，并编制一式四联的出库单，一联交仓库部门，一联发运部门留存，一联送交客户，一联作为开发票的依据。

二、生产与存货循环涉及的主要凭证、记录与账户

从上述业务活动的介绍可以看出，生产和存货循环涉及的主要凭证、记录与账户如表5.1所示。

表5.1　生产与存货循环涉及的主要凭证、记录与账户

业务活动	涉及的主要账户	涉及的主要凭证和记录
计划和安排生产	—	生产任务通知单
发出原材料	原材料	领料单、有关记账凭证、总账、明细账
生产产品与成本核算	原材料、制造费用、应付工资、生产成本	材料费用分配表、制造费用分配表、成本计算单、有关记账凭证、总账、明细账
产成品入库及储存	库存商品、生产成本	入库单、有关记账凭证、总账、明细账
发出产成品	库存商品、营业成本	出库单、有关记账凭证、总账、明细账

第二节 控制测试*

一、生产与存货循环的内部控制

生产与存货循环的内部控制主要包括存货的内部控制、成本会计制度的内部控制两项内容。

生产与存货循环与其他业务循环联系密切，原材料经过采购与付款循环进入生产与存货循环，伴随销售与收款中出售产成品的环节，生产与存货循环结束。基于生产与存货循环的业务特性，在其他业务循环中进行存货的审计测试将更有效。例如，在采购与付款循环中测试原材料，在销售与收款循环中测试产成品，所以本节不再赘述，仅介绍成本会计制度的内部控制目标、关键的内部控制和审计测试的关系（表5.2）。

表5.2 成本会计制度的内部控制目标、关键内部控制和审计测试一览

内部控制目标	关键内部控制	常用的控制测试	常用的实质性程序
生产业务是根据管理层一般或特定的授权进行的（发生）	对以下三个关键点，应履行恰当手续，经过特别审批或者一般审批：①生产指令的授权批准；②领料单的授权批准；③职工薪酬的授权批准	检查凭证中是否包括这三个关键点的恰当审批；检查生产指令、领料单、职工薪酬等是否经过授权	—
记录的成本为实际发生的而非虚构的（发生）	成本的核算是以经过审核的生产通知单、领发料凭证、产量和工时记录、工薪费用分配表、材料费用分配表、制造费用分配表为依据的	检查有关成本的记账凭证是否附有生产通知单、领发料凭证、产量和工时记录、工薪费用分配表、材料费用分配表、制造费用分配表等，原始凭证的顺序编号是否完整	对成本实施分析程序；将成本明细账与生产通知单、领发料凭证、产量和工时记录、工薪费用分配表、材料费用分配表相核对
所有耗费和物化劳动均已反映在成本中（完整性）	生产通知单、领发料凭证、产量和工时记录、工薪费用分配表、材料费用分配表、制造费用分配表均事先编号并已经登记入账	检查生产通知单、领发料凭证、产量和工时记录、工薪费用分配表、材料费用分配表、制造费用分配表的顺序编号是否完整	对成本实施分析程序，将生产通知单、领发料凭证、产量和工时记录、工薪费用分配表、材料费用分配表、制造费用分配表与成本明细账相核对

续表 5.2

内部控制目标	关键内部控制	常用的控制测试	常用的实质性程序
成本以正确的金额、在恰当的会计期间及时记录于适当的账户（发生、完整性、准确性、计价和分摊）	采用适当的成本核算方法且前后各期一致；采用适当的费用分配方法且前后各期一致；采用适当的成本核算流程和账务处理流程；内部核查	选取样本测试各种费用的归集和分配以及成本的计算，测试是否按照规定的成本核算流程和账务处理流程进行核算和账务处理	对成本实施分析程序；检查成本计算单，检查各种费用的归集和分配以及成本的计算是否正确；对重大在产品项目进行计价测试
对存货实施保护措施，保管人员与记录、批准人员互相独立（完整性）	存货保管人员与记录人员职务相分离	询问和观察存货与记录的接触控制以及相应的批准程序	——
账面存货与实际存货定期核对相符（存在、完整性、计价和分摊）	定期进行存货盘点	询问和观察存货盘点程序	对存货实施监盘程序

二、生产与存货循环的控制测试

成本会计制度的测试包括三项内容：直接材料成本测试、制造费用测试、生产成本在完工产品与在产品之间分配的测试。

1. 直接材料成本测试

（1）采用实际成本的，获取成本计算单、材料成本分配汇总表、材料发出汇总表、材料明细账中各直接材料的单位成本等资料。

（2）检查成本计算单中直接材料成本与材料成本分配汇总表中相关的直接材料成本是否相符，分配的标准是否合理。

（3）抽取材料发出汇总表中若干直接材料的发出总量，将其与实际单位成本相乘，并与材料成本分配汇总表中该种材料成本比较。注意领料单是否经过授权批准，材料发出汇总表是否经过复核，材料单位成本计价方法是否恰当，有无变更。

（4）采用定额成本的，抽查某种产品的生产通知单或产量统计记录及其直接材料单位消耗定额，根据材料明细账中各直接材料的实际单位成本，计算直接材料总消耗和总成本，与有关成本计算单中耗用直接材料成本核对；注意生产通知单是否经过授权批准，单位消耗定和材料成本计价方法是否恰当、有无变更。

（5）采用标准成本的，抽取生产通知单或产量统计记录、直接材料单位标准用量、直接材料标准单价及发出材料汇总表。

（6）根据产量、直接材料单位标准用量及标准单价计算的标准成本与成本计算单中的直接材料成本核对是否相符。

（7）直接材料成本差异的计算及其会计处理是否正确，前后期是否一致，有无利用材料成本差异调节材料成本。

2. 制造费用测试

（1）在制造费用分配汇总表中，选择一种或若干种产品，核对其分摊的制造费用与相应的成本计算单的制造费用是否相符。

（2）核对制造费用分配汇总表中的合计数与相关的制造费用明细账是否相符。

（3）制造费用分配汇总表选择的分配标准（机器工时数、直接人工工资、直接工时数、产量等）与相关的统计报告或原始记录是否相符，并对费用分配标准的合理性做出评价。

3. 生产成本在完工产品与在产品之间分配的测试

（1）成本计算单中在产品数量与生产统计报告或在产品盘存表中的数量是否一致。

（2）在产品约当产量计算或其他分配标准是否合理。

实验：填制审计综合实习平台索引号为2102的控制测试相关底稿（图5.2至图5.5）。

控制测试导引表

被审计单位：中泰纸业股份有限公司　　　编制：万志鑫　　　日期：2017-1-14　　　索引号：2102-1

会计期间：2016年度　　　复核：李青河　　　日期：2017-1-16　　　页　次：

项目：生产与存货循环

测试本循环控制运行有效性的工作包括：

1. 针对了解的被审计单位生产与仓储循环的控制活动，确定拟进行测试的控制活动。
2. 测试控制运行的有效性，记录测试过程和结论。
3. 根据测试结论，确定对实质性的程序的性质，时间和范围的影响。

测试本循环控制运行有效性形成下列审计工作底稿：

1. 控制测试汇总表
2. 控制测试程序
3. 控制测试过程

编制要求或参考

本审计工作底稿用以记录下列内容：
(1)汇总对本循环内部控制运行有效性进行测试的主要内容和结论；
(2)记录控制测试程序；
(3)记录控制测试过程。

图5.2　控制测试导引表（索引号2102-1）

控制测试汇总表

被审计单位：中泰纸业股份有限公司　　编制：万志鑫　　日期：2017-1-14　　索引号：2102-2

会计期间：2016年度　　复核：李清河　　日期：2017-1-16　　页 次：＿＿＿＿＿＿

项目：生产与存货循环

1.了解内部控制的初步结论

(1)控制设计合理，并得到执行	☑
(2)控制设计合理，未得到执行	☐
(3)控制设计无效或缺乏必要的控制	☐

2.控制测试结论

控制目标	被审计单位的控制活动	控制活动对实现控制目标是否有效（是/否）	控制活动是否得到执行（是/否）	控制活动是否有效运行（是/否）	控制测试结果是否支持风险评估结论（支持／不支持）
记录的入库材料是真实的且记录准确、完整	仓管员将入库单信息录入系统，经仓储经理审核录入信息无误后在系统中进行批准，系统将采购订单状态由"待处理"更新为"已收货"，系统自动生成原材料明细账。 每周，仓储经理从系统中导出包含本周所有入库信息报告，以确认录入系统的入库单是否存在跳号/重号的情况。如入库单已全部恰当录入系统，仓储经理即在入库信息报告上签字作为复核的证据。	是	是	是	支持
管理层授权进行生产	生产主管根据顾客订单或对销售预测和产品市场需求信息编写月度生产计划书，经生产副总审批。根据经审批的月度生产计划书，生产主管签发预先编号的生产通知单，组织安排生产。	是	是	是	支持
发出的材料是真实的，发出材料均已记录且记录准确、完整	仓管员根据经审批的领料单核发材料，在领料单上签字，并将领料信息输入系统，仓储经理审核录入信息无误后在系统中批准，系统自动生成原材料明细账。 每周，仓储经理从系统中导出包含本周所有领料单的领料信息报告，以确认录入系统的领料单是否存在跳号/重号的情况。如领料单已全部恰当录入系统，仓储经理即在领料信息报告上签字作为复核的证据。	是	是	是	支持
生产成本计算准确	生产过程中的各种记录、生产通知单、领料单、计工单、入库单等文件资料都要汇集到财务部门，由成本会计对其进行检查和核对，了解和控制生产过程中存货的实物流转。成本会计还要对生产成本中各项组成部分进行归集，按照预设的分摊公式和方法，将当月发生的生产成本在完工产品和在产品中按比例分配，计算出当月完工产品成本。	是	是	是	支持
已入库的产成品是真实发生的且记录准确、完整	生产结束后，质检员检查并签发预先编号的产成品验收单，生产车间将检验合格的产成品送交仓库。仓管员检查产成品验收单，核对产成品种并清点数量，填写预先编号的产成品入库单，并将入库单信息输入系统。 经仓储经理审核录入信息无误后在系统中进行批准，系统生成或更新产成品明细账。 每周，仓储经理从系统中导出包含本周所有入库信息报告，以确认录入系统的入库单是否存在跳号/	是	是	是	支持
已出库产成品是真实发生的且记录准确、完整	仓管员根据销售单填写预先连续编号的出库单，并清点货物，仓储经理在装运前再次核对销售单、出库单并再次清点货物。 办理出库后，仓管员将出库单等信息录入系统，仓储经理核对录入信息无误后在系统中批准。 每周，仓储经理从系统中导出包含本周所有出库单的入库信息报告，以确认录入系统的出库单是否存在跳号/重号的情况。如出库单已全部恰当录入系统，仓储经理	是	是	是	支持
存货账实相符	仓库和生产部门于每月、每季和年度终了，对存货进行盘点。财务部门对盘点结果进行复核。仓管员根据盘点差异汇总表，经仓储经理、生产主管签字确认，形成存货盘点报告，如存在差异则查明原因，经财务总监和总经理批准后交由财务部门调整入账。	是	是	是	支持
存货价值调整是真实发生的，所有存货价值调整均已记录且均于适当期间进行记录	系统设有存货账龄分析功能，对货龄超过一年的存货会进行提示。在盘点时，盘点人员也需关注是否存在需要计提存货跌价准备的迹象。 如果出现毁损、陈旧及残次存货，仓管员编制不良存货明细表，经仓储经理复核后，交采购经理和销售经理，他们将分析该等存货的可销售性及可变现净值。 月末，财务总监复核存货账龄分析表及存货盘点报告，与不良存货明细表核对，检查是否有遗漏。如需计提存货	是	否	否	不适用

3.相关交易和帐户余额的总体审计方案

（1）对未进行测试的控制目标的汇总

根据计划实施的控制测试，我们未对下述控制目标、相关的交易和帐户余额及其认定进行测试。

业务循环	主要业务活动	控制目标	相关交易和帐户余额及其认定	原因
略				
略				

（2）对未达到控制目标的主要业务活动的汇总

根据控制测试的结果，我们确定下述控制运行无效，在审计过程中不予信赖，拟实施实质性程序获取充分、适当的审计证据。

业务循环	主要业务活动	控制目标	相关交易和帐户余额及其认定	原因
略				
略				

（3）对相关交易和帐户余额的审计方案

根据控制测试的结果，制定下列审计方案：

受影响的交易、帐户余额	完整性（控制测试结果／需从实质性程序中获取的保证程度）	发生／存在（控制测试结果／需从实质性程序中获取的保证程度）	准确性／计价和分摊（控制测试结果／需从实质性程序中获取的保证程度）	截止（控制测试结果／需从实质性程序中获取的保证程度）	权利和义务（控制测试结果／需从实质性程序中获取的保证程度）	分类（控制测试结果／需从实质性程序中获取的保证程度）	列报（控制测试结果／需从实质性程序中获取的保证程度）
存货	低	低	低	低	低	低	高
主营业务成本	低	低	低	低	低	低	高

（注：由于假定收入存在舞弊风险，虽然控制测试的结果表明控制活动可以缓解该特别风险，我们仍拟从实质性程序中就收入的完整性、发生认定中获取中等保证程度。）

4.沟通事项

是否需要就已识别的内部控制设计、执行以及运行方面的重大缺陷，与适当层次的管理层或治理层进行沟通？

事项编号	事项记录	与治理层的沟通	与管理层的沟通
无			

编制说明：

1.本审计工作底稿记录注册会计师测试的控制活动及结论。

2.如果注册会计师不拟对与某些控制目标相关的控制活动实施控制测试，则应行执行实质性程序，对相关交易和账户余额的认定进行测试，以获取足够的保证程度。

图5.3　控制测试汇总表（索引号2102-2）

控制测试程序

项目:生产与存货循环

被审计单位:	中泰纸业股份有限公司	编制:	万志鑫	日期:2017-1-15	索引号:	2102-3
会计期间:	2016年度	复核:	李清河	日期:2017-1-16	页数:	

业务活动一:	和材料验收与仓储有关的业务活动的控制

(1)询问程序

通过实施询问程序,中泰纸业股份有限公司已确定下列事项:本年度未发现任何特殊情况、错报和异常项目;财务或生产部门的人员在未得到授权的情况下无法访问或修改系统内数据;本年度未发现下列控制活动未得到执行;本年度未发现下列控制活动发生变化。

(2)其他测试程序

控制目标	被审计单位的控制活动	控制测试程序	执行控制的频率	所测试的项目数量	索引号
记录的入库材料是真实的且记录准确、完整	仓管员将入库单信息录入系统,经仓储经理审核录入信息无误后在系统中进行批准,系统将采购订单状态由"待处理"更新为"已收货",系统自动生成原材料明细账。　　每周,仓储经理从系统中导出包含本周所有入库单的入库信息报告,以确认录入系统的入库单是否存在跳号/重号的情况。如入库单已全部恰当录入系统,仓储经理即在入库信息报告上签字作为复核的证据。	抽取验收单检查是否与采购订单内容一致。抽取验收单检查是否输入并经复核确认。	每日执行多次	3	2102-4

业务活动二:	和计划与安排生产有关的业务活动的控制

(1)询问程序

通过实施询问程序,中泰纸业股份有限公司已确定下列事项:本年度未发现任何特殊情况、错报和异常项目;财务或生产部门的人员在未得到授权的情况下无法访问或修改系统内数据;本年度未发现下列控制活动未得到执行;本年度未发现下列控制活动发生变化。

(2)其他测试程序

控制目标	被审计单位的控制活动	控制测试程序	执行控制的频率	所测试的项目数量	索引号
管理层授权进行生产	生产主管根据顾客订单或对销售预测和产品市场需求信息编写月度生产计划书,经生产副总审批。根据经审批的月度生产计划书,生产主管签发预先编号的生产通知单,组织安排生产。	抽取生产通知单检查是否与月度生产计划书中内容一致。	每月执行一次	3	2102-4

业务活动三:	与生产有关的业务活动的控制

(1)询问程序

通过实施询问程序,中泰纸业股份有限公司已确定下列事项:本年度未发现任何特殊情况、错报和异常项目;财务或生产部门的人员在未得到授权的情况下无法访问或修改系统内数据;本年度未发现下列控制活动未得到执行;本年度未发现下列控制活动发生变化。

(2)其他测试程序

控制目标	被审计单位的控制活动	控制测试程序	执行控制的频率	所测试的项目数量	索引号
发出的材料是真实的,发出材料均已记录且记录准确、完整	仓管员根据经审批的领料单审核发材料,在领料单上签字,并将领料信息录入系统,仓储经理审核录入信息无误后在系统中批准,系统自动生成原材料明细账。每周,仓储经理从系统中导出包含本周所有领料单的领料信息报告,以确认录入系统的领料单是否存在跳号/重号的情况。如领料单已全部恰当录入系统,仓储经理即在领料信息报告上签字作为复核的证据。	抽取出库单及相关的原材料领用申请单,检查是否正确输入并经适当层次复核。	每月执行一次	3	2102-4
生产成本计算准确	生产过程中的各种记录、生产通知单、领料单、计工单、入库单等文件资料都要汇集到财务部门,由成本会计对其进行编制和核对,了解和控制生产过程中存货的实物流转。成本会计还要对生产成本中各项组成部分进行归集,按照预设的分摊公式和方法,将当月发生的生产成本在完工产品和在产品中按比例分配,计算出当月完工产品成本。	检查完工产品与在产品是否按比例分配。	每月执行一次	3	2102-4
已入库的产品成品是真实发生的且记录准确、完整	生产结束后,质检员检查并签发预先编号的产成品验收单,生产车间将检验合格的产成品送交仓库。仓管员检查产成品验收单、核对产成品种并清点数量,填写预先编号的产成品入库单,并将入库单信息录入系统。经仓储经理审核录入信息无误后在系统中进行批准,系统生成更新产成品明细账。	抽取入库单是否与验收单一致。检查是否正确输入并经适当层次复核。	每周执行一次	3	2102-4
已出库产成品是真实发生的且记录准确、完整	仓管员根据销售单填写预先连续编号的出库单,并清点货物,仓储经理在装运前再次核对销售单、出库单并再次清点货物。办理出库后,仓管员将出库单信息录入系统,仓储经理审核录入信息无误后在系统中批准。每月末,成本会计按照月末一次加权平均法将当月发出的产成品成本。每周,仓储经理从系统中导出包含本周所有出库单的入库信息报告,以确认录入系统的出库单是否存在跳号/重号的情况。如出库单已全部恰当录入系统,仓储经理即在出	抽取出库单是否与销售单一致。检查是否正确输入并经适当层次复核。	每月执行一次	3	2102-4

业务活动四:	与存货管理有关的业务活动的控制				

(1)询问程序

通过实施询问程序,中泰纸业股份有限公司已确定下列事项:本年度未发现任何特殊情况、错报和异常项目;财务或生产部门的人员在未得到授权的情况下无法访问或修改系统内数据;本年度未发现下列控制活动未得到执行;本年度未发现下列控制活动发生变化。

(2)其他测试程序

控制目标	被审计单位的控制活动	控制测试程序	执行控制的频率	所测试的项目数量	索引号
存货账实相符	仓库和生产部门于每月、每季和年度终了,对存货进行盘点。财务部门对盘点结果进行复盘。仓管员编制盘点差异汇总表,经仓储经理、生产主管签字确认,形成存货盘点报告,如存在差异则查明原因,经财务总监和总经理批准后交由财务部门调整入账。	检查存货盘点是否存在差异,若存在差异是否经过适当的处理。	每月执行一次	3	2102-4
存货价值调整是真实发生的,所有存货价值调整均已记录且均于适当期间进行记录	系统设有存货货龄分析功能,对货龄超过一年的存货,会进行提示。在盘点时,盘点人员也需关注是否存在需要计提存货跌价准备的迹象。如果出现毁损、陈旧及残次存货,仓管员编制不良存货明细表,经仓储经理复核后,交采购经理和销售经理,他们将分析该等存货的可销售性及可变现净值。□★、财务部业经理专件仔分析这份分析表及存货的上明表、每天度有变……	检查超过一年账龄的存货是否计提跌价准备。	每月执行一次	3	2102-4

图 5.4 控制测试程序 (索引号 2102 - 3)

控制测试过程——生产和存货循环

被审计单位:	中泰纸业股份有限公司	编制:	万志鑫	日期: 2017-1-15	索引号:	2102-4
会计期间:	2016年度	复核:	李清河	日期: 2017-1-16	页 次:	

项目: 生产与存货循环

1.和材料验收与仓储有关的业务活动的控制							
主要业务活动	测试内容	测试项目1	测试项目2	测试项目3	测试项目4	测试项目5	测试项目6
材料验收	入库单编号#(日期)	125483# (2016-3-14)	125500# (2016-6-17)	125534# (2016-11-21)			
	入库内容	购买小麦淀粉	购买胶粘剂	购买涂布助剂			
	相对应的采购订单编号#(日期)	10001223# (2016-3-14)	10001240# (2016-6-16)	10001274# (2016-11-20)			
	验收单与采购订单是否一致(是/否)	/	/	/			
	单价在人民币50000 元以上的材料,是否经质检经理签字(是/否,如适用)	不适用	不适用	不适用			
	采购材料信息是否已正确输入系统(是/否)	是	是	是			
仓储	仓储经理是否复核输入信息(是/否)	是	是	是			
	系统是否已更新(是/否)	是	是	是			

2.和计划与安排生产有关的业务活动的控制

主要业务活动	测试内容	测试项目1	测试项目2	测试项目3	测试项目4	测试项目5	测试项目6
	测试期间	2016/3/1-2016/3/31	2016/7/1-2016/7/31	2016/12/1-2016/12/31			
	是否编制月度生产计划书(是/否)	是	是	是			
	月度生产计划书是否得到适当审批(是/否)	是	是	是			
计划和安排生产	生产通知单编号#(日期)	201603#(2016-2-28)	201607#(2016-6-30)	201612#(2016-11-30)			
	生产通知单所载内容是否包含在月度生产计划书内(是/否)	是	是	是			
	日生产加工指令单编号#(日期)	SC0131#(2016-3-3)	SC0157#(2016-7-9)	SC0201#(2016-12-4)			
	完工日期	2016-3-8	2016-7-15	2016-12-6			

3.与存货实物流转有关的业务活动的控制

主要业务活动	测试内容	测试项目1	测试项目2	测试项目3
原材料领用	生产通知单编号#(日期)	201602#(2016-1-31)	201605#(2016-4-30)	201610#(2016-9-30)
	日生产加工指令单编号#(日期)	SC0122#(2016-2-1)	SC0145#(2016-5-9)	SC0192#(2016-10-18)
	原材料领用申请单编号#(日期)	LL4361#(2016-2-1)	LL4384#(2016-5-9)	LL4431#(2016-10-18)
	原材料领用申请单项目是否与生产加工指令单相符(是/否)	是	是	是
	原材料领用申请单信息是否得到审批(是/否)	是	是	是
	原材料出库单编号#(日期)	713618#713619#	713682#713683#	713792#713793#
	原材料出库单是否得到复核确认(是/否)	是	是	是
	原材料耗用是否与生产记录日报表内容相符(是/否)	是	是	是
	转账凭证编号#(日期)	53#	46#	47#
	转账凭证是否得到适当复核(是/否)	是	是	是
产成品入库	产成品验收单编号#(日期)	YS122#(2016-2-3)	YS1145#(2016-5-15)	YS1202#(2016-10-25)
	产成品入库单编号#(日期)	201607#(2016-2-3)	201633#(2016-5-15)	201680#(2016-10-25)
	产成品入库单是否得到复核确认(是/否)	是	是	是
	出运通知单编号#(日期)	/	/	/
产成品出库	产成品出库单编号#(日期)	321497#(2016-4-8)	321530#(2016-8-10)	321573#(2016-12-21)
	产成品出库单、销售订单、出运通知单、送货单内容相符(是/否)	是	是	是
	送货单编号#(日期)	/	/	/
	送货单是否经过适当签字(是/否)	/	/	/

4.与生产成本归集与分配有关的业务活动的控制

主要业务活动	测试内容	测试项目1	测试项目2	测试项目3	测试项目4	测试项目5	测试项目6
	测试期间	2016/3/1-2016/3/31	2016/5/1-2016/5/31	2016/12/1-2016/12/31			
生产成本归集	生产成本计算表中材料成本是否与当月出库量一致(是/否)	是	是	是			
	生产成本结转凭证编号#	46#	46#	54#			
	转账凭证是否经适当审核(是/否)	是	是	是			
	是否正确计入相关明细账	是	是	是			
销售成本结转	测试期间	2016/4/1-2016/4/30	2016/5/1-2016/5/31	2016/12/1-2016/12/31			
	销售成本结转凭证编号#	50#	50#	58#			
	销售数量是否与系统内数据一致(是/否)	是	是	是			
	转账凭证是否经适当审核(是/否)	是	是	是			

图5.5 控制测试过程——生产和存货循环（索引号2102-4）

第三节 存货审计

一、存货审计概况及目标

存货是企业财务报表中的重要项目之一，审计中许多复杂和重大的问题都与存货有关，例如：存货可以直接影响流动资产、营运资本、总资产、销售成本、毛利和净利润项目，可以间接影响利润分配及所得税项目，等等。存货、产品生产和营业成本构成了企业财务中最普遍重要和复杂的问题，因此，存货的审计通常是财务报表审计中最复杂、最费时间的部分。

存货的审计目标一般包括：①确定存货是否存在（存在认定）；②属于被审计单位的存货是否均已入账（完整性认定）；③是否归被审计单位所有（权利和义务认定）；④存货的计量和计价是否准确（计价和分摊认定）；⑤存货期末余额是否正确（计价和分摊认定）。

二、存货审计的实质性程序

1. 存货明细表测试

注册会计师应当获取或编制存货余额明细表（包括构成存货报表项目的各类存货及对应的存货跌价准备），分别复核加计是否正确，并与总账数、明细账核对是否相符，存货的总计数与报表数核对是否相符。

2. 实施实质性分析程序

注册会计师可以根据具体情况，灵活实施存货的实质性分析程序，如：

（1）计算本期存货周转率，并与以前各期/预期/行业存货周转率比较；

（2）计算本期毛利率，并与以前各期/预期/行业毛利率比较；

（3）计算本期存货单位成本，并与以前各期/标准单位成本比较。

经比较，如果存在重大差异，注册会计师应调查产生重大差异的原因，并评估差异是否表明存在重大错报风险，是否需要设计恰当的细节测试程序用于应对这些风险。

3. 存货监盘

存货监盘是指注册会计师现场观察被审计单位的盘点，并对已盘点的存货进行适当检查，从而获取有关存货数量和状况的审计证据。存货监盘是存货审计中一项非常重要的程序，应做好盘点前的计划工作、盘点过程的监督工作以及盘点结束后的记录工作。除此之外，监盘时还应考虑与存货相关的重大错报风险、内部控制性质、盘点的时间安排、存货的存放地点等因素。

在存货盘点现场实施监盘时，注册会计师应当实施下列审计程序：①评价管理层用以记录和控制存货盘点结果的指令和程序；②观察管理层制定的盘点程序的执行情况；③检查存货；④执行抽盘。

注册会计师存货监盘的目的在于获取有关存货数量和状况的审计证据，因此，存货监盘主要是对存货的存在认定、完整性认定及计价和分摊认定，也能提供部分审计证据。需要说明的是，尽管实施存货监盘，获取有关期末存货数量和状况的充分、适当的审计证据是注册会计师的责任，但这并不能取代被审计单位管理层定期盘点存货、合理确定存货的数量和状况的责任。

4. 存货所有权测试

注册会计师在测试存货所有权时，应考虑以下几个方面的因素：

（1）抽查本期采购业务记录，以确定企业对本期增加的存货的所有权。

（2）复核委托代销协议及其他与存货相关的合同或文件，或者向相关方函证，以确定企业对外部存放的存货的所有权。

（3）复核董事会会议记录、法律信函、合同等，检查是否有抵押或其他对存货所有权的潜在要求。

（4）取得管理层关于存货所有权的申明书。

5. 存货计价测试

为了验证财务报表上存货余额的真实性，除了实施存货监盘程序外，还必须对存货计价进行测试，注册会计师在进行计价测试时应首先了解被审计单位本年度的存货计价方法是否符合《企业会计准则》的规定，是否与以前年度保持一致，充分关注被审计单位对存货可变现净值的确定及存货跌价准备的计提。

6. 存货的截止测试

注册会计师应该对存货实施截止测试，存货正确截止的关键在于存货实物纳入盘点范围的时间与存货的入账时间都处于同一会计期间。

（1）入库的截止测试。

在资产负债表日前后存货明细账借方发生额中各选取适量样本，与入库记录（如入库单、购货发票或运输单据）核对，以确定存货入库被记录在正确的会计期间。

在资产负债表日前后的入库记录（如入库单、购货发票或运输单据）中各选取适量样本，与存货明细账的借方发生额进行核对，以确定存货入库被记录在正确的会计期间。

存货成本的截止测试：在资产负债表日前后的制造费用明细账借方发生额中各选取适量样本，确定有无跨期现象。

（2）出库的截止测试。

在资产负债表日前后存货明细账贷方发生额中各选取适量样本，与出库记录（如出库单、销货发票或运输单据）核对，以确定存货出库被记录在正确的会计期间。

在资产负债表日前后的出库记录（如出库单、销货发票或运输单据）中各选取适量样本，与存货明细账的贷方发生额进行核对，以确定存货出库被记录在正确的会计期间。

7. 检查存货跌价准备

注册会计师检查分析存货是否存在减值迹象，以判断被审计单位计提存货跌价准备的合理性。在检查存货跌价准备时，通常实施的审计程序包括：

（1）存货余额与现有的订单、资产负债表日后各期的销售额和下一年度的预测销售额进行比较，以评估存货滞销和跌价的可能性。

（2）比较当年度及以前年度存货跌价准备占存货余额的比例，并查明异常情况的原因。

（3）结合存货监盘，观察存货的外观形态，以了解其物理形态是否正常；检查期末结存库存商品和在产品，对型号陈旧、产量下降、生产成本或售价波动、技术或市场需求变化等情形，结合期后销售情况考虑是否需进一步计提跌价准备。

实验：填制审计综合实习平台存货审计索引号为3116的底稿（图5.6至图5.25）。[*]

存货审定表

被审计单位：中泰纸业股份有限公司　　编制：万志鑫　　日期：2017-1-17　索引号：3116-1
会计期间：2016年度　　　　　　　　复核：李清河　　日期：2017-1-22　页次：

项目	期末未审数	账项调整		重分类调整		期末审定数	上期末审定数	索引号
		借方	贷方	借方	贷方			
报表数：								
明细数：						0.00		
其中：								
存货								
减值准备								
审计说明：								
审计结论：								

图5.6 存货审定表（索引号3116-1）

填制说明：《存货审定表》（图5.6）是存货科目底稿的总结性底稿，涉及账项调整、重分类调整、明细数填写等内容；这些内容是需要以明细表、抽查表、截止测试表等其他底稿结果为依据进行填写汇总。所以，此表填写顺序应当放在存货科目的最后进行填写汇总，此时能获知调整事项等其他信息。

存货类别 明细表

被审计单位:中泰纸业股份有限公司　　编制: 万志鑫　　　　日期: 2017-1-17　　　索引号:3116-2

会计期间:2016年度　　　　　　　复核: 李清河　　　　日期: 2017-1-22　　　页次:

明细项目	期初余额	本期借方	本期贷方	期末余额	备注
原材料	24702714.05	351441200.00	342741633.25	33402280.80	
库存商品	30260106.30	362074855.09	341127746.00	51216215.29	
周转材料	6500.00	3650000.00	3304320.00	352180.00	
生产成本	152820.73	361963991.79	362074855.09	41957.43	
制造费用	0.00	12582650.54	12582650.54	0.00	
合计	55131141.08	1091712697.42	1061831204.88	85012633.62	
审计说明:	1、经审计，复核加计正确，并与明细账、总账、报表数核对相符。2、审计调整分录见调整分录底稿。				

图5.7 存货类别明细表（索引号3116-2）

填制说明：以《存货类别明细表》（图5.7）中的原材料为例，在总账中搜索"原材料"科目（图5.8），查询出的1月1日年初余额24702714.05，填列到《存货类别明细表》中原材料的"期初余额"列，在总账中查询出本年的借方累计发生额351441200.00，贷方累计发生额342741633.25和余额33402280.80，分别填列到《存货类别明细表》"本期借方""本期贷方""期末余额"列。

委托方基本信息 | 受托方基本信息 | 财务报表 | 总账 | 明细账 | 日记账 | 记账凭证 | 科目汇总表 | 审计材料

查询条件：　总账科目 | 1403-原材料 　▼　2016　▼ 年 　　　▼ 月 　　查　询

总账										

科目：原材料

年		凭证		摘要	借方		贷方		借或贷	余额
月	日	种类	号数		金额 亿千百十万千百十元角分		金额 亿千百十万千百十元角分			亿千百十万千百十元角分
1	1			年初 上年结转					借	2 4 7 0 2 7 1 4 0 5
1	31	汇		本期发生额	2 5 1 8 4 4 0 0 0 0		3 5 9 4 0 8 3 6 8 0		借	1 3 9 4 6 2 7 7 2 5
1	31	月汇		本月合计	2 5 1 8 4 4 0 0 0 0		3 5 9 4 0 8 3 6 8 0		借	1 3 9 4 6 2 7 7 2 5
11	30	汇		本期发生额	2 5 9 9 2 0 0 0 0 0		2 7 5 1 0 5 6 0 4 5		借	3 2 3 8 4 1 1 7 9 0
11	30	月汇		本月合计	2 5 9 9 2 0 0 0 0 0		2 7 5 1 0 5 6 0 4 5		借	3 2 3 8 4 1 1 7 9 0
11	30	年汇		本年累计	3 2 2 2 0 4 2 0 0 0 0		3 1 4 5 2 2 7 9 6 1 5		借	3 2 3 8 4 1 1 7 9 0
12	31	汇		本期发生额	2 9 2 3 7 0 0 0 0 0		2 8 2 1 8 8 3 7 1 0		借	3 3 4 0 2 2 8 0 8 0
12	31	月汇		本月合计	2 9 2 3 7 0 0 0 0 0		2 8 2 1 8 8 3 7 1 0		借	3 3 4 0 2 2 8 0 8 0
12	31	年汇		本年累计	3 5 1 4 4 1 2 0 0 0 0		3 4 2 7 4 1 6 3 3 2 5		借	3 3 4 0 2 2 8 0 8 0
12	31	年结		结转下年					借	3 3 4 0 2 2 8 0 8 0

图 5.8　原材料总账

　　填列完毕，注册会计师依次查询明细表中各原材料的期初余额、本期发生额、期末余额（图 5.9），并加总计算合计值；查询资产负债表中"存货"项目的数值（图5.10），然后分别与底稿中原材料数据相核对。

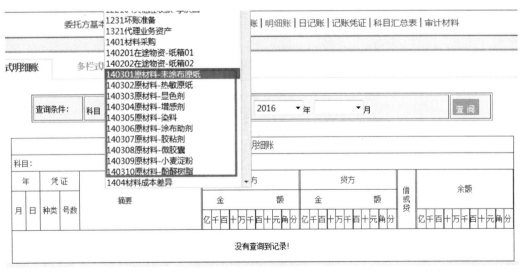

图 5.9　原材料明细账

资产负债表

编制单位：中泰纸业股份有限公司　　2016　年12月31日　　会企01表　单位：元

资　产	行次	期末余额	年初余额	负债和所有者权益(或股东权益)	行次	期末余额	年初余额
流动资产:				流动负债:			
货币资金	1	174672935.49	186478696.25	短期借款	32	0.00	20000000.00
以公允价值计量且其变动计入当期损益的金融资产	2	0.00	0.00	以公允价值计量且其变动计入当期损益的金融负债	33	0.00	0.00
应收票据	3	0.00	692569.78	应付票据	34	13104000.00	5968566.54
应收账款	4	98561736.00	30779625.38	应付账款	35	38688390.00	6331984.83
预付款项	5	0.00	12636000.00	预收款项	36	0.00	0.00
应收利息	6	0.00	0.00	应付职工薪酬	37	519282.00	455226.00
应收股利	7	0.00	0.00	应交税费	38	3393447.58	1218104.92
其他应收款	8	47000.00	54500.00	应付利息	39	0.00	0.00
存货	9	85012633.62	55131141.08	应付股利	40	0.00	0.00
一年内到期的非流动资产	10	0.00	0.00	其他应付款	41	-26951.40	-26951.40

图 5.10　资产负债表

下一步，注册会计师抽查存货，填写《抽查表》底稿（图 5.11）。

抽查表

被审计单位：中泰纸业股份有限公司　　编制：万志鑫　　日期：2017-1-17　　索引号：3116-3

会计期间：2016年度　　复核：李清河　　日期：2017-1-22　　页次：

序号	凭证日期	凭证号	摘要	对应科目		金额	核对情况（用“是”、“否”表示）								备注
				方向	名称		1	2	3	4	5	6	7	8	
1	2016-12-17	36#	购买未涂布原纸	贷方	应付账款	8400000.00	是	是	是	是					
2	2016-12-7	9#	购买热敏原纸	贷方	应付账款	16200000.00	是	是	是	是					
3	2016-12-21	39#	购买胶粘剂	贷方	应付账款	287000.00	是	是	是	是					
4	2016-11-30	49#	结转热敏完工产品的生产	借方	库存商品	16089227.73	是	是	是	是					
5	2016-12-31	56#	结转无碳打印完工产品的	借方	库存商品	13280780.55	是	是	是	是					
6	2016-9-30	48#	原材料领料进行汇总分配	贷方	原材料/周转材料	31145867.60	是	是	是	是					
7	2016-3-31	43#	计提工资及其他职工薪酬	贷方	应付职工薪酬	282932.86	是	是	是	是					
8	2016-6-30	44#	分配生产车间制造费用	贷方	制造费用	1027941.13	是	是	是	是					

核对内容说明：

1、原始凭证内容完整	5、
2、有无授权批准	6、
3、财务处理正确	7、
4、金额核对相符	8、

经抽查，未见异常。

图 5.11　抽查表（索引号 3116－3）

填制说明：以《抽查表》第一行为例，在记账凭证中搜索关键字“月”等于 12 并且“凭证号”等于 36，点击“搜索”，查询出记字第 36 号凭证（图 5.12），根据该凭证内容在《抽查表》中填写摘要“购买未涂布原纸”，对应科目方向“贷”，名称“应付账款”。并依次点击查看记字第 36 号凭证下方附带的请购单、增值税专用发票和入库单，与凭证内容核对，在《抽查表》"核对情况"中填写核对结果。

【查看记账凭证】

图 5.12 记账凭证（1）

下一步，注册会计师进行存货入库截止测试，填写《存货入库截止测试》底稿（图 5.13）。*

存货 截止测试

被审计单位：中泰纸业股份有限公司	编制：万志鑫	日期：2017-1-17	索引号：3116-3-1
会计期间：2016年度	复核：李清河	日期：2017-1-22	页数：

一、从存货明细账的借方发生额中抽取样本与入库记录核对，以确定存货入库被记录在正确的会计期间

序号	摘要	明细账凭证			入库单			是否跨期	
		编号	日期	数量/金额	编号	日期	数量/金额		
1	购买未涂布原纸	36#	2016-12-17	8400000.00	125539	2016-12-17	1500000	是☐	否☑
2	购买胶粘剂	39#	2016-12-21	287000.00	125540	2016-12-21	35000	是☐	否☑
								是☐	否☐
				截止日前					
				截止日期:2016年12月31日					
				截止日后					
1	采购显色剂	17#	2017-01-6	225000.00	301101	2017-01-6	30000	是☐	否☑
2	采购未涂布原纸	25#	2017-01-12	2800000.00	301102	2017-01-12	500000	是☐	否☑
								是☐	否☐

二、从存货入库记录抽取样本与明细账的借方发生额核对，以确定存货入库被记录在正确的会计期间

序号	摘要	入库单			明细账凭证			是否跨期	
		编号	日期	数量/金额	编号	日期	数量/金额	是	否
1	购买纸箱	125537	2016-12-9	200000	14#	2016-12-9	240000.00	□	☑
2	购买小麦淀粉	125538	2016-12-14	30000	22#	2016-12-14	4200000.00	□	☑
								是 □	否 □
	截止日前								
	截止日期:2016 年 12 月 31 日								
	截止日后								
1	彩票纸	371501	2017-01-09	10050	尚未入账			是 □	否 □
2	多联发票	371502	2017-01-15	2800	尚未入账			是 □	否 □
								是 □	否 □
审计说明:	产成品的结转于月末进行，审计日时未入账。未见重大差异。								

图 5.13　存货入库截止测试（索引号 3116 - 3 - 1）

填制说明：以《存货入库截止测试》第一行，购买未涂布原纸为例，根据凭证号及日期，搜索出记字第 36 号凭证（图 5.14），根据凭证列示金额，在《存货入库截止测试》中填写"金额"8400000.00。查看记字第 36 号凭证下附的入库单，在《存货入库截止测试》中填写"编号"125539、"日期"2016 年 12 月 17 日、"数量"1500000（图 5.15）。由于明细账凭证日期和入库单日期都处于 2016 年 12 月，所以该笔账务记录没有跨期。

【查看记账凭证】

图 5.14　记账凭证（2）

图 5.15 记账凭证第 36 号对应入库单

注册会计师做完存货入库截止测试之后，还需要对存货出库进行测试，填写《存货出库截止测试》底稿（图 5.16）。

存货　　截止测试

被审计单位：中泰纸业股份有限公司　　　编制：万志鑫　　　日期：2017-1-17　　　索引号：3116-3-2

会计期间：2016年度　　　复核：李清河　　　日期：2017-1-22　　　页数：

一、从存货明细账的贷方发生额中抽取样本与出库记录核对，以确定存货出库被记录在正确的会计期间

序号	摘要	明细账凭证			领料、出库单			是否跨期
		编号	日期	数量/金额	编号	日期	数量/金额	
1	领料进行汇总分配	54#	2016-12-31	28491237.10	713812##713813#713814#713815#713816#713817#713818#713819#713820	2016年12月		是 ☐ 否 ☑
2	结转本月销售产品成本	58#	2016-12-31	31565700.00	321666#321667#321668#321669#321670#321671#321672#321673#321674#	2016年12月		是 ☐ 否 ☑
								是 ☐ 否 ☐
			截止日前					
			截止日期:2016 年 12 月 31 日					
			截止日后					
								是 ☐ 否 ☐
								是 ☐ 否 ☐

二、从存货出库记录抽取样本与明细账的贷方发生额核对，以确定存货出库被记录在正确的会计期间

序号	摘要	领料、出库单			明细账凭证			是否跨期
		编号	日期	数量/金额	编号	日期	数量/金额	
1	彩票纸	321667#	2016-12-3	12000	58#	2016-12-31	1431360.00	是 ☐ 否 ☑
2	微胶囊	713812#713814#713816#	2016-12-1、2016-12-2、2016-12-11	4135	54#	2016-12-31	36388.00	是 ☐ 否 ☑
								是 ☐ 否 ☐

			截止日前					
			截止日期:2016年12月31日					
			截止日后					
1	热敏原纸	719124#	2017-1-2	90000	未入账			是□ 否□
2	染料	719128#719124#	2017-1-2,2017-1-7	20123	未入账			是□ 否□
								是□ 否□
审计说明:	原材料领料核算于月末进行,故未入账,未见重大差异。							

图5.16　存货出库截止测试（索引号3116 –3 –2）

填制说明：以《存货出库截止测试》中第一个项目为例，在记账凭证中搜索条件"月"等于12并且"摘要"包含"汇总分配"（图5.17），查询出记字第54号记账凭证（图5.18）。根据凭证贷方金额，在《存货出库截止测试》中填写"金额"28491237.10。查看记字第52号凭证下附的领料单，在《存货出库截止测试》中填写对应单据编号并核对，由于记账凭证与领料单都处于2016年12月，可判断该笔账务记录没有跨期。

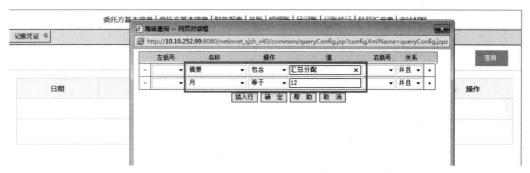

图5.17　凭证搜索示例图

记 账 凭 证

2016 年 12 月 31 日　　记 字第54 号4/4

摘　要	总账科目	明细科目	借方金额	贷方金额	
			千百十万千百十元角分	千百十万千百十元角分	
原材料领料进行汇总分	原材料	微胶囊		3 6 3 8 8 0 0	附单据17张
	原材料	小麦淀粉		4 0 9 2 9 0 0 0 0	
	原材料	酚醛树脂		2 3 3 0 0 0 0 0	
	周转材料	纸箱01		1 3 8 0 0 0 0 0	
	周转材料	纸箱02		1 3 4 4 0 0 0 0	
合　　计			2 8 4 9 1 2 3 7 1 0	2 8 4 9 1 2 3 7 1 0	

财务主管：赵伟峰　　记账：王珂玲　　出纳：　　审核：李有为　　制单：白建男

第4页 1 2 3 4 共 4 页

图5.18　记账凭证（3）

注册会计师还应对存货进行计价测试，本节仅以库存商品 POS 用纸为例（图 5.19）。

存货计价测试表*

被审计单位：	中泰纸业股份有限公司		编制：万志鑫		日期：2017-1-18			索引号：3116-4-01	
会计期间：	2016年度		复核：李清河		日期：2017-1-22			页次：	

品名及规格：	POS用纸			计价方法：	月末一次加权平均法(保留两位小数)				备注
月份	增加			减少			结存		
	数量	单价	金额	数量	单价	金额	数量	单价	金额	
期初余额							10790	112.00	1208512.50	
1	9100	118.33	1076835.76	19000	114.90	2183100.00	890	114.90	102248.26	
2	1050	120.30	126314.37	1000	117.82	117820.00	940	117.82	110742.63	
3	11010	120.06	1321861.70	1500	119.88	179820.00	10450	119.88	1252784.33	
4	1050	116.90	122747.42	10000	119.61	1196100.00	1500	119.61	179431.75	
5	15000	119.76	1796397.00	15000	119.75	1796250.00	1500	119.75	179578.75	
6	14950	119.64	1788683.78	13500	119.65	1615275.00	2950	119.65	352987.53	
7	14900	119.92	1786778.20	17000	119.87	2037790.00	850	119.87	101975.73	
8	15100	119.07	1798006.83	13000	119.12	1548560.00	2950	119.12	351422.56	
9	14050	117.58	1651999.00	13000	117.85	1532050.00	4000	117.85	471371.56	
10	11950	118.83	1420041.21	10000	118.58	1185800.00	5950	118.58	705612.77	
11	14050	118.59	1666160.00	18000	118.59	2134620.00	2000	118.59	237152.77	
12	14950	119.26	1782975.87	14000	119.18	1668520.00	2950	119.18	351608.64	
合计	137160.00	----	16338801.14	145000.00	----	17195705.00	2950.00	119.18	351608.64	----
审计说明：	经测算，单位成本波动无异常。									

图 5.19　存货计价测试表（索引号 3116-4-01）

填制说明：该底稿是对 POS 用纸进行计价测试，测试方法为月末一次加权平均法。在明细账中选择"数量金额式"，查询"库存商品-POS 用纸"，一步步测算计价是否正确（图 5.20）。例如，1 月末的移动加权平均单价 =（1208512.50 + 1076835.76）/（10790 + 9100）= 114.90（元）（保留 2 位小数）。

1 月末 POS 用纸库存余额 = 1208512.5 + 1076835.76 - 19000 × 114.9 = 102248.26（元），1 月计价准确。依次测算各月计价情况，最终得出结论。

委托方基本信息 | 受托方基本信息 | 财务报表 | 总账 | 明细账 | 日记账 | 记账凭证 | 科目汇总表 | 审计材料

图 5.20　POS 用纸数量金额式明细账

最后，注册会计师根据已执行的存货审计程序及上述存货审计底稿及相关资料，填制《存货审定表》底稿（图 5.21）。

存货审定表*

被审计单位：中泰纸业股份有限公司　　　　编制：万志鑫　　　　日期：　　2017-1-17　索引号：3116-1

会计期间：2016年度　　　　　　　　　　复核：李清河　　　　日期：　　2017-1-22　页次：

项目	期末未审数	账项调整		重分类调整		期末审定数	上期末审定数	索引号
		借方	贷方	借方	贷方			
报表数：	85012633.62		-29197790.00			114210423.62	55131141.08	
明细数：	85012633.62		-29197790.00			114210423.62	55131141.08	3116-2
其中：								
存货	85012633.62		-29197790.00			114210423.62	55131141.08	
减值准备								
审计说明：	1、经审计，复核加计正确，并与明细账、总账、报表数核对相符。2、调整分录见分录底稿。							
审计结论：	经审计调整，期末余额可予以确认。							

图 5.21　存货审定表（索引号 3116 -1）

　　填制说明：根据底稿《存货类别明细表》（索引号 3116－2）填列《存货审定表》中"期末未审数"列。

　　根据《存货监盘报告》（图 5.22），第 6 间仓库存放的传真纸和压感打印纸，被审计单位负责人解释属于方汇达公司，但是注册会计师没有发现方汇达公司签收确认文件。根据《商标行政纠纷案行政判决书》（图 5.23），注册会计师发现被审计的中泰纸业有限公司与方汇达公司是关联企业。在销售及收款循环中，已将这两家公司的交易定位为关联交易，详见底稿《应收账款审定表》（索引号 3113－1）。所以，应把销售给方汇达公司的传真纸和压感打印纸两种库存商品调整为被审计单位的存货。

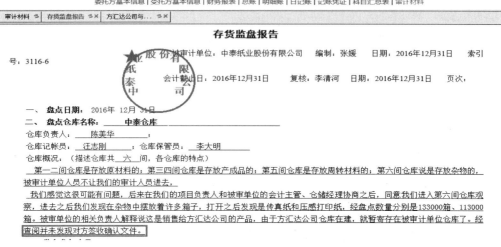

图 5.22　存货监盘报告

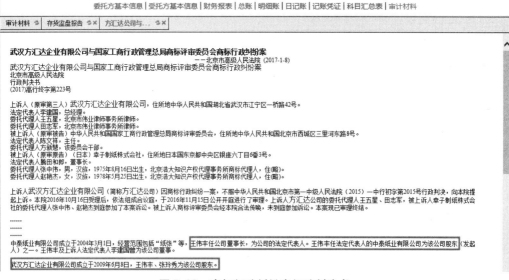

图 5.23　商标行政纠纷案行政判决书

根据被审计单位与方汇达公司的应收账款明细账（图 5.24）可以发现，双方的交易始于 2016 年 7 月；从传真纸和压感打印纸的明细账（图 5.25）中找到 7 月至 12 月对方汇达公司的销售数量记录及存货单位成本，计算并调整库存商品成本。

委托方基本信息 | 受托方基本信息 | 财务报表 | 总账 | 明细账 | 日记账 | 记账凭证 | 科目汇总表 | 审计材料

月	日		摘要	借方		贷方		方向	余额
5	31	年汇	本年累计			0		平	0
6	30	月汇	本月合计			0		平	0
6	30	年汇	本年累计			0		平	0
7	3	记 4	销售产品给武汉方汇达企	6522750 00				借	6522750 00
7	31	月汇	本月合计	6522750 00				借	6522750 00
7	31	年汇	本年累计	6522750 00				借	6522750 00
8	14	记 17	销售产品给武汉方汇达企	5469750 00				借	11992500 00
8	31	月汇	本月合计	5469750 00				借	11992500 00
8	31	年汇	本年累计	11992500 00				借	11992500 00
9	3	记 2	销售产品给武汉方汇达企	10266750 00				借	22259250 00
9	30	月汇	本月合计	10266750 00				借	22259250 00
9	30	年汇	本年累计	22259250 00				借	22259250 00

图 5.24　应收账款 – 武汉方汇达明细账

委托方基本信息 | 受托方基本信息 | 财务报表 | 总账 | 明细账 | 日记账 | 记账凭证 | 审计材料

月	日		摘要	收入数量	单价	收入金额	发出数量	单价	发出金额	方向	结存数量	单价	结存金额
6	30	年汇	本年累计	518350.		6224986845	427000.		50513960 00	借	189200.	119.95	2269544 44
7	31	记 56	结转热敏完工产品的生产	90050.0	120.23	1082626125				借	279250.	120.04	3352170 57
7	31	记 57	结转本月销售产品成本				97000.0	120.04	1164388000	借	182250.	120.04	2187782 57
7	31	月汇	本月合计	90050.0		1082626125	97000.0		1164388000	借	182250.	120.04	2187782 57
7	31	年汇	本年累计	608400.		7307612970	524000.		62157840 00	借	182250.	120.04	2187782 57
8	31	记 44	结转热敏完工产品的生产	89900.0	120.17	1080287845				借	272150.	120.08	3268070 41
8	31	记 45	结转本月销售产品成本				56000.0	120.08	672448000	借	216150.	120.08	2595622 41
8	31	月汇	本月合计	89900.0		1080287845	56000.0		672448000	借	216150.	120.08	2595622 41
8	31	年汇	本年累计	698300.		8387900815	580000.		68882320 00	借	216150.	120.08	2595622 41
9	30	记 51	结转热敏完工产品的生产	109900.	118.51	1302397425				借	326050.	119.55	3898019 84
9	30	记 52	结转本月销售产品成本				107000.	119.55	1279185000	借	219050.	119.55	2618834 84
9	30	月汇	本月合计	109900.		1302397425	107000.		1279185000	借	219050.	119.55	2618834 84
9	30	年汇	本年累计	808200.		9690298240	687000.		81674170 00	借	219050.	119.55	2618834 84
10	31	记 50	结转热敏完工产品的生产	100150.	119.21	1193916192				借	319200.	119.45	3812751 03

图 5.25　传真纸明细账

其中传真纸成本计算过程：−（20000 × 120.04 + 11000 × 120.08 + 30000 × 119.55 + 22000 × 119.45 + 30000 × 119.49 + 20000 × 119.58）= −15912380.00（元）。

压感打印纸成本计算过程：−（15000 × 117.78 + 18000 × 117.77 + 25000 × 117.44 + 15000 × 117.43 + 20000 × 117.52 + 20000 × 117.55）= −13285410.00（元）。

以贷方转回的形式增加存货 15912380.00 + 13285410.00 = 29197790 元。在"账项调整"贷方填列金额 −29197790.00。调整后审定的数额为 85012633.62 −（−29197790.00）= 114210423.62（元）。

【本章小结】

本章介绍了生产与存货循环的主要业务活动，该循环涉及的主要凭证和会计记录，成本会计制度的内部控制目标、关键的内部控制和审计测试的关系，成本会计制度测试的三项内容（直接材料成本测试、制造费用测试、生产成本在完工产品与在产品之间分配的测试）。存货审计的概况及目标，本章重点介绍存货审计中常见的几种实质性程序。另外，本章还讲解了在审计实训平台中，与生产与存货循环相关的审计模拟操作和底稿填制方法。

【思政案例】

昆明机床财务审计案例

沈机集团昆明机床股份有限公司（以下简称昆明机床）成立于 1993 年 10 月 19 日。其前身为中央机器厂，1936 年由国民政府筹备成立，1938 年迁入昆明。1953 年更名为昆明机床厂，是我国较早发展起来的机床功能部件产品制造企业，也是我国首批在香港上市的股份制企业。

昆明机床曾创造出 140 多个"中国第一台"，获 80 多项科研成果奖。1994 年，昆明机床厂在上海证券交易所上市，成为云南省第一家同时发行国内 A 股和香港 H 股的企业。

2017 年 3 月 21 日，昆明机床发布了一则关于在 2016 年年度报告审计过程中发现以往年度可能涉嫌财务违规的重大风险公告，随后又披露了公司 2013—2016 年涉嫌财务违规的事实。此时，正值新任董事长王鹤上任一个多月。面对前任留下的烂摊子，新董事长不愿"背锅"，自然得把前任遗留的问题查个清楚。于是，这颗隐藏已久的"雷"终于引爆了。

2017 年 3 月 22 日，证监会对昆明机床信息披露违法行为进行立案调查。2017 年 5 月 23 日，昆明机床被上海证券交易所暂停上市。2018 年 2 月 5 日，证监会公布了对昆明机床及 23 名责任人员的处罚决定书（〔2018〕9 号），对时任董事长王兴、总经理常宝强、财务部部长李红宁等责任人给予了合计 250 万元罚款的严厉处罚，对王兴采取终身证券市场禁入措施。2018 年 5 月 18 日，昆明机床发布公告，公司股票进入退市整理期。

2013—2015 年期间，昆明机床与多个客户和经销商签订虚假购销合同，在只收取部分定金的情况下确认收入，然后再将定金退回并做退货处理。同时，为了避免该项舞弊手段被审计人员发现，昆明机床采取了更为复杂和隐蔽的手段。昆明机床通过设立账外库房的方式，在签订虚假购销合同后先将货物转移至账外库房，而在账目上确认成本并减计存货。同时与仓库出租方串通，将租金费用开成运输发票。然后做退货处理，将该批存货转出账外库房，或者将存货拆解为零部件，以采购材料的方式重新购回。同时昆明机床采取虚构发货单、运输单等配套的舞弊措施来规避审计人员的追查。根据证监会调查结果，昆明机床在 2013—2015 年期间，通过此种方式虚构收入共计 22202 万元。

昆明机床 2013—2015 年披露的年报数据存在账实不符。为了实现通过虚假销售以虚增收入的目的，昆明机床同时伪造了货物流。在签订虚假购销合同的同时，昆明机床将对应的存货转移至账外库房以构造存货已发出且所有权已转移的假象。通过这种方式，昆明机床虚增收入的同时大量减计存货，增加营业成本。另外，昆明机床还通过降低实际产品制造成本的方式进一步调减期末存货成本的账面金额。证监会调查结果显示，昆明机床 2013—2015 年分别少记存货 12087.17 万元、18492.63 万元及 20018.73 万元，三年共计 50598.53 万元，同时虚增营业成本 23527.22 万元。

昆明机床在 2013—2015 年间分别聘请了毕马威会计师事务所（2013—2014 年）和瑞华会计师事务所（以下简称瑞华）（2015—2016 年）负责其年度财务报告审计工作，它们均对昆明机床的年度财务报告出具了标准无保留意见的审计意见。自 2016 年以来瑞华及其会计师就因 ST 亚太、海格物流等公司的问题未勤勉尽责多次收到证监会及深圳证监局、广东证监局的罚单。瑞华自 2017 年 1 月 6 日起被证监会暂停承接新的证券业务；加之云南证监局多次约谈昆明机床和瑞华，对 2016 年昆明机床年报质量的要求非常高，瑞华 2017 年加大了审计力度，发现昆明机床存在存货账实不符、销售收入虚计及跨期确认、子公司票据涂改私设多账套、公司被立案调查等问题，年审会计师无法对公司 2016 年年报发表意见，结果被昆明机床撤换掉。

（资料来源：根据相关资料综合编写。）

案例讨论及思考：

1. 审计人员可以采取什么措施防止昆明机床减记存货、增加营业成本？

2. 针对瑞华会计师事务所 2015 年财报的审计失败，以及 2017 年无法发表审计意见，从社会主义核心价值观及审计职业道德角度阐述你的观点。

第六章　货币资金的审计

【学习目标】

1. 了解货币资金种类及涉及的主要凭证。
2. 熟悉货币资金内部控制目标、关键内部控制和审计程序。
3. 掌握货币资金审计的目标，掌握并熟练应用货币资金审计中的实质性程序。

【知识结构】(图6.1)

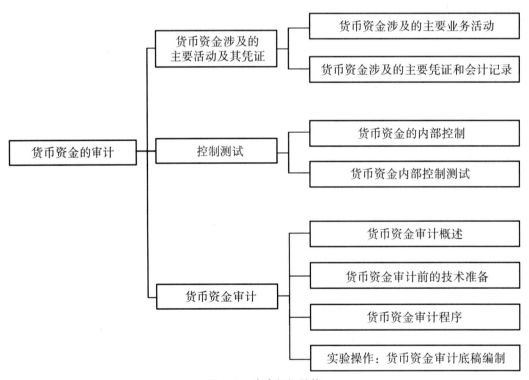

图 6.1　本章知识结构

【引导案例】

九好集团财务造假案例

2017 年 4 月，证监会对九好集团虚增2015 年贸易收入57 万余元、虚构银行存款3 亿元等一系列财务造假行为做出处罚。九好集团虚构3 亿元银行存款，并为掩饰虚构的3 亿元银行存款而借款3 亿元并进行存单质押。其借款和质押行为并未对外披露。

（1）审计失败原因主要在于银行存款审计不到位。负责审计九好集团的会计师事务所在未收到银行回函且浙江证监局提醒过3 亿元定期存款的情况下，并未执行审计程序，仍发表标准无保留意见的审计报告。

该会计师事务所以查询了网银和征信中心的信用报告为由，主张已执行了必要的审计程序。然而，网银页面截屏仅能说明存款是否存在，无法了解存款是否被质押等事实。

（2）实务启示。银行询证函要尽快发出，如若临近审计报告出具日还未收到回函，可电话询问银行回函结果。

第一节　货币资金涉及的主要活动及其凭证*

一、货币资金涉及的主要业务活动

货币资金的业务活动与企业主要的几个业务循环都有直接关系。例如，在销售与收款循环中，企业销售的产品或提供的劳务最终往往是通过货币资金的形式实现的；在购货与付款循环中，企业也经常以货币作为主要的支付方式；在筹资与投资循环中，企业取得借款、发行股票或债券、购买股票或债券等，货币资金也是常用的支付手段。因此，货币资金的使用贯穿了企业主要的业务循环。

货币资金的收付涉及企业生产经营的方方面面，因而其与各个业务循环均直接相关。图6.2 列示了货币资金与各个业务循环中具有代表性的会计科目或财务报表项目的资金往来关系。图6.3 更加直观地展示了货币资金作为各个业务循环的枢纽，起到了"资金池"的作用。

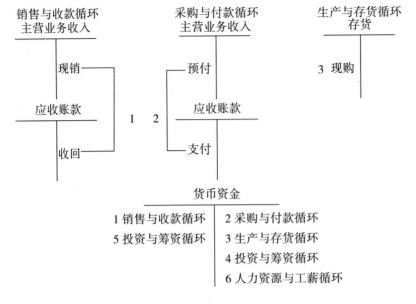

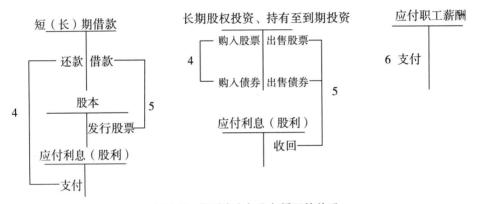

图6.2 货币资金与业务循环的关系

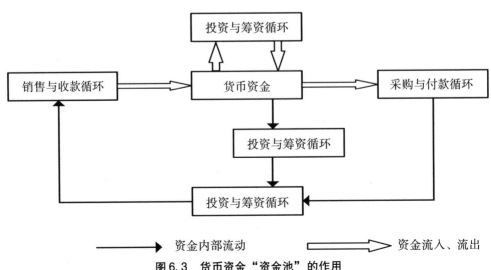

图6.3 货币资金"资金池"的作用

二、货币资金涉及的主要凭证和会计记录

货币资金涉及的主要凭证和会计记录有：

（1）库存现金盘点表。

（2）银行对账单。

（3）银行存款余额调节表。

（4）有关科目的记账凭证（现金收、付款凭证，银行存款收、付款凭证等）。

（5）有关会计账簿（现金日记账、银行存款日记账等）。

第二节　控制测试

一、货币资金的内部控制

由于货币资金具有很强的流动性，且易被盗用，因此企业必须加强对货币资金的管理。一个设计良好的货币资金内部控制程序应该做到以下几点：有关货币资金的交易必须由多人分工完成，严禁由一个人包办；货币资金收支和记账的岗位实行分离；货币资金收支要有合理、合法的凭据；全部收支及时准确入账，对支出要有核准手续；控制现金坐支，当日收入现金应及时送存银行；除了少量的小额支出可用库存现金支付以外，所有的支付都应采取支票或电子转账方式；由不负责签发支票或保管现金的员工按月盘点现金，编制银行存款余额调节表，做到账实相符，而且银行存款余额调节表要经过有关主管人员的复核；加强对货币资金收支业务的内部审计。

财政部于 2001 年 7 月 12 日发布的《内部会计控制规范——货币资金（试行）》中，将货币资金内部控制确定为以下内容。

1. 岗位分工及授权批准

（1）单位应当建立货币资金业务的岗位责任制，明确相关部门和岗位的职责权限，确保办理货币资金业务的不相容岗位相互分离、制约和监督；出纳人员不得兼任稽核、会计档案保管和收入、支出、费用、债权债务账目的登记工作；单位不得由一人办理货币资金业务的全过程。

（2）单位应当对货币资金业务建立严格的授权批准制度，明确审批人对货币资金业务的授权批准方式、权限、程序、责任和相关控制措施，规定经办人办理货币资金业务的职责范围和工作要求；审批人应当根据货币资金授权批准制度的规定，在授权范围内进行审批，不得超越审批权限；经办人应当在职责范围内，按照审批人的批准意见办理货币资金业务；对于审批人超越授权范围审批的货币资金业务，经办人员有权拒绝办理，并及时向审批人的上级授权部门报告。单位对于重要货币资金支付业务，应当实行

集体决策和审批，并建立责任追究制度，防范贪污、侵占、挪用货币资金等行为。严禁未经授权的机构或人员办理货币资金业务或直接接触货币资金。

（3）单位应当按照规定的程序办理货币资金支付业务。①支付申请。单位有关部门或个人用款时，应当提前向审批人提交货币资金支付申请，注明款项的用途、金额、预算、支付方式等内容，并附有效经济合同或相关证明。②支付审批。审批人根据其职责、权限和相应程序对支付申请进行审批。对不符合规定的货币资金支付申请，审批人应当拒绝批准。③支付复核。复核人应当对批准后的货币资金支付申请进行复核，复核货币资金支付申请的批准范围、权限、程序是否正确，手续及相关单证是否齐备，金额计算是否准确，支付方式、支付单位是否妥当，等等。复核无误后，交由出纳人员办理支付手续。④办理支付。出纳人员应当根据复核无误的支付申请，按规定办理货币资金支付手续，及时登记现金和银行存款日记账。

2. 现金和银行存款的管理

（1）单位应当加强现金库存限额的管理，超过库存限额的现金应及时存入银行。

（2）单位必须根据《现金管理暂行条例》的规定，结合本单位的实际情况，确定本单位现金的开支范围。不属于现金开支范围的业务应当通过银行办理转账结算。

（3）单位现金收入应当及时存入银行，不得用于直接支付单位自身的支出。因特殊情况需坐支现金的，应事先报经开户银行审查批准；单位借出款项必须执行严格的授权批准程序，严禁擅自挪用、借出货币资金。

（4）单位取得的货币资金收入必须及时入账，不得私设"小金库"，不得账外设账，严禁收款不入账。

（5）单位应当严格按照《支付结算办法》等国家有关规定，加强银行账户的管理，严格按照规定开立账户，办理存款、取款和结算；单位应当定期检查、清理银行账户的开立及使用情况，发现问题，及时处理；单位应当加强对银行结算凭证的填制、传递及保管等环节的管理与控制。

（6）单位应当严格遵守银行结算纪律，不准签发没有资金保证的票据或远期支票，套取银行信用；不准签发、取得和转让没有真实交易和债权债务的票据，套取银行和他人资金；不准无理拒绝付款，任意占用他人资金；不准违反规定开立和使用银行账户。

（7）单位应当指定专人定期核对银行账户，每月至少核对一次，编制银行存款余额调节表，使银行存款账面余额与银行对账单调节相符；如调节不符，应查明原因，及时处理。

（8）单位应当定期和不定期地进行现金盘点，确保现金账面余额与实际库存相符；如发现不符，及时查明原因，做出处理。

3. 票据及有关印章的管理

（1）单位应当加强与货币资金相关的票据的管理，明确各种票据的购买、保管、领用、背书转让、注销等环节的职责权限和程序，并专设登记簿进行记录，防止空白票据的遗失和被盗用。

（2）单位应当加强银行预留印鉴的管理。财务专用章应由专人保管，个人名章必须由本人或其授权人员保管。严禁一人保管支付款项所需的全部印章。按规定需要有关负责人签字或盖章的经济业务，必须严格履行签字或盖章手续。

4. 监督检查

（1）单位应当建立对货币资金业务的监督检查制度，明确监督检查机构或人员的职责权限，定期和不定期地进行检查。

（2）货币资金监督检查的内容主要包括以下几点：①货币资金业务相关岗位及人员的设置情况。重点检查是否存在货币资金业务不相容职务混岗的现象。②货币资金授权批准制度的执行情况。重点检查货币资金支出的授权批准手续是否健全，是否存在越权审批行为。③支付款项印章的保管情况。重点检查是否存在办理付款业务所需的全部印章交由一人保管的现象。④票据的保管情况。重点检查票据的购买、领用、保管手续是否健全，票据保管是否存在漏洞。

（3）对监督检查过程中发现的货币资金内部控制中的薄弱环节，应当及时采取措施，以纠正和完善。

二、货币资金内部控制测试

对货币资金内部控制进行测试的主要程序如下。

1. 了解货币资金内部控制

注册会计师可以根据实际情况采用不同的方法实现对货币资金内部控制的了解。一般而言，注册会计师可以采用编制流程图的方法。编制货币资金内部控制流程图是货币资金控制测试的重要步骤。注册会计师在编制之前应通过询问、观察等调查手段收集必要的资料，然后根据所了解的情况编制流程图。对中小企业，也可采用编写货币资金内部控制说明的方法。若年度审计工作底稿中已有以前年度的流程图，注册会计师可根据调查结果加以修正，以供本年度审计之用。一般地，了解货币资金内部控制时，注册会计师应当注意检查货币资金内部控制是否建立并严格执行。

2. 抽取并检查收款凭证

如果货币资金收款的内部控制不强，很可能发生贪污舞弊或挪用等情况。例如，在一个小型企业中，出纳员同时记应收账款明细账，很可能发生循环挪用的情况。为测试货币资金收款的内部控制，注册会计师应选取一定数量的收款凭证，做如下检查：

（1）核对收款凭证与存入银行账户的日期和金额是否相符。

（2）核对货币资金、银行存款日记账的收入金额是否正确。

（3）核对收款凭证与银行对账单是否相符。

（4）核对收款凭证与应收账款等相关明细账的有关记录是否相符。

（5）核对实收金额与销货发票等相关凭据是否一致。

3. 抽取并检查付款凭证

为测试货币资金付款的内部控制，注册会计师应选取一定数量的货币资金付款凭证，做如下检查：

（1）检查付款的授权批准手续是否符合规定。

（2）核对货币资金、银行存款日记账的付出金额是否正确。

（3）核对付款凭证与银行对账单是否相符。

（4）核对付款凭证与应付账款等相关明细账的记录是否一致。

（5）核对实付金额与购货发票等相关凭据是否相符。

4. 抽取一定期间的现金、银行存款日记账与总账核对

首先，注册会计师应抽取一定期间的库存现金、银行存款日记账，检查其有无计算错误、加总是否正确。如果检查中发现问题较多，说明被审计单位货币资金的会计记录不够可靠。其次，注册会计师应根据日记账提供的线索，核对总账中的现金、银行存款、应收账款、应付账款等有关账户的记录。

5. 抽取一定期间银行存款余额调节表，检查其是否按月正确编制并经复核

为证实银行存款记录的正确性，注册会计师必须抽取一定期间的银行存款余额调节表，将其与银行对账单，银行存款日记账及总账进行核对，确定被审计单位是否按月正确编制并复核银行存款余额调节表。

6. 评价货币资金的内部控制

注册会计师在完成了上述程序之后，即可对货币资金的内部控制进行评价。评价时，注册会计师应首先确定货币资金的内部控制可依赖的程度以及存在的薄弱环节和缺点，然后据以确定在货币资金实质性测试中对哪些环节可以适当减少审计程序，哪些环节应增加审计程序，以减少审计风险。

第三节　货币资金审计

一、货币资金审计概述

1. 库存现金

库存现金包括记账本位币（人民币）和外币。企业应当设置"现金日记账"进行核算。

2. 银行存款

银行存款核算企业存入银行或者其他金融机构的各种款项，企业应当按开户银行和其他金融机构、存款种类等设置"银行存款日记账"进行核算。

3. 其他货币资金

其他货币资金核算企业外埠存款、银行本票存款、信用卡存款及保证金存款、存出投资款等，企业应当按其明细科目设置"其他货币资金明细账"进行核算。

二、货币资金审计前的技术准备

1. 审计前的准备

在审计前，审计人员应当了解被审计单位货币资金核算的相关控制及人员配置情况，确保能较为明确地向相关人员询问、了解并及时收集资料。

2. 涉及的主要财务资料

（1）现金日记账、银行存款日记账、其他货币资金明细账及相关的会计凭证。
（2）银行对账单及银行存款余额调节表。
（3）企业在所有金融机构的开户清单及开户资料等。
（4）企业信用报告。
（5）银行支票、现金支票登记簿及存根联。
（6）银行票据登记簿。
（7）询证函等。

3. 货币资金的审计目标

存货资金的审计目标如表6.1所示。

表6.1 存货资金的审计目标

认 定	说 明
存在性	资产负债表中记录的资金是存在的
完整性	所有应当记录的货币资金均已记录
权利和义务	记录的货币资金由被审计单位拥有或控制
计价和分摊	货币资金以恰当的金额包括在财务报表中，与之相关的计价调整已恰当记录
列报	货币资金已按照《企业会计准则》的规定在财务报表中做出恰当列报

三、货币资金审计程序

1. 库存现金的实质性审计程序

（1）核对库存现金日记账与总账的余额是否相符，检查非记账本位币库存现金的折算汇率及折算金额是否正确，编制货币资金明细表。

（2）监盘库存现金。盘点和监盘库存现金的步骤和方法主要有以下各项：①制定监盘计划，确定监盘时间。②审阅库存现金日记账并同时与现金收付凭证相核对。③由出纳员根据库存现金日记账加计累计数额，结出现金余额。④盘点保险柜中的现金实存数，同时由注册会计师编制"库存现金监盘表"，分币种、面值列示盘点金额。⑤财务报表日后进行盘点时，应调整至资产负债表日的金额。⑥将盘点金额与库存现金日记账余额进行核对，如有差异，应查明原因，并做出记录或适当调整；如果无法查出原因，应要求被审计单位按管理权限批准后做出调整。⑦若有冲抵库存现金的借条、未提现支票、未作报销的原始凭证，应在"库存现金盘点表"中注明，必要时应提请被审计单位做出必要的调整。

（3）分析被审计单位日常库存现金余额是否合理，关注是否存在大额未缴存的现金。

（4）抽查大额库存现金收支。

（5）抽查财务报表日后若干的、一定金额以上的收支凭证实施截止测试。

（6）检查库存现金是否在资产负债表上恰当列报。

2. 银行存款的实质性审计程序

（1）核对银行存款日记账与总账的余额是否相符，编制银行存款明细表。

（2）实施实质性分析程序。

（3）检查银行存款账户发生额。

（4）取得并检查银行存款对账单和银行存款余额调节表。

（5）函证银行存款余额，检查银行回函，编制银行存款函证结果汇总表。

（6）检查银行存款账户存款人是否为被审计单位。

（7）关注是否存在质押、冻结等对变现有限制或存在境外款项。

（8）关注是否存在不符合现金及现金等价物的银行存款。

（9）抽查大额银行存款收支的原始凭证。

（10）检查银行存款收支的正确截止时间。

（11）检查银行存款的列报是否恰当。

货币资金循环（主要涉及库存现金、银行存款、其他货币资金等科目共7张底稿，以下列举部分相关底稿）底稿填制流程如图6.4所示。

```
┌─────────────────────────────────────────┐
│   填写并核对货币资金明细表及货币资金凭证抽查表   │
└─────────────────────────────────────────┘
                    ↓
┌─────────────────────────────────────────┐
│          发函并核对银行存款回函表            │
└─────────────────────────────────────────┘
                    ↓
┌─────────────────────────────────────────┐
│              库存现金监盘                   │
└─────────────────────────────────────────┘
                    ↓
┌─────────────────────────────────────────┐
│       确定是否有调整并填写货币资金审定表       │
└─────────────────────────────────────────┘
```

图6.4 本循环底稿填制流程

实验：填制审计综合实习平台索引号为3111的相关底稿（图6.5至图6.13）。

货币资金审定表*

被审计单位：中泰纸业股份有限公司　　　　编制：陈仁敬　　　　日期：2017-01-16　　　　索引号：3111-1

会计期间：2016年度　　　　　　　　　　复核：李清河　　　　日期：2017-01-22　　　　页次：

项目	期末未审数	账项调整		重分类调整		期末审定数	上期末审定数	索引号
		借方	贷方	借方	贷方			
报表数：	174672935.49					174672935.49	186478696.25	
明细数：	174672935.49					174672935.49	186478696.25	3111-2
其中：								
银行存款	168096538.91					168096538.91	183488263.47	
库存现金	24396.58					24396.58	6432.78	
其他货币资金	6552000.00					6552000.00	2984000.00	
审计说明：	1、期初数与上年审定数核对相符，上年无审计调整事项。2、本年度无审计调整事项。							
审计结论：	经审计，期末余额可予以确认。							

图6.5 货币资金审定表（索引号：3111-1）

填制说明：本底稿（图6.5）应在完成其他货币资金循环底稿之后填制。

检查企业2016年12月31日资产负债表（图6.6），期末余额就是本年期末未审数；根据表中列示的年初余额填写上年期末审定的数据，并审计资料中查询上年度审定资产负债表（核对金额是否一致）。

财务报表 | 资产负债表

资产负债表

会企01表

编制单位：中泰纸业股份有限公司　　2016 年12月31日　　单位：元

资　产	行次	期末余额	年初余额	负债和所有者权益(或股东权益)	行次	期末余额	年初余额
流动资产：				流动负债：			
货币资金	1	174672935.49	186478696.25	短期借款	32	0.00	20000000.00
以公允价值计量且其变动计入当期损益的金融资产	2	0.00	0.00	以公允价值计量且其变动计入当期损益的金融负债	33	0.00	0.00
应收票据	3	0.00	692569.78	应付票据	34	13104000.00	5968566.54
应收账款	4	98561736.00	30779625.38	应付账款	35	38688390.00	6331984.83
预付款项	5	0.00	12636000.00	预收款项	36	0.00	
应收利息	6			应付职工薪酬	37	519382.00	455226.00

bill/kjbb_zcfzb0_zcfzb_2014/V1/kjbb_zcfzb0_zcfzb_2014.jsp 资产负债表（2014版）_V1 经济业务原始单据显示

资产负债表

会企01表

编制单位：中泰纸业股份有限公司　　2015 年12月31日　　单位：元

资　产	行次	期末余额	年初余额	负债和所有者权益(或股东权益)	行次	期末余额	年初余额
流动资产：				流动负债：			
货币资金	1	186,478,696.25	166,710,958.42	短期借款	32	20,000,000.00	20,000,000.00
以公允价值计量且其变动计入当期损益的金融资产	2			以公允价值计量且其变动计入当期损益的金融负债	33		
应收票据	3	692,569.78	3,263,500.00	应付票据	34	5,968,566.54	3,879,568.25
应收账款	4	30,779,625.38	31,364,720.61	应付账款	35	6,331,984.83	10,463,706.68
预付款项	5	12,636,000.00	10,475,698.18	预收款项	36	0.00	1,026,675.00
应收利息	6			应付职工薪酬	37	455,226.00	418,152.60
应收股利	7			应交税费	38	1,218,104.92	730,862.95
其他应收款	8	54,500.00	0.00	应付利息	39		
存货	9	55,131,141.08	47,412,781.33	应付股利	40		
一年内到期的非流动资产	10			其他应付款	41	-26951.40	164,336.95
其他流动资产	11			一年内到期的非流动负债	42		
流动资产合计	12	285,772,532.49	259,227,658.54	其他流动负债	43		
非流动资产：				流动负债合计	44	33,946,930.89	44,683,302.43
可供出售金融资产	13			非流动负债：			
持有至到期投资	14			长期借款	45		
长期应收款	15			应付债券	46		
长期股权投资	16			长期应付款	47		
投资性房地产	17			专项应付款	48		
固定资产	18	34,092,221.91	39,317,449.35	预计负债	49		
在建工程	19	4,088,000.00	0.00	递延收益	50		
工程物资	20			递延所得税负债	51		
固定资产清理	21			其他非流动负债	52		
生产性生物资产	22			非流动负债合计	53		
油气资产	23			负债合计	54	33,946,930.89	44,683,302.43

委托方基本信息 | 受托方基本信息 | 财务报表 | 总账 | 明细账 | 日记账 | 记账凭证 | 科目汇总表 | 审计材料

审计材料 | 上年度审定资...

查看经济业务详情

图6.6　资产负债表

根据底稿《货币资金明细表》（索引号：3111 – 2）（图 6.7）的期初余额和期末余额，分别填列《货币资金审定表》（索引号：3111 – 1）（图 6.5）中银行存款、库存现金、其他货币资金的上年末审定数及期末未审数。

货币资金 明细表*

被审计单位：中泰纸业股份有限公司	编制：陈仁敬	日期：2017-01-16	索引号：3111-2
会计期间：2016年度	复核：李清河	日期：2017-01-22	页次：

项目	期初余额	本期借方	本期贷方	期末余额	备注
银行存款-交通银行武汉汉阳支行	183432263.47	422401183.96	437801671.20	168031776.23	
银行存款-中国工商银行武汉阳	56000.00	3418812.68	3410050.00	64762.68	
库存现金	6432.78	210000.00	192036.20	24396.58	
其他货币资金-银行承兑汇票保证	2984000.00	8202000.00	4634000.00	6552000.00	

图 6.7 货币资金明细表

根据本循环的审计工作，货币资金本年度没有审计调整事项。最终得出结论：经审计，期末余额可予以确认。

填制方法：以"银行存款 – 交通银行武汉汉阳支行"项目为例，打开明细账，查询条件选择科目：100201 银行存款 – 交通银行武汉汉阳支行（图 6.8）。其中的 1 月期初余额 183432263.47，也就是 2016 年的年初余额，填列到货币资金明细表"银行存款 – 交通银行武汉汉阳支行"项目对应的期初余额栏目中。

图 6.8 银行存款明细表

根据明细表中本年累计项目的借贷方及余额数据，填写货币资金明细表对应的本期借方、本期贷方、期末余额栏目。

通过"期初余额（183432263.47）＋本期借方（422401183.96）－本期贷方

（437801671.20）＝期末余额（168031776.23）"的公式计算检查期末余额的准确性（图6.9）。并把期末余额与银行存款函证回函结果相核对。

12	17	记	35	销售产品给南昌腾达贸易		2	2	4	6	4	0	0	0	0									借	1	6	5	0	4	2	0	3	7	4
12	21	记	38	提取备用金													2	0	0	0	0	0	0	借	1	6	5	0	2	2	0	3	7	4
12	21	记	41	银行利息收入			2	3	8	3	6	9	0	9									借	1	6	5	2	6	0	4	0	6	8	3
12	22	记	42	支付并分配本月水电费														1	7	7	0	3	7	4	借	1	6	5	2	4	2	7	0	3	0	9
12	22	记	43	支付并分配本月水电费														7	6	7	7	2	6	8	6	借	1	6	4	4	7	4	9	7	6	2	3
12	24	记	45	收到前欠货款			3	5	5	6	8	0	0	0	0									借	1	6	8	0	3	1	7	7	6	2	3
12	31	月汇		本月合计			3	4	6	1	7	9	1	9	0	9		5	2	6	5	6	6	3	5	9	6	借	1	6	8	0	3	1	7	7	6	2	3
12	31	年汇		本年累计		4	2	2	4	0	1	1	8	3	9	6	4	3	7	8	0	1	6	7	1	2	0	借	1	6	8	0	3	1	7	7	6	2	3
12	31	年结		结转下年																						借	1	6	8	0	3	1	7	7	6	2	3

图6.9　银行存款明细表

　　系统底稿（图6.10）中已经列出需要抽查的凭证的日期及凭证号，查找对应记账凭证，核对原始凭证、授权批准、财务处理及金额，填写底稿。

抽查表[*]

被审计单位：中泰纸业股份有限公司				编制：陈仁歌			日期：2017-01-16			索引号：3111-3	
会计期间：2016年度				复核：李清河			日期：2017-01-22			页次：	

序号	凭证日期	凭证号	摘要	对应科目		金额	核对情况（用"是"、"否"表示）								备注
				方向	名称		1	2	3	4	5	6	7	8	
1	2016-2-8	12#	收到前欠货款	贷方	应收账款	5552496.19	是	是	是	是					
2	2016-7-8	12#	申请银行承兑汇票，支付保证金	借方	其他货币资金/财务费	6658552.00	是	是	是	是					
3	2016-3-2	1#	收到前欠货款	贷方	应收账款	15373800.00	是	是	是	是					
4	2016-3-5	6#	支付货款	借方	应付账款/财务费用	22745050.50	是	是	是	是					
5	2016-6-1	2#	收到前欠货款	贷方	应收账款	11524500.00	是	是	是	是					
6	2016-7-14	26#	支付工程尾款	借方	在建工程	1750000.00	是	是	是	是					
7	2016-8-14	18#	支付货款	借方	应付账款	18954000.00	是	是	是	是					
8	2016-12-14	19#	支付广告费	借方	销售费用/应交税费	318000.00	是	是	是	是					
9	2016-12-14	21#	支付货款	借方	应付账款	31590000.00	是	是	是	是					
10	2016-2-6	9#	支付福利费	借方	应付职工薪酬	27000.00	是	是	是	是					

核对内容说明：

1、原始凭证内容完整	5、
2、有无授权批准	6、
3、财务处理正确	7、
4、金额核对相符	8、

审计说明：经抽查大额凭证，未见异常。

表6.10　货币资金凭证抽查表（索引号：3111-3）

查找记账凭证时可使用查询功能，以第一个记账凭证为例。在凭证栏目点击"查询"（图6.11）。在弹出的查询框中，设定第一个凭证的搜索条件："月"等于2，"插入行"并且"凭证号"等于12，点击"确定"（图6.12）。

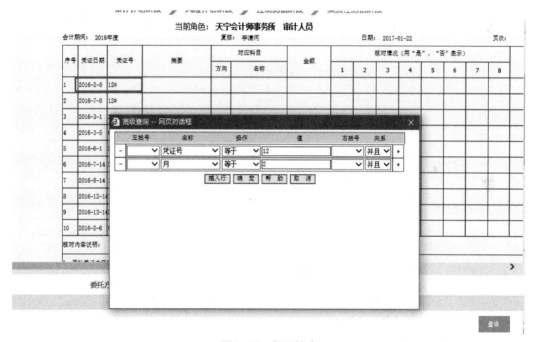

图6.11　记账凭证查询

图6.12　凭证搜索

点开搜索出的记账凭证，凭证下方附有原始单据，进行核对并填制底稿。

同理，填列出底稿中的其他项目各数据，将明细账的合计数与总账、报表数核对。

然后填制银行询证函（图6.13、图6.14）

银行询证函*

索引号：ZA-3111-4-1

编号：001

致：交通银行武汉汉阳支行

　　本公司聘用的会计师事务所正在对2016　　　年度财务报表进行审计，按照中国注册会计师审计准则的要求，应当询证本公司与贵行的存款、借款往来等事项。下列信息出自本公司帐簿记录，如与贵行记录相符，请在本函下端"信息证明无误"处签章证明；如有不符，请在"信息不符"处列明不符项目。如存在与本公司有关的未列入本函的其他项目，请在"信息不符"处列出这些项目的金额及详细资料。有关询证费用可直接从本公司存款账户中收取。回函请直接寄至湖北天宁　　　　会计师事务所有限公司　　　　　　郜李清河　　　注册会计师。

回函地址：湖北省武汉市建设西路27号

邮政编码：430012　　　　电话：027-82398876　　　传真：027-82398879

截至2016　年12 月31 日，本公司银行存款、借款账户余额等列示如下：

1、银行存款

账户名称	银行账号	币种	利率	余额	起止日期（活期/定期/保证金）	是否被抵押或质押或其他限制	备注
中泰纸业股份有限公司	6222200063901817128	人民币		168031776.23	活期	否	

除以上所述，本公司并无其他在贵行的存款。

图6.13　银行询证函（交通银行）（索引号：3111 -4 -1）

银行询证函

索引号：ZA-3111-4-2

编号：002

致：中国工商银行武汉汉阳支行

　　本公司聘用的会计师事务所正在对2016　　　年度财务报表进行审计，按照中国注册会计师审计准则的要求，回函询证本公司与贵行的存款、借款往来等项。下列信息出自本公司帐簿记录，如与贵行记录相符，请在本函下端"信息证明无误"处签章证明；如有不符，请在"信息不符"处列明不符项目。如存在与本公司有关的未列入本函的其他项目，请在"信息不符"处列出这些项目的金额及详细资料。有关询证费用可直接从本公司存款账户中收取。回函请直接寄至湖北天宁　　　　会计师事务所有限公司　　　　　　郜李清河　　　注册会计师。

回函地址：湖北省武汉市建设西路27号

邮政编码：430012　　　　电话：027-82398876　　　传真：027-82398879

截至2016　年12 月31 日，本公司银行存款、借款账户余额等列示如下：

1、银行存款

账户名称	银行账号	币种	利率	余额	起止日期（活期/定期/保证金）	是否被抵押或质押或其他限制	备注
中泰纸业股份有限公司	4200603100988125629	人民币		64762.68	活期	否	

除以上所述，本公司并无其他在贵行的存款。

图6.14　银行询证函（工商银行）（索引号：3111 -4 -2）

根据底稿已经给定的回函资料，两家开户银行对注册会计师发出函证金额均给予确认，银行与企业双方的记录没有差异，银行存款余额可予以确认。根据前面所发函件，将对应的询证函索引号填写到《银行存款函证结果汇总表》（图6.15）中。

银行存款函证结果汇总表*

| 被审计单位：中泰纸业股份有限公司 | | | 编制：陈仁敬 | | | 日期：2017-1-31 | | 索引号：3111-6 | | |
| 会计期间：2016年度 | | | 复核：李清河 | | | 日期：2017-1-31 | | 页数： | | |

| 开户银行 | 账号 | 币种 | 函证情况 | | | | | | 冻结、质押等事项说明 | 备注 |
			对账单余额	函证日期	回函日期	回函金额	金额差异	银行询证函索引号		
交通银行武汉汉阳支行	6222200063901817 1286	人民币	168031776.23	2017-1-16	2017-1-2?	168031776.2?		3111-4-1		
中国工商银行武汉汉阳支行	4200603100988125629	人民币	64762.68	2017-1-16	2017-1-31	64762.68		3111-4-2		

银行存款函证结果汇总表

| 被审计单位：中泰纸业股份有限公司 | | | 编制：陈仁敬 | | | 日期：2017-1-31 | | 索引号：3111-6 | | |
| 会计期间：2016年度 | | | 复核：李清河 | | | 日期：2017-1-31 | | 页数： | | |

| 开户银行 | 账号 | 币种 | 函证情况 | | | | | | 冻结、质押等事项说明 | 备注 |
			对账单余额	函证日期	回函日期	回函金额	金额差异	银行询证函索引号		
交通银行武汉汉阳支行	6222200063901817 1286	人民币	168031776.23	2017-1-16	2017-1-27	168031776.2?		3111-4-1		
中国工商银行武汉汉阳支行	4200603100988125629	人民币	64762.68	2017-1-16	2017-1-31	64762.68		3111-4-2		
审计说明：	经询证，银行存款余额可予以确认。									

保存　余下设定为　全部清空

图6.15 银行存款函证结果汇总表（索引号：3111-6）

根据盘点表（图6.16）中已经给出的各面值人民币盘点实际张数，计算盘点日实有库存现金，总金额为：

$$168 \times 100 + 1 \times 10 + 1 \times 5 + 1 \times 0.5 + 2 \times 0.1 + 5 \times 0.01 = 16815.75 \text{（元）。}$$

库存现金盘点表[*]

被审计单位：中泰纸业股份有限公司　　编制：陈仁敬　　日期：2017-01-16　　索引号：3111-5

会计期间：2016年度　　复核：李清河　　日期：2017-01-22　　页次：

检查盘点记录					实有库存现金盘点记录						
项目	项次	人民币	美元		面额	人民币		美元			
						张	金额	张	金额	张	金额
上一日账面库存余额	1	16815.75			1000元						
盘点日未记账传票收入金额	2				500元						
盘点日未记账传票支出金额	3				100元	168	16800.00				
盘点日账面应有金额	4=1+2-3	16815.75			50元						
盘点日实有现金数额	5	16815.75			10元	1	10.00				
盘点日应有与实际金额有差异：	6=4-5	0.00			5元	1	5.00				
差异原因分析					2元						
					1元						
					5角	1	0.5				
					2角						
					1角	2	0.2				
					5分						
追溯至报表日 账面结存额	报表日至审计日库存现金付出总额	7580.83			2分						
	报表日至审计日库存现金收入总额				1分	5	0.05				
	报表日库存现金应有余额	24396.58			合计		16815.75				
	报表日账面汇率										
	报表日余额折合本位币金额	24396.58			审计说明						
本位币合计			24396.58								

盘点人：方丽芳　　　　监盘人：陈仁敬　　　　复核：李清河

图6.16　库存现金盘点表（索引号：3111-5）

查询2016年12月的科目余额表，填写企业方记录的银行存款年末余额（图6.17）。

【科目汇总表】

2016 年　12 月　查阅

科目代码	科目名称	期初余额		本期发生额		期末余额	
		借方	贷方	借方	贷方	借方	贷方
1001	库存现金	15173.58		20000.00	10777.00	24396.58	
100201	交通银行武汉汉阳支行	186070493.10		34617919.09	52656635.96	168031776.23	
100202	中国工商银行武汉汉阳支行	64681.77			80.91	64762.68	

图 6.17　科目汇总表

或者在明细账中查询企业方记录的 2016 年年末银行存款余额（图 6.18）。

三栏式明细账　　多栏式明细账　　数量金额式明细账

查询条件：科目 100201银行存款-交通银行武汉汉阳支 2016 年 12 月　查阅

明细账

科目：交通银行武汉汉阳支行

年		凭证		摘要	借方金额	贷方金额	借或贷	余额
月	日	种类	号数		亿千百十万千百十元角分	亿千百十万千百十元角分		亿千百十万千百十元角分
12	22	记	43	支付并为邮半片小电费		7 6 7 1 2 6 0 0	借	1 6 4 4 7 4 9 7 6 2 3
12	24	记	45	收到赊欠货款	3 5 5 6 8 0 0 0 0		借	1 6 8 0 3 1 7 7 6 2 3
12	31	月汇		本月合计	3 4 6 1 7 9 1 9 0 9	5 2 6 5 6 6 3 5 9 6	借	1 6 8 0 3 1 7 7 6 2 3
12	31	年汇		本年累计	4 2 2 4 0 1 1 8 3 9 6	4 3 7 8 0 1 6 7 1 2 0	借	1 6 8 0 3 1 7 7 6 2 3
12	31	年结		结转下年			借	1 6 8 0 3 1 7 7 6 2 3

图 6.18　银行存款明细账

在审计材料第 12 项《承兑汇票备查簿》中登记了一笔承兑机构为交通银行武汉汉阳支行，票面金额为 13104000.00 元，还未到期收款/贴现的银行承兑汇票，汇票号码为 60952753（图 6.19）。根据这项资料，填写询证函中"7. 尚未支付之银行汇票"栏目相关信息。

委托方基本信息 | 受托方基本信息 | 财务报表 | 总账 | 明细账 | 日记账 | 记账凭证 | 科目汇总表 | 审计材料

审计材料 ⑤ | 承兑汇票备查... ⑤ ⊠

银行承兑汇票备查簿

出票人	承兑号码	汇票签发日	汇票到期日	承兑机构	票面金额	收款人/被背书人	贴现金额	备注
中泰纸业股份有限公司	68791083	2015-7-22	2016-1-22	交通银行武汉汉阳支行	¥2,463,134.54	上海家健生物技术有限公司		2016-01-22到期付款
河南晨鸣贸易有限公司	68756832	2015-8-10	2016-2-10	交通银行河南城中支行	¥456,234.35	中泰纸业股份有限公司	¥454,010.21	2016-01-13贴现
中泰纸业股份有限公司	68799243	2015-8-28	2016-2-28	交通银行武汉汉阳支行	¥3,505,432.00	湖北冶芳纸业有限公司		2016-02-28到期付款
湖北爱得利用品有限公司	68678451	2015-10-11	2016-4-11	交通银行武汉建设支行	¥236,335.43	中泰纸业股份有限公司		2016-04-11到期收款
河南晨鸣贸易有限公司	68831426	2016-1-8	2016-7-8	交通银行河南城中支行	¥5,300,000.00	中泰纸业股份有限公司		2016-07-08到期收款
中泰纸业股份有限公司	60871243	2016-1-8	2016-7-8	交通银行武汉汉阳支行	¥2,426,473.45	湖北冶芳纸业有限公司		2016-07-08到期付款
中泰纸业股份有限公司	60952753	2016-7-8	2017-1-8	交通银行武汉汉阳支行	¥13,104,000.00	湖北冶芳纸业有限公司		

7、尚未支付之银行承兑汇票

银行承兑汇票号码	票面金额	出票日	到期日	备注
563215420	13104000.00	2016-07-08	2017-01-08	

除以上所述，本公司并无其他向受托承兑而尚未支付的银行承兑汇票。

图 6.19　银行承兑汇票备查簿

根据委托方的基本信息（图 6.20），填写银行账户名称及账号。

委托方基本信息 | 受托方基本信息 | 财务报表 | 总账 | 明细账 | 日记账 | 记账凭证 | 科目汇总表 | 审计材料

实习企业名称：	中泰纸业股份有限公司		
企业/机构名称：	中泰纸业股份有限公司	开户银行：	交通银行武汉汉阳支行
银行账号：	6222200063901817286	共享：	☑
企业/机构详细信息：	账户：中国工商银行武汉汉阳支行（一般账户）；账号：4200603100988125629；性质：股份有限公司，在深圳中小板上市，股票代码：002996；经营范围：商务信息用纸的研发、生产、销售；增值税一般纳税人（税率17%），企业所得税税率为25%；本公司产品分为热敏纸、无碳打印纸两大系列，其中热敏纸系列包括传真纸、POS用纸、ATM打印单、彩票纸、电影票五个品种；无碳打印纸系列包括彩码信封、多联发票、压感打印纸三个品种。		
启账时间：	2016年1月1日	适应会计准则：	2014企业会计准则 ▼
默认人员：	财务主管 赵伟峰　　记账 王珂玲　　出纳 方丽芳　　审核 李有为　　制单 白建男		
附件：			

图 6.20　委托方基本信息

根据审计材料中的《报表日后库存现金明细账》，查询出上一日库存现金余额为 16815.75 元（图 6.21），盘点当天没有未记录的现金支付，所以盘点日库存现金账实一致。

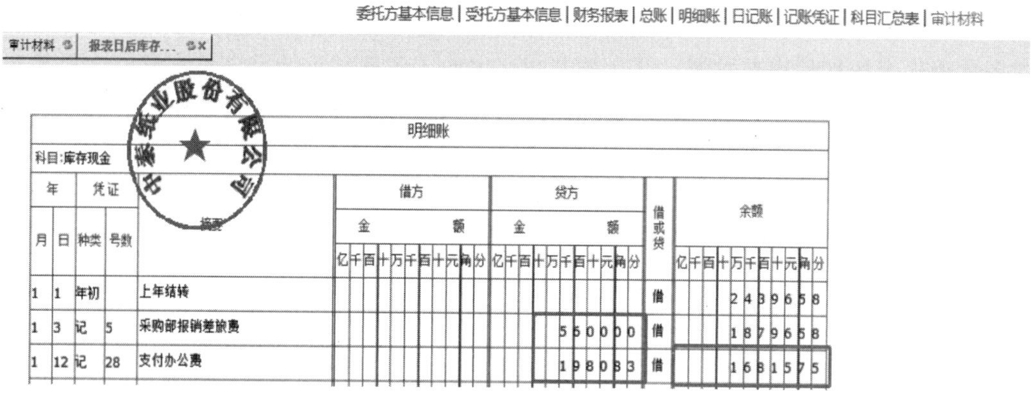

图 6.21 审计材料

同时可以根据《报表日后库存现金明细账》，计算出资产负债表日至盘点日库存现金总共付出 5600.00 + 1980.83 = 7580.83（元），倒轧出资产负债表日的库存现金金额应为 16815.75 + 7580.83 = 24396.58（元）。

【本章小结】

本章介绍了货币资金的概述，货币资金涉及的主要凭证和会计记录，货币资金相关的内部控制目标、关键的内部控制和审计程序，货币资金审计主要掌握对库存现金和银行存款的审计。另外，本章还讲解了在审计实训平台中，与货币相关的审计模拟操作和底稿填制方法。

【思政案例】

勤上光电审计案例

东莞勤上光电股份有限公司（以下简称勤上光电）成立于 1994 年 11 月，2011 年 11 月在中小板上市，主营 LED 照明产品、LED 背光源、LED 显示屏的生产和销售。实际控制人为李某亮和温某夫妇。瑞华会计师事务所（以下简称瑞华）承接勤上光电 2013 年年报审计业务，并出具了带强调事项段的无保留意见审计报告，审计收费为 95 万元。强调事项指出：勤上光电和广东品尚光电科技有限公司、广州市芭顿照明工程有限公司存在关联关系并于以前年度发生关联交易（但此前未披露）。2014 年 11 月，勤上光电再次因涉嫌信息披露违规被立案调查。2015 年 3 月，勤上光电因未披露与实际控股股东之间的非经营性资金往来被给予警告，并处以 50 万元罚款。2017 年 2 月，瑞华因在勤上光电 2013 年年报审计中未能勤勉尽责、出具的审计报告和关联交易专项审核报告存在虚假记载，被没收收入 95 万元，并处以 95 万元罚款；同时对签字注册会计师刘涛、孙忠英给予警告，并分别处以 5 万元罚款。

在 2013 年年报审计过程中，针对货币资金循环审计，瑞华执行的程序为：①在审计计划阶段，识别勤上光电存在管理层舞弊风险，认为货币资金存在中等风险，并计划信赖货币资金循环的内部控制；②在控制测试方面，了解货币资金内控流程，选取货币资金收付款样本实施穿行测试，对货币资金收付款控制活动实施了控制测试；③在细节测试方面，获取银行账户清单和企业信用报告，执行现金监盘和银行定期存单的监盘，实施了银行函证和货币资金截止性测试，对银行日记账和对账单进行了核对，对募集资金账户、银行未达账项和发生额在 100 万元以上的银行交易进行了检查。

根据后续调查发现，勤上光电 28 个虚构银行账户中，13 个为定期存款账户，当期借贷方发生额均为 18300 万元，每笔定期存款未产生相应的利息收入。定期存款发生额巨大，但对应的利息收入却为零，底稿中也未见相应审计程序。瑞华获取了货币资金明细表，该表上显示了勤上光电隐藏资金往来所使用的账户明细；但实际执行过程中，瑞华并未对上述 28 个银行账户进行函证，也未记录不予以函证的理由。后瑞华解释：涉案账户是自动开销户的临时账户，不在函证范围；且审计人员在审计过程中已实施函证程序，但银行明确不予函证。但实际上，上述账户均为勤上光电虚构的银行账户，用于将其与控股股东间的关联交易构造成内部往来。瑞华作为勤上光电 2013 年年度财务报告的审计机构，在审计过程中，知悉勤上光电 2013 年度内因为关联方信息披露问题存在被监管部门进行立案稽查并有负面新闻等情况。而瑞华未勤勉尽责，没有按照审计准则的规定进行审计，未能发现勤上光电与勤上集团之间的上述关联交易，不得不引发我们的深思。

（资料来源：根据相关资料综合编写。）

案例探讨及思考：

1. 货币资金审计问题在哪里？
2. 如何预防上市公司货币资金舞弊？

第七章　总体复核与审计报告

【学习目标】

1. 了解审计差异调整与编制试算平衡表的方法。

2. 熟悉与治理层沟通的方式和内容及管理层声明的含义和作用、形式和内容，熟悉项目质量复核的内容。

3. 掌握形成审计意见的基础、审计意见与审计具体情形的匹配关系，掌握审计报告底稿的填写重点。

【知识结构】（图 7.1）

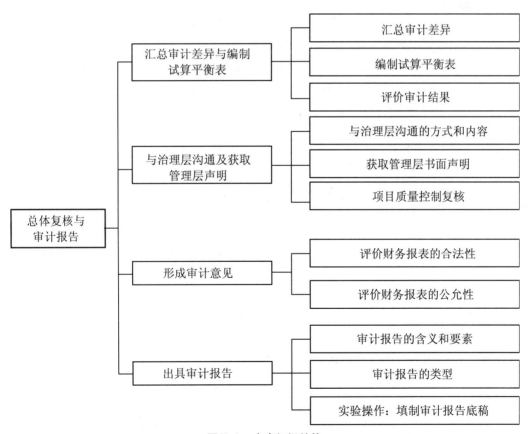

图 7.1　本章知识结构

【引导案例】

康美药业监事会关于会计师事务所出具
保留意见审计报告的专项说明

康美药业股份有限公司（以下简称康美药业）聘请的负责2018年度审计工作的广东正中珠江会计师事务所（特殊普通合伙）（以下简称正中珠江）对公司2018年年度财务报告出具了保留意见的审计报告。根据中国证券监督管理委员会和上海证券交易所的有关规定和要求，公司监事会对审计报告中涉及保留意见段说明如下。

一、注册会计师对该事项的基本意见

（一）中国证券监督管理委员立案调查事项

1. 调查基本情况

2018年12月28日，康美药业收到中国证券监督管理委员会下达的《调查通知书》（编号：粤证调查通字180199号），因公司涉嫌信息披露违法违规，根据《中华人民共和国证券法》的有关规定，中国证券监督管理委员会决定对公司立案调查。由于该立案调查尚未有结论性意见或决定，我们无法确定立案调查结果对康美药业2018年年度财务报表整体的影响程度。

2. 关联方资金往来

康美药业2018年12月31日其他应收款余额中包括公司自查的向关联方提供资金余额887904.76万元，坏账准备为0.00元。我们虽然实施了分析、检查、函证等审计程序，仍未能获取充分、适当的审计证据，导致我们无法确定康美药业在财务报表中对关联方提供资金的发生额及余额的准确性，以及对关联方资金往来的可回收性做出合理估计。

3. 公司下属子公司部分在建工程项目存在财务资料不完整

康美药业下属子公司部分在建工程项目建设实施过程中，存在部分工程项目财务管理不规范、财务资料不齐全等情况。截至2018年12月31日，通过自查已补计入上述工程款金额为360540.68万元（其中：固定资产118880.78万元，投资性房地产201547.48万元，在建工程40112.42万元）。工程项目相关财务资料收集不充分，我们无法实施恰当的审计程序，以获取充分、有效的审计证据证明该等交易的完整性和准确性及对财务报表列报的影响。

（二）发表保留审计意见的理由和依据

根据《中国注册会计师审计准则第1502号——在审计报告中发表非无保留意见》第八条："当存在下列情形之一时，注册会计师应当发表保留意见：①在获取充分、适当的审计证据后，注册会计师认为错报单独或汇总起来对财务报表影响重大，但不具有广泛性；②注册会计师无法获取充分、适当的审计证据以作

为形成审计意见的基础，但认为未发现的错报（如存在）对财务报表可能产生的影响重大，但不具有广泛性"的规定，我们认为，上述事项对财务报表可能产生的影响重大，但不具有广泛性，故出具保留意见。

（三）保留意见段中涉及事项对报告财务状况和经营成果的影响

截至本专项说明日止，由于中国证券监督管理委员会的立案调查尚未有最终结论，我们无法确定调查结果对康美药业2018年年度财务报表整体的影响程度。

二、公司监事会对该事项的意见

监事会同意董事会出具的关于2018年年度财务报告非标审计意见的专项说明，认为董事会提出的消除相关事项及其影响的措施合理、可行。监事会将认真履行职责，对董事会及管理层的履职情况进行监督，切实维护广大投资者的利益。

从康美药业案例出发，思考出具审计报告需要考虑哪些因素？

（资料来源：http://www.cninfo.com.cn/new/disclosure/detail？plate=sse&orgId=gssh06005 18&stockCode=600518&announcementId=1206168281&announcementTime=2019-04-30.）

第一节　汇总审计差异与编制试算平衡表*

在完成信息获取、风险评估和财务报表认定测试后，将执行终结审计程序，目的是消除尚未解决的问题，并确保所有可用信息均得到适当考虑，最终对整个财务报表的合法性和公允性做出总体结论并进行沟通，最后出具审计报告。其业务流程如图7.2所示。

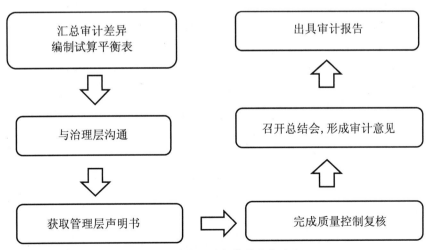

图7.2　出具审计报告的业务流程

一、汇总审计差异

注册会计师在审计过程中发现的被审计单位会计处理方法与适用的会计准则和相关会计制度的不一致，即审计差异内容。项目负责人应当根据审计重要性原则对此进行初步确认并汇总，编制审计差异调整表，并建议被审计单位进行调整，使调整后的财务报表能够公允反映被审计单位的财务状况、经营成果和现金流量。

实质性测试完成以后，审计项目组应总结和评价审计差异，即分析和确定财务报表中的错报金额，并提出调整财务报表的建议。造成审计差异的原因有很多，有些是交易过程中的错误，有些是会计核算上的错误，有些则可能是故意错报。由于审计差异直接影响财务报表的公允性，因此，注册会计师必须予以关注。

1. 审计差异的种类

审计差异按是否需要调整账户记录可分为核算差异和重分类差异。核算差异是指因被审计单位对经济业务进行了不恰当的会计处理而引起的差异，用审计重要性原则来衡量每一项核算差异，又可分为建议调整的不符事项和不建议调整的不符事项；重分类差异是指因被审计单位未按适用的会计准则和相关会计制度规定编制财务报表而引起的差异。在实务中，注册会计师应当从核算差异的金额和性质两个方面考虑是否建议被审计单位更正。

（1）对于单笔核算差异超过所涉及财务报表项目（或账项）层次重要性水平的，应建议被审计单位更正。

（2）对于单笔核算差异低于所涉及财务报表项目（或账项）层次重要性水平，但性质重要，如涉及舞弊和违法行为的核算差异、影响收益趋势的核算差异、股本项目等不期望出现的核算差异，应建议被审计单位更正。

（3）对于单笔核算差异低于所涉及财务报表项目（或账项）层次重要性水平，并且性质不重要的，注册会计师可以容忍被审计单位不做调整；但当若干同类型单笔核算差异汇总数超过财务报表项目（或账项）层次重要性水平时，应从中选取几笔建议被审计单位更正，使其汇总错报降至重要性水平之下。

注册会计师应当把审计中查证出来的所有审计差异都与被审计单位交换意见，并获得被审计单位同意账项调整、重分类调整和列报调整事项的书面确认；如果被审计单位不同意调整，应要求其说明原因，并根据未更正错报的重要性，确定是否在审计报告中予以反映，以及如何反映。为便于审计项目的各级负责人综合判断、分析和决定，需要编制审计调整分录汇总表、重分类汇总表和未调整不符事项汇总表（表7.1至表7.3）。

表7.1 审计差异调整表——调整分录汇总表

序号	索引号	调整分录说明	调整分录	明细账户	资产负债表		利润表		被审计单位调整情况及未调整原因
					借方	贷方	借方	贷方	
		合计							

被审计单位：＿＿＿＿＿＿＿＿＿＿＿＿ 索引号：＿＿＿＿＿＿＿＿＿＿＿＿

项目：＿＿＿＿＿＿＿＿＿＿＿＿ 财务报表截止日/期间：＿＿＿＿＿

编制：＿＿＿＿＿＿＿＿＿＿＿＿ 复核：＿＿＿＿＿＿＿＿＿＿＿＿

日期：＿＿＿＿＿＿＿＿＿＿＿＿ 日期：＿＿＿＿＿＿＿＿＿＿＿＿

表7.2 审计差异调整表——重分类调整分录汇总表

被审计单位：＿＿＿＿＿＿＿＿＿＿＿＿ 索引号：＿＿＿＿＿＿＿＿＿＿＿＿

项目：＿＿＿＿＿＿＿＿＿＿＿＿ 财务报表截止日/期间：＿＿＿＿＿

编制：＿＿＿＿＿＿＿＿＿＿＿＿ 复核：＿＿＿＿＿＿＿＿＿＿＿＿

日期：＿＿＿＿＿＿＿＿＿＿＿＿ 日期：＿＿＿＿＿＿＿＿＿＿＿＿

序号	索引号	调整分录说明	调整分录	明细账户	资产负债表		利润表		被审计单位调整情况及未调整原因
					借方	贷方	借方	贷方	
		合计							

表7.3　审计差异调整表——未调整不符事项汇总表

被审计单位：＿＿＿＿＿＿＿＿＿＿＿	索引号：＿＿＿＿＿＿＿＿＿＿＿
项目：＿＿＿＿＿＿＿＿＿＿＿＿	财务报表截止日/期间：＿＿＿＿＿＿＿＿
编制：＿＿＿＿＿＿＿＿＿＿＿＿	复核：＿＿＿＿＿＿＿＿＿＿＿＿
日期：＿＿＿＿＿＿＿＿＿＿＿＿	日期：＿＿＿＿＿＿＿＿＿＿＿＿

序号	索引号	调整分录说明	调整分录	明细账户	资产负债表		利润表		被审计单位调整情况及未调整原因
					借方	贷方	借方	贷方	
		合计							

实验：填制审计综合实习平台审计调整分录汇总表底稿（图7.3）。*

湖北天宁会计师事务所有限公司
审计调整分录汇总表

单位名称：中泰纸业股份有限公司　　　　会计区间：2016年1月1日至2016年12月31日　　　　单位：元

序号	索引号	调整原因说明	报表项目	调整金额	
				借方金额	贷方金额
1	3113-1	调整相关收入	应收账款	-39260000.00	
2	3113-1		应收账款		-785200.00
3	3113-1		营业收入		-39260000.00
4	3113-1	调整坏账准备	资产减值损失	-785200.00	
5	3115-2	其他应付款重分类到其他应收款	其他应收款	26951.40	
6	3115-2	其他应付款重分类到其他应收款	其他应付款		26951.40
7	3116-1		存货		-29197790.00

8	3116-1	调整相关销售成本	营业成本	-29197790.00	
9	3118-1	调整折旧	管理费用	57771.88	
10	3118-1		固定资产		57771.88
11	3121-1	调整递延所得税资产	递延所得税资产	-196300.00	
12	3121-1		所得税费用		-196300.00
13	3218-1	调整其他综合收益的递延所得税负债	其他综合收益	400603.05	
14	3218-1		递延所得税负债		400603.05
15	3313-1		盈余公积		-889007.72
16	3313-1	调整盈余公积	未分配利润	-889007.72	
17	3516-1		其他综合收益		1602412.18
18	3516-1	调整公允价值变动损益	公允价值变动收益	1602412.18	
19	3517-1	调整所得税	所得税费用	-2243416.84	
20	3517-1		应交税费		-2243416.84

图7.3　审计调整分录汇总表

填写说明：审计调整分录汇总表是将前期实质性程序中发现的需要调整的事项按照财务报表项目统计在一起，是对前面所有调整事项的汇总总结。在填写过程中注意要用财务报表项目进行汇总，考虑对财务报表项目的影响。如在实质性程序中累计折旧进行了审计调整，审计调整分录是：借：管理费用 57771.88；贷：累计折旧 57771.88；在审计调整汇总表中需要写成固定资产项目，调整方向依然是贷方。

二、编制试算平衡表

试算平衡表是注册会计师在被审计单位提供的未审计财务报表的基础上，考虑调整分录、重分类分录等内容以确定已审定数与报表披露数的表式。有关资产负债表和利润表的试算平衡表参考如图7.4。值得注意的是：

（1）试算平衡表中的"期末未审数"栏，应根据被审计单位提供的未审计财务报表填列。

（2）有些财务报表项目在审计调整分录中多次出现，需要利用"T"字形账户，区分调整分录与重分类分录并分别进行汇总，然后将按会计报表项目汇总后的借、贷方发生额分别过入试算平衡表中的"调整金额"和"重分类调整"栏内。

（3）在编制完试算平衡表后，应注意核对相应的钩稽关系：①资产负债表试算平衡表左边的未审数、审定数各栏合计数分别等于其右边相应各栏合计数；②资产负债表试算平衡左边的账项调整金额栏中的借方合计数与贷方合计数之差等于右边的账项调整金额栏中的贷方合计数与借方合计数之差；③资产负债表试算平衡表左边的重分类调整栏中的借方合计数与贷方合计数之差应等于右边的重分类调整栏中的贷方合计数与借方合计数之差。

实验：填制审计综合实习平台资产负债表试算平衡表底稿（图7.4）。

资产负债表试算平衡表

编制单位: 中泰纸业股份有限公司　　2016 年　　12 月　　31 日 单位: 元

项目	调整前期末余额	调整分录		调整后余额
		借方	贷方	
流动资产:				
货币资金	174672935.49			174672935.49
交易性金融资产				
应收票据				
应收账款	98561736.00	-39260000.00	-785200.00	60086936.00
预付款项				
应收利息				
应收股利				
其他应收款	47000.00	26951.40		73951.40
存货	85012633.62		-29197790.00	114210423.62
一年内到期的非流动资产				
其他流动资产				
流动资产合计	358294305.11	-39233048.60	-29982990.00	349044246.51
非流动资产:				
可供出售金融资产				
持有至到期投资				
长期应收款				
长期股权投资				
投资性房地产	2000000.00			2000000.00
固定资产	34307406.65		57771.88	34249634.77
在建工程				
工程物资				
固定资产清理				
生产性生物资产				
油气资产				

无形资产	18502173.16			18502173.16
开发支出				
商誉				
长期待摊费用				
递延所得税资产	502866.00	-196300.00		306566.00
其他非流动资产				
非流动资产合计	55312445.81	-196300.00	57771.88	55058373.93
资产总计	413606750.92	-39429348.60	-29925218.12	404102620.44
流动负债：				
短期借款				
交易性金融负债				
应付票据	13104000.00			13104000.00
应付账款	38688390.00			38688390.00
预收款项				
应付职工薪酬	519282.00			519282.00
应交税费	3393447.58		-2243416.84	1150030.74
应付利息				
应付股利				
其他应付款	-26951.40		26951.40	
一年内到期的非流动负债				
其他流动负债				
流动负债合计	55678168.18		-2216465.44	53461702.74
非流动负债：				
长期借款				
应付债券				
长期应付款				
专项应付款				
预计负债				
递延所得税负债			400603.05	400603.05
其他非流动负债				
非流动负债合计			400603.05	400603.05
负债合计	55678168.18		-1815862.39	53862305.79
所有者权益（或股东权益）：				
实收资本（或股本）	100000000.00			100000000.00
资本公积	155000000.00			155000000.00
减：库存股				
其他综合收益		400603.05	1602412.18	1201809.13
盈余公积	10463832.16		-889007.72	9574824.44
未分配利润	92464750.58	-889007.72	-8890077.22	84463681.08
所有者权益（或股东权益）合计	357928582.74	-488404.67	-8176672.76	350240314.65
负债和所有者权益（或股东权益）总计	413606750.92	-488404.67	-9992535.15	404102620.44

图 7.4 资产负债表试算平衡表

填写说明：试算平衡表依据审计调整分录汇总表对财务报表项目的影响汇总到财务报表中，以确定最终调整后的财务报表各项目的金额。其他报表参考资产负债表试算平衡表进行填列。

三、评价审计结果

注册会计师评价审计结果，主要是从整体的角度确定将要发表意见的类型以及在整个审计中是否遵循了审计准则。为此，注册会计师必须完成两项工作；一是对重要性和审计风险进行最终的评价，二是对被审计单位已审计财务报表形成审计意见并草拟审计报告。

1. 对重要性和审计风险进行最终评价

对重要性和审计风险进行最终评价，是注册会计师决定发表何种类型审计意见的必要过程。该过程可通过以下两个步骤来完成：第一，按财务报表项目确定可能的错报金额汇总数（即可能错报总额）。可能错报总额包括：①通过交易和财务报表项目实质性测试所确认的未更正错报；②通过测试样本估计出的总体错报减去在测试中已识别的具体错报所得的推断错报；③通过实质性分析程序推断出的估计错报。另外，还要考虑上一期的任何未更正且仍对本期财务报表产生影响的错报。第二，确定各财务报表项目可能错报金额汇总数（即可能错报总额）对财务报表层次重要性水平和其他与这些错报有关的财务报表总额的影响程度。

随着可能错报总额的增加，财务报表可能被严重错报的风险也会增加。如果注册会计师得出结论，认为审计风险处在一个可接受的水平，可以直接提出审计结果所支持的意见。如果注册会计师认为审计风险不能接受，应追加试算额外的实质性测试或者说服被审计单位做出必要调整，以便使重要错报的风险被降到可以接受的水平；否则，注册会计师应慎重考虑该审计风险对审计报告的影响。

2. 对被审计单位已审计财务报表形成审计意见并草拟审计报告

在审计过程中，要实施各种测试。这些测试通常是由参与本次审计工作的审计项目组成员来执行的，而每个成员所执行的测试可能只限于某几个领域或账项。所以，在每个功能领域或报表项目的测试都完成之后，审计项目经理应汇总所有成员的审计结果。

在终结审计工作阶段，为了对会计报表整体发表适当的意见，审计项目经理应当将分散的审计结果加以汇总和评价，综合评价后，再逐级交给项目合伙人和质量控制部门复核。

在对审计意见形成最后决定之前，会计师事务所通常要与被审计单位召开沟通会。在会议上，注册会计师可口头报告本次审计所发现的问题，并说明建议被审计单位做必要调整或表外披露的理由。当然，管理层也可以在会上申辩其立场。最后，通常会对需要被审计单位做出的改变达成协议。如达成了协议，注册会计师一般即可签发标准审计报告；否则，注册会计师则考虑发表其他类型的审计意见。

实验：填制审计综合实习平台索引号为 G6 的审计报告阶段底稿（图 7.5）。[*]

被审计单位：中泰纸业股份有限公司	编制：王力文	日期：2017-1-31	索引号：G6
会计期间：2016年度	复核：李清河	日期：2017-1-31	页数：

<h1 style="text-align:center">审 计 小 结</h1>

　　我们接受委托，对中泰纸业股份有限公司2016　年度的资产负债表、利润表及现金流量表、所有者权益变动表、财务报表附注　进行审计，现小结如下：

一、序 言

1、公司背景的补充说明见审计计划

2、重要会计政策见已审审计报告附注。

3、审计计划执行的重大偏差

　　审计计划在执行过程中没有产生重大偏差。

二、审计目的、范围及策略

1、会计报表关键项目的审计情况

　　（1）银行存款函证及回函情况，或实施的其他替代审计程序

　　　　银行存款明细情况见已审计会计报表附注，审计及取证情况3111-3、3111-4-1、3111-4-2，已审查银行存款对账单并已对所有期末余额向有银行函证。

　　（2）应收账款的审计情况

　　　　应收账款的详细情况见已审会计报表附注，其审计及取证情况见3113。

　　（3）固定资产的审计情况

　　　　固定资产的详细情况见已审会计报表附注，其审计及取证情况见3118。

　　（4）应交税费的审计情况

　　　　应交税费的详细情况见已审会计报表附注，其审计及取证情况见3216。

　　（5）应付职工薪酬的审计情况

　　　　应付职工薪酬的详细情况见已审会计报表附注，其审计及取证情况见3215。

　　（6）营业收入、营业成本的审计情况

　　　　营业收入的审计及取证情况见3411，营业成本的审计见3412。

2、不符事项的调整或未调整

　　无。

3、关联方关系及关联交易的审计情况

关联方关系及交易见已审会计报表附注披露。

4、财务承诺的审计情况

无财务承诺事项。

5、或有事项的审计情况

无需披露的或有事项。

6、期后事项

无需披露的期后事项。

7、需提请合伙人注意的其他事项

无需提请合伙人注意的其他事项

三、审计中发现的主要问题和重要调整事项

往来单位武汉方汇达企业有限公司实为中泰纸业股份有限公司的关联企业，且销售给该公司的货物实际并未发出。根据收入的确认原则，企业未将商品所有权上的主要风险和报酬全部转移给购方，不能确认为收入，应调整其营业收入。

四、审计意见

我们拟对 中泰纸业股份有限公司 本年度会计报表出具 无保留意见 的审计报告。

审计小组

二〇一七年 二月 一十日

第一级复核意见并签名：李清河

第二级复核意见并签名：叶建函

合伙人、常任顾问复核意见并签名：王天建

图 7.5 审计小结（索引号 G6）

填写说明：本底稿除了填写一些基本信息外，其中比较重要的两大内容是会计报表关键审计项目的情况及审计中发现的主要问题和重要调整。会计报表关键审计项目的情况是通过对整个审计项目的考虑，筛选出重点审计的财务报表项目。关键审计项目分为不同层次：一是普遍重要的项目，在任何一个审计项目中都重要，如货币资金、应交税费、营业收入；二是在特定审计项目中的高风险项目，如本审计实验中的应收账款、固定资产、营业成本等。审计中发现的主要问题和重要调整事项是从整个审计项目的角度挑选出影响最大、最突出的问题。在实验中主要是发现被审计单位与关联方之间的交易存在问题，不符合收入确认条件。应该调整其涉及的营业收入并相应调整应收账款、营业成本、存货等项目。

第二节　与治理层沟通及获取管理层声明

一、与治理层沟通的方式和内容

1. 沟通的方式

在终结审计中，注册会计师应当就与财务报表审计相关且根据职业判断认为与治理层责任相关的重大事项，以适当的方式及时与治理层沟通。沟通的形式可分为口头或书面沟通、详细或简略沟通、正式或非正式沟通。有效的沟通形式不仅包括正式声明和书面报告等正式形式，也包括讨论等非正式的形式。注册会计师在确定采用何种沟通形式时，除了考虑特定事项的重要程度外，还应当考虑下列因素：

（1）管理层是否已就该事项与治理层沟通。

（2）被审计单位的规模、经营结构、控制环境和法律结构。

（3）如果执行的是特殊目的财务报表审计，注册会计师是否同时审计被审计单位的通用目的的财务报表。

（4）法律法规的规定。

（5）治理层的期望，包括与注册会计师定期会面或沟通的安排。

（6）注册会计师与治理层保持联系和对话的次数。

（7）治理层的成员是否发生重大变化。

2. 沟通的内容

（1）注册会计师的责任。注册会计师应当向治理层说明，注册会计师的责任是对管理层在治理层监督下编制的财务报表发表审计意见，对财务报表的审计并不能减轻管理层和治理层的责任。

（2）计划的审计范围和时间。在与治理层沟通计划的审计范围和时间时，注册会计师应当保持职业谨慎，以防止由于具体审计程序易于被治理层尤其是承担管理层责任的治理层所预见等原因而损害审计工作的有效性。

（3）审计工作中发现的问题。注册会计师应当就审计工作中发现的问题与治理层直接沟通下列事项：①注册会计师对被审计单位会计处理质量的看法；②审计工作中遇到的重大困难；③尚未更正的错报，除非注册会计师认为这些错报明显不重要；④审计中发现的、根据职业判断认为重大且治理层履行财务报告过程监督责任直接相关的其他事项。

（4）注册会计师的独立性。如果被审计单位是上市公司，注册会计师应当就独立性与治理层直接沟通下列内容：①就审计项目组成员、会计师事务所其他相关人员以及会计师事务所按照法律法规和职业道德规范的规定保持了独立性做出声明；②根据职业判断，注册会计师认为会计师事务所与被审计单位之间存在的可能影响独立性的所有关系和其他事项，其中包括会计师事务所在财务报表涵盖期间为被审计单位和受被审计单位控制的组成部分提供审计、非审计服务收费总额；③为消除对独立性的威胁或将其降至可接受的水平，已经采取的相关预防措施。

二、获取管理层书面声明

1. 管理层声明的含义和作用

管理层书面声明是指被审计单位管理层向注册会计师提供的书面陈述，用以确认某些审计证据或支持其他审计证据。书面声明不包括财务报表及其认定，以及支持性账簿和相关记录。

管理层书面声明是在审计过程中，注册会计师与管理层就财务报表审计的相关重大事项不断沟通形成的。管理层书面声明具有两方面的作用：①明确管理层认可对财务报表的责任；②提供具有补充作用的审计证据。

注册会计师应当获取审计证据，以确定管理层认可其按照适用的会计准则和相关会计制度的规定编制财务报表的责任，并且已批准财务报表。在获取此类审计证据时，注册会计师应当考虑查阅治理层相关会议纪要、向管理层获取的书面声明或已签署的财务报表副本。

2. 管理层书面声明的形式和内容

（1）管理层书面声明的形式。管理层书面声明包括书面声明和口头声明。书面声明作为审计证据通常比口头声明可靠，并可避免双方的误解。书面声明可采取书面声明书、注册会计师提供的列示其对管理层书面声明的理解并经管理层确认的函、董事会及类似机构的相关会议纪要或已签署的财务报表副本。

（2）管理层书面声明的基本要素。管理层书面声明书一般包括：①标题：书面声明书。②收件人：接受委托的会计师事务所及签署审计报告的注册会计师。③声明内容：根据审计约定事项的具体情况、财务报告编制基础等因素，由签字注册会计师列出各项声明。④签章：管理层书面声明通常由管理层中对被审计单位及其财务负主要责任的人员签署，在某些情况下，注册会计师也可以从管理层中的其他人员处获取管理层书面声明书。⑤日期：管理层书面声明书标明的日期通常接近或与审计报告日一致，但如果是某些交易或事项的声明书，注册会计师应当要求将声明书致送注册会计师本人。声明书应当包括要求列明的信息，标明适当的日期并经签署。

（3）管理层书面声明的主要内容。管理层书面声明正文一般要求列明以下三个方面的内容：

其一，关于财务报表。其主要包括：①管理层认可其对财务报告编制的责任；②管理层认可其设计、实施和维护内部控制以防止或发现并纠正错报的责任；③管理层认为注册会计师在审计过程中发现的未更正错报，无论是单独还是汇总起来考虑，对财务报表整体均不具有重大影响。

其二，关于信息的完整性。其主要包括：①所有财务信息和其他数据的可获得性；②所有股东会和董事会会议记录的完整性和可获得性；③就违反法规行为事项，被审计单位与监管机构沟通的书面文件的可获得性；④与未记录交易相关的资料的可获得性；⑤涉及下列人员舞弊行为或舞弊嫌疑的信息的可获得性：管理层，对内部控制具有重大影响的雇员，对财务报表的编制具有重大影响的其他人员。

其三，关于确认、计量和列报。其主要内容：①对资产或负债的确认或列报具有重大影响的计划或意图；②关联方交易，以及涉及关联方的应收或应付款项；③需要在财务报表中披露的违反法规的行为；④需要确认或披露的或有事项，对财务报表具有重大影响的承诺事项和需要偿付的担保等；⑤对财务报表具有重大影响的合同的遵循情况；⑥对财务报表具有重大影响的重大不确定性事项；⑦被审计单位对资产的拥有或控制情况，以及抵押、质押或留置资产的情况；⑧持续经营假设的合理性；⑨需要调整或披露的期后事项。根据上述事项的复杂程度和重要性，注册会计师可以将其全部列入管理层书面声明中，也可以就某个事项向管理层获取专项声明。

实验：填制审计综合实习平台索引号为 G5 的审计报告阶段底稿（图 7.6）。

管理层声明书

湖北天宁会计师事务所并 李清河 注册会计师：

本声明书是针对你们审计 中泰纸业公司截至 2016 年 12 月 31 日的年度财务报表而提供的。审计的目的是对财务报表发表意见，以确定财务报表是否在所有重大方面已按照企业会计准则的规定编制，并实现公允反映。

尽我们所知，并在作出了必要的查询和了解后，我们确认：

一、财务报表

1. 我们已履行 2016 年 12 月 25 日签署的审计业务约定书中提及的责任，即根据企业会计准则的规定编制财务报表，并对财务报表进行公允反映；

2. 在作出会计估计时使用的重大假设（包括与公允价值计量相关的假设）是合理的；

3. 已按照企业会计准则的规定对关联方关系及其交易作出了恰当的会计处理和披露；

4. 根据企业会计准则的规定，所有需要调整或披露的资产负债表日后事项都已得到调整或披露；

5. 未更正错报，无论是单独还是汇总起来，对财务报表整体的影响均不重大。未更正错报汇总表附在本声明书后；

二、提供的信息

7. 我们已向你们提供下列工作条件：

（1）允许接触我们注意到的、与财务报表编制相关的所有信息（如记录、文件和其他事项）

（2）提供你们基于审计目的要求我们提供的其他信息。

（3）允许在获取审计证据时不受限制地接触你们认为必要的本公司内部人员和其他相关人员。

8. 所有交易均已记录并反映在财务报表中。

9. 我们已向你们披露了由于舞弊可能导致的财务报表重大错报风险的评估结果。

10. 我们已向你们披露了我们注意到的、可能影响本公司的与舞弊或舞弊嫌疑相关的所有信息，这些信息涉及本公司的：

（1）管理层；

（2）在内部控制中承担重要职责的员工；

（3）其他人员（在舞弊行为导致财务报表重大错报的情况下）。

11. 我们已向你们披露了从现任和前任员工、分析师、监管机构等方面获知的、影响财务报表的舞弊指控或舞弊嫌疑的所有信息。

12. 我们已向你们披露了所有已知的、在编制财务报表时应当考虑其影响的违反或涉嫌违反法律法规的行为。

13. 我们已向你们披露了我们注意到的关联方的名称和特征、所有关联方关系及其交易。

中泰纸业股份有限公司 （盖章）	法定代表人（签名并盖章）： 王伟丰	财务负责人（签名并盖章）： 赵伟峰
中国·武汉市	2017 年 2 月 15 日	2017 年 2 月 15 日

图 7.6 管理层声明书（索引号 G5）

填写说明：管理层声明书是以管理层身份向会计师事务所及注册会计师确认其责任，需要填写的内容是审计年度、相关日期等信息，最后盖被审计单位公章及管理层签字盖章。

三、项目质量控制复核

在出具审计报告前，项目负责人应当通过复核审计工作底稿、与项目组讨论，确信获取的审计证据已经充分、适当，足以支持形成的结论和拟出具的审计报告。项目负责人应当对复核的范围和时间予以适当记录。

项目质量控制复核是指会计师事务所挑选不参与该业务的人员，在出具报告前，对项目组做出的重大判断和在准备报告时形成的结论做出客观评价的过程。项目质量控制复核并不减轻项目负责人的责任，更不能替代项目负责人的责任。

对上市实体进行财务报表审计时，为了保证特定业务执行的质量，除了需要项目组内复核外，会计师事务所还应当制定政策和程序，要求对特定业务实施项目质量控制复核，并在出具报告前完成项目质量控制复核。对特定业务实施项目质量控制复核，充分体现了分类控制、突出重点的质量控制理念。

第三节　形成审计意见

在对财务报表形成审计意见时，注册会计师应当根据已获取的审计证据，评价是否已对财务报表整体不存在重大错报获取合理保证，并进一步评价财务报表的合法性和公允性，形成对被审计单位财务报表合法性和公允性的审计意见。

一、评价财务报表的合法性

财务报表的合法性是指财务报表是否按照适用的会计准则和相关会计制度的规定编制。在评价财务报表的合法性时，注册会计师应当考虑下列内容。

1. 评价所选择和运用的会计政策

评价被审计单位所选择和运用的会计政策，主要从两个方面进行：第一，合法性，即评价被审计单位选择和运用的会计政策是否符合适用的会计准则和相关会计制度；第二，合理性，即选择和运用的会计政策是否适合于被审计单位的具体情况。企业会计政策包括具体会计原则和具体会计处理方法。企业主要会计政策包括：

（1）合并政策，是指企业编制合并财务报表所采纳的原则。例如，母公司与子公司的会计年度不一致的处理原则，合并范围的确定原则，纳入合并范围的具体子公司，母公司和子公司所采用会计政策是否一致，等等。

（2）外币折算，是指企业外币折算所采用的方法，以及汇兑损益的处理。例如，对于外币业务的核算是采用业务发生当日汇率还是业务发生当月 1 日的汇率，汇兑损益费用化或资本化问题，等等。

（3）收入确认，是指收入确认的原则。例如，是按照新收入会计准则确认收入，还是仍然沿用原有的收入会计准则确认收入。

（4）存货计价，是指企业对存货所采用的具体计价方法。例如，对存货的计价是采用先进先出、加权平均还是个别计价法等，公司是否采用了成本与可变现净值孰低法进行存货的后续计量。

（5）长期股权投资的核算，是指对长期股权投资的具体会计处理方法。例如，企业对长期股权投资采用成本法和权益法的基本原则，其中，对哪些企业的长期股权投资采用了成本法，对哪些企业的长期股权投资采用了权益法。

（6）坏账损失及坏账准备的核算，是指企业对坏账损失和坏账准备的具体核算方法。例如，对坏账损失，企业是采用预期信用损失模型还是已发生损失模型计提坏账准备。

（7）借款费用的处理，是指借款费用的处理方法。例如，是进行资本化，还是费用化，资本化或费用化的具体原则是什么。

（8）所得税的核算，是指企业所得税的具体会计处理方法。例如，企业所得税会计处理是采用资产负债表法还是其他方法。

（9）固定资产的核算，是指企业对固定资产核算所采用的具体方法。例如，固定资产原值的确定方法，固定资产折旧年限和净残值的预计方法，固定资产的具体折旧方法，固定资产减值的具体计提原则和具体方法。

（10）其他。例如，无形资产的计价及摊销方法，财产损溢的具体处理程序和方法，研究与开发费用的具体处理原则和方法。

2. 评价做出的会计估计

会计估计是指企业对其结果不确定的交易或事项以最近可利用的信息为基础所做的判断。会计估计的主要原因是由于经营活动中存在内在的不确定性因素。企业会计核算中常见的需要进行会计估计的项目有：①坏账；②存货遭受毁损、全部或部分陈旧过时；③固定资产的使用年限与净残值；④无形资产的受益期限；⑤递延资产的摊销期限；⑥或有费用或或有损失，如产品售后服务费用、造成环境污染可能受到的罚款、法律诉讼中可能支付的律师代理费、案件受理费及赔偿的经济损失等；⑦收入确认中的估计；⑧资产减值等。

3. 评价财务报表所反映信息的质量

相关性、可靠性、可比性和可理解性是企业财务信息质量的主要特征。

（1）评价财务报表的相关性，主要是评价被审计单位提供的财务信息是否与财务报表使用者的经济决策需要相关，是否有助于财务报表使用者对被审计单位过去、现在或者未来的情况做出评价或者预测。

（2）评价财务报表的可靠性，主要是评价被审计单位是否以实际发生的交易或者事项为依据进行会计确认、计量和报告，如实反映符合确认和计量要求的各项会计要素及其相关信息，保证财务信息真实可靠，内容完整。

（3）评价财务报表的可比性，主要是评价被审计单位提供的财务信息是否具有可比性，即评价被审计单位不同时期发生的相同或相似的交易或事项，是否采用了一致的会计政策。如果会计政策发生了变更，还应当评价其会计政策是否需要变更，并是否已在附注中做出了充分说明。

（4）评价财务报表的可理解性，主要是评价被审计单位所提供的财务信息是否清晰明了，表述清楚，便于财务报表使用者理解和使用。

4. 评价财务报表的披露

评价财务报表的披露，主要是评价被审计单位财务报表做出的披露是否充分，是否使财务报表使用者能够理解重大交易和事项对被审计单位财务状况、经营成果和现金流量的影响。

注册会计师在评价被审计单位财务报表的披露时，应当注意被审计单位所提供的财务报表是否包括了应当提供的所有报表，其格式和内容是否合规，以及其所提供的财务报表是否符合规定的最低要求，内容是否完整并易于理解。

二、评价财务报表的公允性

财务报表的公允性是指被审计单位财务报表在所有重大方面是否公允反映了其财务状况、经营成果和现金流量。在评价财务报表是否做出公允反映时，注册会计师应当考虑下列内容。

1. 评价财务报表的整体合理性

评价财务报表的整体合理性，即评价经管理层调整后的财务报表是否与注册会计师对被审计单位及其环境的了解一致，有无重大错报或漏报。

2. 评价财务报表的列报和内容的合理性

评价财务报表的列报和内容的合理性，即评价被审计单位财务报表的列报、结构和内容是否合理。在我国，财政部提供了规范的财务报表的列报格式、结构和内容要求，注册会计师只要评价被审计单位所提供的财务报表的列报、格式和内容是否与规范要求一致，所反映的内容是否与其对被审计单位的了解一致即可。

3. 评价财务报表反映的真实性

评价财务报表反映的真实性，即评价财务报表是否真实反映了交易和事项的经济实质。这是信息质量要求的"实质重于形式"的要求，即企业应当按照交易或事项的经济实质进行会计确认、计量和报告，不应仅以交易或事项的法律形式为依据。

注册会计师依据上述原则，按照适用的公允列报财务报告框架，从财务报表的合法性和公允性方面对被审计单位的财务报表进行了审计，并确认形成审计意见而获取的审计证据是充分、适当的，注册会计师就可以出具审计报告了。

第四节 出具审计报告

一、审计报告的含义和要素

1. 审计报告的含义

审计报告是指注册会计师根据《中国注册会计师审计准则》的规定，在执行审计工作的基础上，对财务报表发表审计意见的书面文件。

审计报告是审计工作的最终结果，是对审计工作的全面总结，是评价被审计单位财务报表合法性和公允性的重要工具，是向审计服务需求者传达所需信息的重要手段，也是表明注册会计师完成了审计任务并愿意承担审计责任的证明文件。

2. 审计报告的基本要素

（1）标题。标题应当统一规范为"审计报告"。

（2）收件人。收件人即注册会计师按照业务约定书的要求致送审计报告的对象，一般是指审计业务的委托人，审计报告应当载明收件人的全称，如"××有限责任公司董事会""××股份有限公司全体股东"等。

（3）审计意见段。该部分应当说明：财务报表是否按照适用的会计准则和相关会计制度的规定编制，是否在所有重大方面公允反映了被审计单位的财务状况、经营成果和现金流量。

（4）形成审计意见的基础段。该部分应当紧接在审计意见段后，并说明注册会计师按照审计准则的规定执行了审计工作；提及审计报告中用于描述审计准则规定的注册会计师责任的部分；申明注册会计师按照与审计相关的职业道德要求独立于被审计单位，并按照这些要求履行了职业道德方面的其他责任；说明注册会计师是否相信获取的审计证据是充分、适当的，为发表审计意见提供了基础。

（5）管理层对财务报表的责任。该部分应当说明管理层的责任是按照适用的财务报告编制基础编制财务报表，包括使其实现公允反映；设计、执行和维护必要的内部控制，以使财务报表不存在由于舞弊或错误导致的重大错报。

（6）注册会计师对财务报表审计的责任。该部分应当包括的内容有：注册会计师的目标是对财务报表整体是否不存在由于舞弊或错误导致的重大错报获取合理保证，并出具包含审计意见的审计报告；说明合理保证是高水平的保证，但并不能保证按照审计准则执行审计总能发现某一重大错报的存在；说明错报可能由于舞弊或错误导致。

（7）按照相关法律法规的要求报告的事项（如适用）。除《中国注册会计师审计准则》规定的对财务报表出具审计报告的责任外，相关法律法规可能对注册会计师设定其他报告责任，应当在审计报告中将其单独作为一部分。

（8）注册会计师的签名和盖章。审计报告应当由项目合伙人和另一名负责该项目的注册会计师签名和盖章。

（9）会计师事务所的名称、地址和盖章。审计报告应当载明会计师事务所的名称和地址，并加盖会计师事务所公章。

（10）报告日期。审计报告的日期为注册会计师完成审计工作的日期。审计报告的日期不应早于注册会计师获取充分、适当的审计证据，并在此基础上对财务报表形成审计意见的日期。

二、审计报告的类型

1. 标准无保留意见审计报告

标准无保留意见审计报告是指注册会计师对被审计单位财务报表发表的不带强调事项段的无保留意见的审计报告。注册会计师经过审计后，认为被审计单位财务报表符合下列所有条件，应当出具标准无保留意见审计报告：

（1）财务报表已经按照适用的会计准则和相关会计制度的规定编制，在所有重大方面公允反映了被审计单位的财务状况、经营成果和现金流量。

（2）注册会计师已经按照《中国注册会计师审计准则》的规定计划和实施审计工作，在审计过程中未受到限制。

（3）没有必要在审计报告中增加强调事项段或任何修辞性词语。

（4）标准无保留意见审计报告应当以"我们认为"作为意见段的开头，并使用"在所有重大方面""公允反映了"等专业术语。

2. 增加强调事项段和其他事项段的无保留意见审计报告

强调事项段是注册会计师在审计意见段之后增加的，对已在财务报表中恰当列报或披露的重大事项予以强调的段落；其他事项段是指对未在财务报表中列报或披露的重大事项予以强调的段落。

3. 保留意见审计报告

如果认为财务报表整体是公允的，但还存在下列情形之一时，注册会计师应当出具保留意见审计报告：

（1）在获取充分、适当的审计证据后，注册会计师认为错报单独或累计起来对财务报表影响重大，但不具有广泛性。

（2）注册会计师无法获取充分、适当的审计证据以作为形成审计意见的基础，认为未发现的错报对财务报表可能产生的影响重大，但不具有广泛性。

保留意见审计报告应当在"审计意见段"中使用"除……的影响外"等专业术语。

如因审计范围受到限制，注册会计师还应当在"注册会计师责任段"中提及这一情况。

4. 否定意见审计报告

如果在获取充分、适当的审计证据后，注册会计师认为错报单独或累计起来对财务报表影响重大且具有广泛性，注册会计师应当出具否定意见审计报告。

否定意见审计报告应当在"审计意见段"中使用"由于上述问题造成的重大影响""由于受到前段所述事项的重大影响""财务报表没有按照……的规定编制，未能在所有重大方面公允反映"等专业术语。此外，还应修改对注册会计师责任的描述。

5. 无法表示意见审计报告

如果注册会计师无法获取充分、适当的审计证据以作为形成审计意见的基础，但认为未发现的错报对财务报表可能产生的影响重大且具有广泛性，注册会计师应当出具无法表示意见审计报告。

无法表示意见审计报告应当在"审计意见段"中使用"由于审计范围受到严重限制可能产生的影响重大和广泛""由于无法实施必要的审计程序""由于无法获取必要的审计证据""我们无法对财务报表发表意见"等专业术语。

实验：填制审计综合实习平台索引号为 G8 的审计报告相关底稿（图 7.7 至图 7.10）。*

湖北天宁会计师事务所有限公司

鄂天宁审字2017第10205号

审计报告

中泰纸业股份有限公司全体股东：

我们审计了后附的 中泰纸业股份 有限公司（以下简称 中泰纸业 公司）的财务报表，包括 2016 年 12月31 日的资产负债表， 2016 年度的利润表、现金流量表和股东权益变动表以及财务报表附注。

（一）管理层对财务报表的责任

编制和公允列报财务报表是 中泰纸业 公司管理层的责任，这种责任包括：（1）按照企业会计准则的规定编制财务报表，并使其实现公允反映；（2）设计、执行和维护必要的内部控制，以使财务报表不存在由于舞弊或错误导致的重大错报。

（二）注册会计师的责任

我们的责任是在执行审计工作的基础上对财务报表发表审计意见。我们按照中国注册会计师审计准则的规定执行了审计工作。中国注册会计师审计准则要求我们遵守职业道德守则，计划和执行审计工作以对财务报表是否不存在重大错报获取合理保证。

审计工作涉及实施审计程序，以获取有关财务报表金额和披露的审计证据。选择的审计程序取决于注册会计师的判断，包括对由于舞弊或错误导致的财务报表重大错报风险的评估。在进行风险评估时，注册会计师考虑与财务报表编制和公允列报相关的内部控制，以设计恰当的审计程序，但目的并非对内部控制的有效性发表意见。审计工作还包括评价管理层选用会计政策的恰当性和作出会计估计的合理性，以及评价财务报表的总体列报。

我们相信，我们获取的审计证据是充分、适当的，为发表审计意见提供了基础。

（三）审计意见

我们认为， 中泰纸业 公司财务在报表所有重大方面按照企业会计准则的规定编制，公允反映了 中泰纸业 公司 2016 年 12 月 31 日的财务状况以及 2016 年度的经营成果和现金流量。

湖北天宁会计师事务所有限公司
（盖章）

中国·武汉市

中国注册会计师： 陈建真
（签名并盖章）

注册会计师
陈建真
420037035

中国注册会计师： 李国芳
（签名并盖章）

注册会计师
李国芳
420037001

2017年 2月15日

地址：湖北省武汉市建设西路27号　　　　电话：027-82398876　　　　传真：027-82398879

图 7.7　审计报告（无保留意见）（索引号 G8－1）

填写说明：本底稿中主要是填写基本信息及盖章，盖章时要两位注册会计师的签字盖章以及被审计单位公章来确认责任。本实验中最后出具的意见类型是标准无保留意见，前提是审计中发现的问题被审计单位都同意做出调整。在这种情况下，尽管被审计单位有问题，但已经做出了调整，可以出具无保留意见。

湖北天宁会计师事务所有限公司

鄂天宁审字2017第10205号

审计报告

有限公司全体股东：

我们审计了后附的　　　　　　　有限公司（以下简称　　　　公司）的财务报表，包括　　　年　　月　　日的资产负债表，　　年度的利润表、现金流量表和股东权益变动表以及财务报表附注。

（一）管理层对财务报表的责任

编制和公允列报财务报表是　　　　公司管理层的责任，这种责任包括：（1）按照企业会计准则的规定编制财务报表，并使其实现公允反映；（2）设计、执行和维护必要的内部控制，以使财务报表不存在由于舞弊或错误导致的重大错报。

（二）注册会计师的责任

我们的责任是在执行审计工作的基础上对财务报表发表审计意见。我们按照中国注册会计师审计准则的规定执行了审计工作。中国注册会计师审计准则要求我们遵守职业道德守则，计划和执行审计工作以对财务报表是否不存在重大错报获取合理保证。

审计工作涉及实施审计程序，以获取有关财务报表金额和披露的审计证据。选择的审计程序取决于注册会计师的判断，包括对由于舞弊或错误导致的财务报表重大错报风险的评估。在进行风险评估时，注册会计师考虑与财务报表编制和公允列报相关的内部控制，以设计恰当的审计程序，但目的并非对内部控制的有效性发表意见。审计工作还包括评价管理层选用会计政策的恰当性和作出会计估计的合理性，以及评价财务报表的总体列报。

我们相信，我们获取的审计证据是充分、适当的，为发表否定意见提供了基础。

（三）导致否定意见的事项

（四）否定意见

我们认为，由于"（三）导致否定意见的事项"段所述事项的重要性，　　　　　公司财务报表没有在所有重大方面按照企业会计准则的规定编制，未能公允反映了　　　公司　年　月　日的财务状况以及　　年度的经营成果和现金流量。

湖北天宁会计师事务所有限公司　　　　　　　　　中国注册会计师：

（盖章）　　　　　　　　　　　　　　　　　（签名并盖章）

中国注册会计师：

中国・武汉市　　　　　　　　　　　　　　　　（签名并盖章）

年　月　日

地址：湖北省武汉市建设西路27号　　　　　电话：027-82398876　　　　传真：027-82398879

图7.8　审计报告（否定意见）（索引号 G8-2）

填写说明：本底稿在实验中不需要填写，仅作为展示内容。本底稿中主要是了解否定意见审计报告的表述，尤其是否定意见事项。如果需要填写，重点在于否定事项的表述，以及注意否定意见出具时的专业术语。

湖北天宁会计师事务所有限公司

鄂天宁审字2017第10205号

审计报告

有限公司全体股东：

我们审计了后附的　　　　　有限公司（以下简称　　　公司）财务报表，包括　　年　月　日的资产负债表，　　年度的利润表、现金流量表和股东权益变动表以及财务报表附注。

（一）管理层对财务报表的责任

编制和公允列报财务报表是　　　　　公司管理层的责任，这种责任包括：（1）按照企业会计准则的规定编制财务报表，并使其实现公允反映；（2）设计、执行和维护必要的内部控制，以使财务报表不存在由于舞弊或错误导致的重大错报。

（二）注册会计师的责任

我们的责任是在执行审计工作的基础上对财务报表发表审计意见。我们按照中国注册会计师审计准则的规定执行了审计工作。中国注册会计师审计准则要求我们遵守职业道德守则，计划和执行审计工作以对财务报表是否不存在重大错报获取合理保证。

审计工作涉及实施审计程序，以获取有关财务报表金额和披露的审计证据。选择的审计程序取决于注册会计师的判断，包括对由于舞弊或错误导致的财务报表重大错报风险的评估。在进行风险评估时，注册会计师考虑与财务报表编制和公允列报相关的内部控制，以设计恰当的审计程序，但目的并非对内部控制的有效性发表意见。审计工作还包括评价管理层选用会计政策的恰当性和作出会计估计的合理性，以及评价财务报表的总体列报。

我们相信，我们获取的审计证据是充分、适当的，为发表保留意见提供了基础。

（三）导致保留意见的事项

（四）保留意见

我们认为，除"（三）导致保留意见的事项"段所述事项产生的影响外，　　　　公司财务报表在所有重大方面按照企业会计准则的规定编制，公允反映了　　　公司　　年　月　日的财务状况以及　　　年度的经营成果和现金流量。

湖北天宁会计师事务所有限公司　　　　　　　　中国注册会计师：

（盖章）　　　　　　　　　　　　　　　　　　（签名并盖章）

中国注册会计师：

中国 • 武汉市　　　　　　　　　　　　　　　　（签名并盖章）

年　　月　　日

地址：湖北省武汉市建设西路27号　　　　电话：027-82398876　　　　传真：027-82398879

图 7.9　审计报告（保留意见）（索引号 G8 -3）

填写说明：本底稿在实验中不需要填写，仅作为展示内容。本底稿中主要是了解保留意见审计报告的表述，尤其是保留意见事项一般是由于审计范围受限或差错未调整。如果需要填写，重点在于保留事项的表述，以及注意保留意见出具时的专业术语。

湖北天宁会计师事务所有限公司

鄂天宁审字2017第10205号

审计报告

有限公司全体股东：

我们接受委托，审计了后附的　　　　　　有限公司（以下简称　　　　公司）财务报表，包括　　年　月　日的资产负债表，　　　年度的利润表、现金流量表和股东权益变动表以及财务报表附注。

（一）管理层对财务报表的责任

编制和公允列报财务报表是　　　　公司管理层的责任，这种责任包括：（1）按照企业会计准则的规定编制财务报表，并使其实现公允反映；（2）设计、执行和维护必要的内部控制，以使财务报表不存在由于舞弊或错误导致的重大错报。

（二）注册会计师的责任

我们的责任是在按照中国注册会计师审计准则的规定执行审计工作的基础上对财务报表发表审计意见。但由于"（三）导致无法表示意见的事项"段中所述的事项，我们无法获取充分、适当的审计证据以为发表审计意见提供基础。

（三）导致无法表示意见的事项

（四）无法表示意见

由于"（三）导致无法表示意见的事项"段所述事项的重要性，我们无法获取充分、适当的审计证据以为发表审计意见提供基础，因此，我们不对　　　　公司财务报表发表审计意见。

湖北天宁会计师事务所有限公司　　　　　　　　中国注册会计师：
　　　　（盖章）　　　　　　　　　　　　　　　　（签名并盖章）

　　　　　　　　　　　　　　　　　　　　　　　中国注册会计师：

中国·武汉市　　　　　　　　　　　　　　　　　（签名并盖章）

　　　　　　　　　　　　　　　　　　　　　　　　　　　　年　月　日

地址：湖北省武汉市建设西路27号　　　　电话：027-82398876　　　　传真：027-82398879

图7.10　审计报告（无法表示意见）（索引号 G8 - 4）

填写说明：本底稿在实验中不需要填写，仅作为展示内容。本底稿中主要是了解无法表示意见审计报告的表述，尤其是无法表示意见事项一般是由于审计范围受限。如果需要填写，重点在于无法表示意见事项的表述，以及注意无法表示意见出具时的专业术语。

【本章小结】

本章介绍了在经过实质性程序后，汇总审计差异及编制试算平衡表的方法和内容，还有如何评价审计结果；在形成审计意见及出具审计报告之前要与管理层沟通并获得管理层声明；另外，要根据被审计单位实际情况形成审计意见并出具审计报告。配合审计实训平台实验，模拟不同类型审计报告底稿的编制。

【思政案例】

违反审计准则出具不当审计意见
——以利安达审计九好集团为例

一、审计失败案例事件概述

2015—2017 年，九好集团意与鞍山重型矿山机器股份有限公司（简称鞍重股份）联手，通过财务报表舞弊进行"忽悠式"重组，以此借壳上市。2017 年 3 月，双方的涉案行为败露，引发各界广泛关注。九好集团于 2017 年 4 月 21 日受到证监会公告行政处罚，被责令改正，受到警告及 60 万元罚款的处罚；其法定代表人、总经理、财务总监均受到证监会警告及 30 万元罚款的处罚，并分别获终身、10 年与 5 年市场禁入。同日，证监会对鞍重股份处以与九好集团同等的警告及罚款处罚；对涉事相关人员均予以警告，并分别处以 3 万~30 万元罚款。2017 年 9 月 20 日，证监会对涉事审计单位利安达会计师事务所（简称利安达）处罚没业务收入 150 万元、罚款 750 万元的处罚；对涉事签字审计师予以警告，各处以 10 万元罚款。借壳方受顶格处罚，造假行为主要责任人被执行 5~10 年乃至终身市场禁入；鞍重股份及其涉事相关人员也受到严厉处罚；同时，这一资产重组舞弊案件中中介机构的行为得到深挖严查，涉事机构及相关人员被依法惩处。

二、审计工作中的不足之处

在九好集团虚构大量营业收入和银行存款的情况下，利安达在对九好集团 2013—2015 年年度财务报告进行审计时，竟然对存在财务舞弊的报表出具了标准无保留意见。可见，利安达在此次审计过程中未勤勉尽责，也未执行充分的审计程序，从而出具了虚假审计报告。以下对案例中会计师事务所的问题进行分析。

1. 银行存款审计证据不足

针对九好集团银行存款的核查，审计人员虽就其 3 亿元存款对银行进行了函证，但在并未确认收到回函的情况下，仅将来自网银与征信中心的内容有限、存在时滞的九好集团企业信用报告作为九好集团银行存款切实存在的审计证据。到 2016 年 6 月利安达才收到回函，对银行进行访谈，但此时审计报告已经出具。面对如此大金额的存款，在证监局对 3 亿元定期存单提示关注、函证未取得回函，也没有获取充分的审计证据的情况下，利安达不仅未采取进一步审计程序，反而据此认定银行存款无异状。利安达在审计过程中取得的存款质押合同附件中，已明确 1.5 亿元为定期存款质押，但面对涉及金额巨大、涉及账户重要、获取信息明显矛盾的情况，利安达却仅进行了简单查询，没有实施进一步审计程序以确保获取充分、可靠的审计证据。

2. 函证审计程序不到位

（1）实际发函标准与拟定发函标准不一致。对于应收账款项目，审计程序计划对超过 10 万元的全部应收账款债务人发函，随机抽查函证应收账款金额不超过 10 万元的部分。但利安达审计人员在实际实施审计程序时，对10万元以上金额仅部分发函。拟定的审计计划共涉及九好集团总部应发函供应商近230家，而实际实施审计程序的仅占约23.68%；拟定的审计计划对涉及宁波九好办公服务有限公司应发函供应商200家，而实际实施审计程序的不到一半。

（2）函证程序未得到有效控制。函证寄出受到被审计单位控制，填写询证快递单与寄出函证均有被审计单位人员参与；集团各子公司涉及的函证由审计人员填写，子公司人员自行寄出；快递底联由九好集团或子公司转交给利安达；九好集团人员假冒第三方的回函仍旧被采信。可以看到，在执行函证程序，填写、发出、收回这一整个过程中，九好集团的工作人员都参与其中，并施加了负面控制；在子公司层面，审计人员则对函证程序彻底失去控制。

（3）未充分关注回函疑点。诸多与常识和规定不符的回函未引起利安达的重视，没有实施进一步的审计程序。部分回函存在的明显问题包括：回函所盖企业公章与函证对象企业名不相符；部分企业回函显示邮寄地址相同且寄件人电话为同一个，甚至回函快件收取快递员也是同一个；寄送地与回函地不在同一地区——回函单位地址与发函征询的单位地址并不一致；等等。

3. 收入审计程序不到位

九好集团首创"后勤托管"平台服务模式，其重要收入组成来自该平台收取的服务费及贸易收入。与传统企业模式不同，九好集团的业务不附带物流，供应商与客户数量庞大且分散，这些都是审计机构应该充分关注的问题。而利安达并未对供应商与客户交易的真实性进行检查核实，其在审计过程中主要存在以下几个问题：

（1）未关注合同异常。九好集团与供应商签订托管合同有具体期限，但存在部分供应商与客户的业务合同不在此托管期限范围内的现象。此外，供应商与客户签订的合同中，乙方的名称出现错误的明显异常也未获得应有的关注。

（2）未关注合同条款矛盾、用印错误。部分供应商与客户签订的合同，其合约期限（1年）与合同书标注具体时间（1个月）存在矛盾。此外，还存在合同盖章与签订合同单位不是同一名称、合同未盖章、用印样式与往来账项/回函的用印样式不一致等问题。

（3）未关注真实性明显存疑的合同。部分供应商和客户间的交易为关联交易，实际不需要九好集团的"后勤托管"平台服务。根据经营业务和实际情况，合理推断为买方的公司却出现在合同的卖方位置。供应商与部分客户的合同为政府采购，客户是党政机关、事业单位，采用招投标方式签订合同，无须九好集团的平台服务，也就无须支付平台服务费用，却被纳入九好集团收入范围。

（4）资料缺失。利安达审计人员在审计过程中，并未确认、收集供应商收入确认函和交易合同等重要资料，交易确认证据不充分。

4. 现场走访程序存在瑕疵与矛盾

（1）走访数量有限，且实际走访量远低于工作底稿记载量。利安达审计底稿仅收录了对69家供应商的现场走访记录，数量极为有限。此外，这些记录绝大部分由第三方证券及资产评估公司的工作人员签字，没有利安达审计人员走访签字，也没有充分证据表明其中的 58 家公司审计人员确有到访。据此，利安达审计人员对九好集团总部的供应商实地走访仅占工作底稿记录的 15.94%。

（2）访谈记录混乱，有违常理。利安达审计工作底稿的部分记录违背常理，如为数不少的供应商均各自对应了两份访谈记录，访谈记录中同时点不同地点对应了两家公司。

（资料来源：《中国证监会行政处罚决定书（利安达会计师事务所、蒋淑霞、李杰）》，http://www.csrc.gov.cn/csrc/c101928/c1042661/content.shtml。）

案例讨论与思考：

1. 对于案例中的会计师事务所的问题，如果你是审计项目经理，正确的应该怎么处理？

2. 案例中审计的不足之处暴露出利安达及审计人员哪些问题？他们违反了哪些审计职业道德？

参考文献

北京证监局.会计及评估监管工作通讯二〇一八年第二期 ［J/OL］.（2018 – 4 – 20）.http://www.csrc.gov.cn/beijing/c100277/c1257027/content.shtml.

陈世文.审计 ［M］.4 版.立体化数字教材版.北京：中国人民大学出版社，2020.

陈世文，高玉莲，黄通斌.审计实训与典型案例分析 ［M］.广州：华南理工大学出版社，2015.

杜方，王保军，姜泽清.审计原理与实务 ［M］.北京：中国经济出版社，2017.

付胜.财务报表审计模拟实训 ［M］.大连：东北财经大学出版社，2015.

李华.审计实训 ［M］.大连：东北财经大学出版社，2020.

李华.审计实务 ［M］.2 版.北京：中国人民大学出版社，2020.

李晓慧.审计学：原理与案例 ［M］.3 版.北京：中国人民大学出版社，2020.

李雪.注册会计师审计实务 ［M］.北京：立信会计出版社，2017.

刘明辉，史德刚.审计：精编版 ［M］.3 版.大连：东北财经大学出版社，2019.

马春静.审计：原理与实务 ［M］.北京：中国人民大学出版社，2019.

秦荣生，卢春泉.审计学 ［M］.10 版.北京：中国人民大学出版社，2019.

中国注册会计师协会.会计 ［M］.北京：经济科学出版社，2021.

中国注册会计师协会.审计 ［M］.北京：中国财政经济出版社，2021.

中国注册会计师协会.税法 ［M］.北京：经济科学出版社，2021.